KB166027

무던한 개발자를 위한
모던한 자바스크립트

카이 호스트만 지음 / **우정은** 옮김

무던한 개발자를 위한 모던한 자바스크립트

쉽고 간결한 설명으로 빠르게 변하는 자바스크립트 학습하기

초판 1쇄 발행 2021년 12월 20일

지은이 카이 호스트만 / **옮긴이** 우정은 / **펴낸이** 김태헌
펴낸곳 한빛미디어(주) / **주소** 서울시 서대문구 연희로2길 62 한빛미디어(주) IT출판부
전화 02-325-5544 / **팩스** 02-336-7124
등록 1999년 6월 24일 제25100-2017-000058호 / **ISBN** 979-11-6224-505-7 93000

총괄 전정아 / **책임편집** 서현 / **기획** 서현, 정지수 / **편집** 정지수
디자인 표지 · 내지 박정우 캐릭터 일러스트 이신혜 / **전산편집** 이경숙
영업 김형진, 김진불, 조유미 / **마케팅** 박상용, 송경석, 한종진, 이행은, 고광일, 성화정 / **제작** 박성우, 김정우

이 책에 대한 의견이나 오탈자 및 잘못된 내용에 대한 수정 정보는 한빛미디어(주)의 홈페이지나 아래 이메일로
알려주십시오. 잘못된 책은 구입하신 서점에서 교환해드립니다. 책값은 뒤표지에 표시되어 있습니다.

한빛미디어 홈페이지 www.hanbit.co.kr / 이메일 ask@hanbit.co.kr

지금 하지 않으면 할 수 없는 일이 있습니다.
책으로 펴내고 싶은 아이디어나 원고를 메일(writer@hanbit.co.kr)로 보내주세요.
한빛미디어(주)는 여러분의 소중한 경험과 지식을 기다리고 있습니다.

무던한 개발자를 위한

모던한 자바스크립트

카이 호스트만 지음 / 우정은 옮김

**쉽고 간결한 설명으로
빠르게 변하는
자바스크립트 학습하기**

한빛미디어
Hanbit Media, Inc.

세상에서 가장 인내심이 많은 던치에게

지은이 · 옮긴이 소개

지은이 **카이 호스트만** Cay S. Horstmann

『가장 빨리 만나는 코어 자바 9』(길벗, 2018), 『Core Java, Volumes I, 12th Edition』(Pearson, 2021), 『Scala for the Impatient, 2nd Edition』(Addison−Wesley, 2016)의 저자다. 산호세 주립 대학교 컴퓨터공학부의 명예교수이자 자바 챔피언이며 컴퓨터 분야 콘퍼런스의 연사로도 자주 참여한다.

옮긴이 **우정은** realplord@gmail.com

인하대학교 컴퓨터공학과를 졸업하고 LG전자, 썬 마이크로시스템즈, 오라클 등에서 모바일 제품 관련 개발을 하다가 현재는 뉴질랜드 웰링턴에 있는 Xero에서 모바일 앱 개발자로 새로운 인생을 즐기고 있다. 2010년 아이폰의 매력에 빠져들면서 번역과 개발을 취미로 삼고 꾸준히 서적을 번역한다. 옮긴 책으로는 『디노 첫걸음』, 『플러터 인 액션』, 『처음 배우는 스위프트』, 『실전 자바 소프트웨어 개발』, 『모던 자바 인 액션』(이상 한빛미디어) 등이 있다.

옮긴이의 말

자바스크립트라는 언어가 처음 등장한 지 25년이 흘렀다. 시간이 흐르는 동안 자바스크립트는 수많은 발전을 거듭했고, 오늘날에는 전 세계에서 가장 인기 있는 언어가 되었다. 그만큼 자바스크립트를 활용하는 분야도 많아졌으며 언어를 사용하는 기법도 발전했다. 역자는 오랫동안 모바일 앱 개발 분야에서 일해왔으며 자바스크립트와 거리가 조금 멀었었으나 최근에는 자바스크립트로 모바일 앱도 개발할 수 있게 되었다.

여러분이 개발자이거나 IT 관련 분야에서 일한다면 앞으로 무슨 일을 하든 자바스크립트 코드를 직접 구현하거나 이해해야 할 상황이 생긴다. 자바스크립트 코드는 자바와 같이 강한 형식을 갖는 언어에 비해 매우 유연하다. 이는 장점이지만 단점이 될 수도 있다. 따라서 자바스크립트를 올바르게 설명하는 좋은 책으로 자바스크립트를 제대로 배우는 것이 중요하다. 이 책은 제대로 된 자바스크립트 안내서이며, 여러분이 자바스크립트를 체계적으로 학습하는 데 큰 도움이 될 것이다.

전 세계적인 바이러스 유행으로 많은 것이 바뀌었다. 역자가 살고 있는 이곳에서는 코로나 팬데믹을 기점으로 재택근무가 정착했으며 이와 관련된 많은 제품(하드웨어와 소프트웨어 모두)이 더욱 중요해졌다. 특히 회사 입장에서는 좋은 IT 개발자가 많이 필요하지만 당장 필요한 인력을 구하기는 어려운 것 같다. 이런 시대에 이 책이 여러분의 개발 기술을 한층 높이는 데 도움을 줄 거라고 생각한다.

항상 번역서가 완성될 수 있도록 여러 가지로 꼼꼼하게 번역을 지원해주신 정지수 편집자님께 감사의 인사를 전한다. 낯선 곳에서 항상 역자와 함께하는 반려견 호두와 아내 서윤정 양에게도 감사한다.

우정은

이 책에 대하여

자바, C#, C++ 등의 언어를 잘 활용하는 프로그래머도 종종 자바스크립트를 사용해야 할 때가 있다. 요즘엔 웹 기반의 사용자 인터페이스가 증가하고 있는데 웹 브라우저의 공통어가 바로 자바스크립트이기 때문이다. 일렉트론Electron 프레임워크의 웹 기반 기능 확장 덕분에 풍부한 클라이언트 애플리케이션은 물론 모바일 자바스크립트 앱도 구현할 수 있게 되었다. 심지어 서버에도 자바스크립트를 활용하는 추세다.

큰 프로그램에 자바스크립트를 사용하면 오류와 혼란이 발생하기 쉬워 수년 전까지 자바스크립트는 '간단한 프로그래밍'에 적합한 언어라 여겨졌었다. 하지만 최근의 표준화 노력과 도구의 발달로 자바스크립트는 환골탈태했다.

안타깝게도 구식 자바스크립트는 건너뛰고 최신 자바스크립트만 배운다는 것은 쉽지 않다. 대부분의 도서, 강의, 블로그는 기존 자바스크립트 버전에서 최신 자바스크립트로 변환하는 과정에 집중한다. 하지만 이는 다른 언어를 사용하다 온 사람들에게는 유용하지 않다.

그래서 이 책을 집필하게 되었다. 여러분은 이미 분기, 루프, 함수, 자료구조, 기본적인 객체지향 프로그래밍을 알고 있다고 가정한다. 필자는 구식 기능 설명은 생략하고 최신 자바스크립트를 생산적으로 사용하는 방법을 설명한다. 여러분은 과거의 문제는 피하면서 최신 자바스크립트를 활용하는 방법을 배우게 될 것이다.

자바스크립트는 완벽하지 않더라도 사용자 인터페이스 프로그래밍과 다양한 서버 작업을 구현하는 데 적합한 언어임을 증명해왔다. 제프 애트우드Jeff Atwood는 "자바스크립트로 모든 애플리케이션을 구현할 수 있으며 결국 그렇게 될 것이다"고 말했다.

이 책을 통해 최신 자바스크립트로 애플리케이션을 만드는 방법을 배워보자!

다섯 가지 황금 규칙

자바스크립트의 몇 가지 '고전classic' 기능을 무시한다면 언어를 더 쉽게 배우고 사용할 수 있다.

지금은 이 규칙의 의미를 이해할 수 없겠지만 일단 다섯 가지 규칙을 소개하고 자세한 내용은 나중에 다시 설명한다.

1. var 대신 let이나 const로 변수를 선언한다.

2. 엄격 모드strict mode를 사용한다.

3. 형식을 확인하고 자동 형 변환automatic type conversion을 피한다.

4. 프로토타입을 이해하더라도 최신 클래스와 생성자, 메서드 문법을 사용한다.

5. 생성자나 메서드 밖에서는 this를 사용하지 않는다.

'Wat을 피하라'는 메타 규칙[1]도 있다. Wat이란 혼동을 유발하는 자바스크립트 코드를 가리킨다. 이해하기 어려운 코드를 자세히 살펴보면서 자바스크립트가 얼마나 치명적인 언어인지 보여주려 노력하는 일부 개발자도 있다. 하지만 필자는 이러한 노력으로 얻을 수 있는 결실이 무엇인지 도저히 찾을 수 없었다. 예를 들어 2 * ['21']은 42지만 2 + ['40']이 42가 아니라는 사실로부터 무엇을 얻을 수 있는가? 특히 세 번째 황금 규칙은 자동 형 변환을 피하라고 권장한다. 보통 혼란스러운 상황이 닥치면, 필자는 상황을 설명하느라 힘을 쏟기보다 스스로 그 상황을 피하려고 노력하는 편이다.

학습 경로

이 책을 집필하면서 여러분이 필요한 정보를 찾을 수 있는 방법도 제공한다. 하지만 처음 책을 읽을 때는 그런 정보를 미리 찾아볼 필요가 없다. 여러분의 학습 경로를 조절할 수 있도록 각 장의 수준을 4가지 아이콘으로 표시했다. 따로 아이콘을 추가한 절은 그 장의 기본

---

1 **옮긴이_** 메타 규칙은 규칙을 규정하는 차상위 규칙이다.

난도보다 어려운 주제임을 가리킨다. 고급 주제는 이해할 수 있는 수준에 도달했을 때 다시 확인해도 좋다.

다음과 같은 아이콘을 사용한다.

 자바스크립트를 학습할 때 반드시 알고 넘어가야 하는 기본 주제다.

 자바스크립트 개발자라면 이해해야 하는 중급 주제다. 처음 책을 읽을 때는 어려울 수 있다.

 프레임워크 개발자에게 날개를 달아줄 고급 주제다. 앱 개발자라면 이 주제를 무시해도 괜찮다.

 도전적이고 호기심이 가득한 독자를 위한 복잡하고도 어려우며 심도 있는 주제다.

이 책에 있는 소스 코드는 https://horstmann.com/javascript-impatient에서 찾을 수 있다.

장별 소개

1장에서는 자바스크립트의 값, 형식, 변수, 객체 리터럴object literal(가장 중요) 등 기본 개념을 설명한다. 2장에서는 제어 흐름control flow을 설명한다. 자바, C#, C++ 등의 언어에 익숙한 독자는 2장을 훑어보는 것만으로도 충분하다. 3장에서는 자바스크립트의 핵심 기능인 함수와 함수형 프로그래밍을 배운다.

4장에서는 최신 문법을 집중적으로 살펴본다. 5장과 6장에서는 숫자, 날짜, 문자열, 정규 표현식 등을 처리할 때 자주 사용하는 라이브러리 클래스를 살펴본다. 4, 5, 6장은 대부분 기본 내용을 설명하며 가끔 고급 주제가 등장한다.

다음 네 개의 장은 중급 주제를 다룬다. 7장에서는 표준 자바스크립트 라이브러리에서 제공하는 배열과 컬렉션 사용 방법을 살펴본다. 전 세계의 사용자가 이용할 프로그램을 개발할 때 고려해야 할 국제화는 8장에서 설명한다. 9장에서는 모든 개발자에게 중요한 주제인 비동기 프로그래밍을 설명한다. 과거 자바스크립트에서는 비동기 프로그래밍이 복잡한 편이었다. 하지만 프라미스promise 그리고 `async`, `await` 키워드가 등장하면서 비동기 프로그래밍이 한층 간단해졌다. 자바스크립트가 새롭게 선보이는 표준 모듈 시스템을 10장에서 설명한다. 다른 개발자가 구현한 모듈을 사용하는 방법과 직접 모듈을 만드는 방법도 살펴본다.

11장은 고급 주제인 메타프로그래밍metaprogramming을 설명한다. 임의의 자바스크립트 객체를 분석하고 변형하는 도구를 만들고자 하는 독자라면 이 장을 유의 깊게 살펴보자. 12장에서는 일련의 값을 방문하거나 생성하는 반복자와 제너레이터와 같은 고급 주제를 설명한다. 마지막으로 보너스 13장에서는 타입스크립트를 설명한다. 타입스크립트는 자바스크립트의 슈퍼셋superset으로 컴파일 타임compile time 형식화를 지원한다. 타입스크립트가 자바스크립트 표준은 아니지만 인기가 좋다. 13장은 자바스크립트를 사용할 것인지 아니면 컴파일 타임 형식을 사용할 것인지 결정하는 데 도움이 될 것이다.

이 책의 목표는 여러분이 자바스크립트 기초를 탄탄히 다져 자신감을 얻도록 만드는 것이다. 하지만 끊임없이 진화하는 도구와 프레임워크에도 항상 관심을 가져야 한다.

집필 목적

자바스크립트는 지구상에서 가장 많이 사용하는 언어 중 하나다. 다른 많은 개발자처럼 자바스크립트를 어느 정도 알고 있는 편인데, 고급 자바스크립트를 빠르게 배워야 한다면 어떻게 해야 할까?

일반 웹 개발자가 자바스크립트를 빨리 배울 수 있도록 돕는 책은 많지만 필자는 이미 어느 정도 자바스크립트를 알고 있다. 데이비드 플래너건의 코뿔소 책[2]은 1996년에 인기를 끌었다. 하지만 문제가 너무 많아 독자에게 부담을 주기도 했다. 더글라스 크락포드의『더글라스

---

2 『자바스크립트 완벽 가이드』(인사이트, 2016)

크락포드의 자바스크립트 핵심 가이드』(한빛미디어, 2008)가 2008년에 다시 인기를 끌었지만 이 책의 내용 대부분이 이후 언어에 포함되어 버렸다. 이후로도 구식 자바스크립트 개발자를 최신 표준의 세계로 이끌려는 책들이 많이 나왔지만 이들 책이 정의하는 '구식'은 필자의 입장에선 너무 소극적으로 보였다.

물론 다양한 품질로 구성된 수많은 자바스크립트 블로그가 넘쳐났다. 일부는 정확했지만 핵심을 잡아내지 못한 글도 많았다. 블로그를 뒤지면서 사실 여부를 판단하는 일은 비효율적이다. 이상하게도 자바나 비슷한 언어를 알고 있지만 최신 자바스크립트를 배우고 싶어 하는 수백만의 개발자를 돕는 책은 찾지 못했다. 이런 이유로 이 책을 쓰기 시작했다.

감사의 말

이 프로젝트를 지원해준 편집자 그레그 던치Greg Doench와 검수자 드미트리 키르사노바Dmitry Kirsanova, 조판자 알리나 키르사노바Alina Kirsanova에게 감사한다. 이 책을 검토하며 부지런히 오류를 찾고 개선할 점을 제시해준 게일 앤더슨Gail Anderson, 톰 오스틴Tom Austin, 스콧 데이비스Scott Davis, 스콧 굿Scott Good, 키토 만Kito Mann, 밥 니컬슨Bob Nicholson, 론 막Ron Mak, 헨리 트람블레이Henri Tremblay에게 고마움을 전한다.

카이 호스트만
베를린에서

CONTENTS

지은이 · 옮긴이 소개 006

옮긴이의 말 007

이 책에 대하여 008

감사의 말 013

Chapter 01

값과 변수

1.1 자바스크립트 실행 028

1.2 형식과 typeof 연산자 031

1.3 주석 032

1.4 변수 선언 033

1.5 식별자 035

1.6 숫자 036

1.7 산술 연산자 038

1.8 불리언 값 041

1.9 null과 undefined 041

1.10 문자열 리터럴 042

1.11 템플릿 리터럴 045

1.12 객체 046

1.13 객체 리터럴 문법 ▲ 048

1.14 배열 050

1.15   JSON ·· 053

1.16   비구조화 ▲ ·· 054

1.17   고급 비구조화 ★ ·· 057

　　　　1.17.1 객체 비구조화 ··· 057

　　　　1.17.2 나머지 선언 ··· 058

　　　　1.17.3 기본값 ··· 059

연습 문제 ·· 060

Chapter 02

제어 구조

2.1   표현식 구문 ··· 064

2.2   세미콜론 자동 추가 규칙 ······························· 066

2.3   분기 ··· 070

2.4   불리언화 ▼ ·· 073

2.5   비교 연산자 ·· 074

2.6   혼합 비교 ▼ ·· 076

2.7   논리 연산자 ·· 078

2.8   switch 문 ▲ ·· 081

2.9   while과 do 루프 ·· 082

2.10   for 루프 ·· 083

　　　　2.10.1 기본 for 루프 ·· 083

　　　　2.10.2 for of 루프 ··· 085

　　　　2.10.3 for in 루프 ··· 086

CONTENTS

2.11   break와 continue   088

2.12   예외 잡기   090

연습 문제   092

Chapter 03

함수와 함수형 프로그래밍

3.1   함수 선언   096

3.2   고차 함수   098

3.3   함수 리터럴   099

3.4   화살표 함수   100

3.5   함수형 배열 처리   102

3.6   클로저   104

3.7   하드 객체   106

3.8   엄격 모드   109

3.9   인수 형식 검사   111

3.10   더 많거나 더 적은 인수 제공   113

3.11   기본 인수   114

3.12   나머지 매개변수와 스프레드 연산자   115

3.13   비구조화로 명명된 인수 흉내 내기   117

3.14   호이스팅   119

3.15   예외 던지기   122

3.16 예외 잡기 ▲ 123

3.17 finally 절 ★ 125

연습 문제 127

Chapter 04

객체지향 프로그래밍

4.1 메서드 132

4.2 프로토타입 134

4.3 생성자 137

4.4 클래스 문법 139

4.5 게터와 세터 ▲ 141

4.6 인스턴스 필드와 비공개 메서드 ▲ 142

4.7 정적 메서드와 필드 ★ 143

4.8 서브클래스 145

4.9 메서드 오버라이드 148

4.10 서브클래스 생성 149

4.11 클래스 표현식 ★ 150

4.12 this 레퍼런스 ✖ 151

연습 문제 156

CONTENTS

Chapter 05　숫자와 날짜

5.1　숫자 리터럴 ——————————————————— 162

5.2　숫자 포매팅 ——————————————————— 163

5.3　숫자 파싱 ———————————————————— 164

5.4　Number 함수와 상수 ———————————————— 166

5.5　수학 관련 함수와 상수 ▲ ——————————————— 167

5.6　큰 정수 ▲ ———————————————————— 169

5.7　날짜 생성 ▲ ——————————————————— 170

5.8　Date 함수와 메서드 ▲ ——————————————— 174

5.9　날짜 포매팅 ▲ —————————————————— 176

연습 문제 —————————————————————— 177

Chapter 06　문자열과 정규 표현식

6.1　문자열과 코드 포인트 시퀀스 상호 변환 ———————— 182

6.2　부분 문자열 ——————————————————— 183

6.3　기타 문자열 메서드 ———————————————— 186

6.4　태그된 템플릿 리터럴 ★ ——————————————— 189

6.5　원시 템플릿 리터럴 ★ ———————————————— 191

6.6　정규 표현식 ▲ —————————————————— 193

6.7   정규 표현식 리터럴 ▲ ·· 196

6.8   플래그 ▲ ·· 197

6.9   정규 표현식과 유니코드 ▲ ·· 198

6.10   RegExp 클래스의 메서드 ▲ ·· 201

6.11   그룹 ▲ ·· 202

6.12   String 메서드와 정규 표현식 ▲ ·· 205

6.13   정규 표현식의 replace 메서드 ★ ·· 207

6.14   특이한 기능 ★ ·· 210

연습 문제 ·· 212

Chapter 07

배열과 컬렉션

7.1   배열 생성 ·· 216

7.2   length와 인덱스 프로퍼티 ·· 218

7.3   요소 삭제 및 추가 ·· 220

7.4   배열 변경자 ·· 222

7.5   요소 생성 ·· 225

7.6   요소 검색 ·· 227

7.7   모든 요소 방문 ·· 228

7.8   희소 배열 ★ ·· 231

7.9   리듀스 ★ ·· 233

CONTENTS

7.10 맵 237

7.11 세트 241

7.12 위크맵과 위크셋 ★ 242

7.13 형식화 배열 ★ 243

7.14 ArrayBuffer ★ 247

연습 문제 249

Chapter 08

국제화

8.1 로케일 개념 254

8.2 로케일 지정 255

8.3 숫자 포매팅 258

8.4 날짜와 시간 지역화 261

    8.4.1 Date 객체 포매팅 261

    8.4.2 범위 263

    8.4.3 상대적 시간 263

    8.4.4 부분 포매팅 264

8.5 대조 265

8.6 로케일을 인식하는 기타 String 메서드 267

8.7 복수 규칙과 목록 ★ 268

8.8 기타 로케일 기능 ★ 271

연습 문제 274

Chapter 09

비동기 프로그래밍

9.1	자바스크립트의 동시 작업	278
9.2	프라미스 생성	282
9.3	즉시 종료되는 프라미스	285
9.4	프라미스 결과	286
9.5	프라미스 체이닝	287
9.6	거부 처리 핸들러	290
9.7	여러 프라미스 실행	292
9.8	여러 프라미스의 경쟁	293
9.9	async 함수	294
9.10	async 반환값	297
9.11	동시 await	300
9.12	async 함수의 예외	301
연습 문제		303

Chapter 10

모듈

10.1	모듈 개념	310
10.2	ECMAScript 모듈	311
10.3	기본 기능 임포트	312

CONTENTS

10.4 명명된 임포트 313

10.5 동적 임포트 ★ 315

10.6 익스포트 316

    10.6.1 명명된 익스포트 316

    10.6.2 기본 기능 익스포트 317

    10.6.3 익스포트는 변수다 318

    10.6.4 다시 익스포트 319

10.7 모듈 패키징 321

연습 문제 323

Chapter 11

메타프로그래밍

11.1 심벌 328

11.2 심벌 프로퍼티를 이용한 커스터마이즈 330

    11.2.1 toString 커스터마이즈 331

    11.2.2 형식 변환 제어 332

    11.2.3 Species 333

11.3 프로퍼티 속성 334

11.4 프로퍼티 열거 337

11.5 한 개의 프로퍼티 검사 339

11.6 객체 보호 340

11.7 객체 생성과 갱신 341

11.8 프로토타입 접근과 갱신 342

11.9 객체 복제 ⸻ 343

11.10 함수 프로퍼티 ⸻ 346

11.11 인수 바인딩과 메서드 호출 ⸻ 348

11.12 프록시 ⸻ 350

11.13 Reflect 클래스 ⸻ 353

11.14 프록시 불변 법칙 ⸻ 357

연습 문제 ⸻ 360

Chapter 12

반복자와 제너레이터

12.1   이터러블 ⸻ 368

12.2   이터러블 구현 ⸻ 370

12.3   닫을 수 있는 반복자 ⸻ 373

12.4   제너레이터 ⸻ 374

12.5   중첩된 yield ⸻ 376

12.6   제너레이터로 값 소비 ⸻ 379

12.7   제너레이터와 비동기 처리 ⸻ 381

12.8   비동기 제너레이터와 반복자 ⸻ 384

연습 문제 ⸻ 388

CONTENTS

Chapter 13 타입스크립트 소개

13.1 형식 지정 ·········· 397

13.2 타입스크립트 실행 ·········· 399

13.3 형식 용어 ·········· 400

13.4 기본형 ·········· 402

13.5 합성 형식 ·········· 404

13.6 형식 추론 ·········· 406

13.7 서브형식 ·········· 410

　13.7.1 치환 규칙 ·········· 411

　13.7.2 선택형 프로퍼티와 초과 프로퍼티 ·········· 412

　13.7.3 배열과 객체 형식 변형 ·········· 414

13.8 클래스 ·········· 416

　13.8.1 클래스 선언 ·········· 416

　13.8.2 클래스의 인스턴스 형식 ·········· 418

　13.8.3 클래스의 정적 형식 ·········· 420

13.9 구조적 형식 ·········· 421

13.10 인터페이스 ·········· 422

13.11 인덱스 프로퍼티 ★ ·········· 425

13.12 복잡한 함수 매개변수 ★ ·········· 426

　13.12.1 선택형, 기본, 나머지 매개변수 ·········· 426

　13.12.2 비구조화 매개변수 ·········· 428

　13.12.3 함수 형식 변형 ·········· 430

　13.12.4 오버로드 ·········· 432

13.13 제네릭 프로그래밍 ★ 435

    13.13.1 제네릭 클래스와 형식 436

    13.13.2 제네릭 함수 437

    13.13.3 형식 바운드 438

    13.13.4 삭제 440

    13.13.5 제네릭 형식 변형 442

    13.13.6 조건부 형식 443

    13.13.7 매핑된 형식 444

연습 문제 447

찾아보기 451

값과 변수

01 자바스크립트 실행

02 형식과 typeof 연산자

03 주석

04 변수 선언

05 식별자

06 숫자

07 산술 연산자

08 불리언 값

09 null과 undefined

10 문자열 리터럴

11 템플릿 리터럴

12 객체

13 객체 리터럴 문법 ▲

14 배열

15 JSON

16 비구조화 ▲

17 고급 비구조화 ★

| 연습 문제 |

Chapter 01 값과 변수

이번 장에서는 자바스크립트 프로그램에서 사용하는 데이터 형식인 숫자, 문자열, 기본형primitive type, 객체, 배열을 배운다. 변수에 값을 저장하는 방법과 한 형식의 값을 다른 형식으로 변환하는 방법, 값을 연산자와 합치는 방법도 살펴본다.

대부분의 자바스크립트 프로그래머는 언어의 일부 구성 요소를 활용해 코드를 간결하게 만들었지만 대신 직관성이 떨어지는 경험을 해봤을 것이다. 앞으로 여러 장에 걸쳐 이런 유형의 문제를 살펴보고 안전하게 프로그래밍할 수 있는 간단한 규칙도 확인해보자.

1.1 자바스크립트 실행

이 책의 자바스크립트 프로그램은 다양한 방법으로 실행할 수 있다.

자바스크립트는 원래 브라우저에서 실행되도록 만들어졌다. 자바스크립트를 HTML 파일의 일부로 삽입하고 `window.alert` 같은 메서드로 값을 표시할 수 있다. 다음은 자바스크립트를 포함하는 HTML 파일 예다.

```
<html>
  <head>
    <title>My First JavaScript Program</title>
    <script type="text/javascript">
      let a = 6;
      let b = 7;
      window.alert(a * b);
    </script>
  </head>
  <body></body>
</html>
```

여러분이 즐겨 사용하는 웹 브라우저로 이 파일을 열면 [그림 1-1]처럼 다이얼로그 상자에 결과가 나타난다.

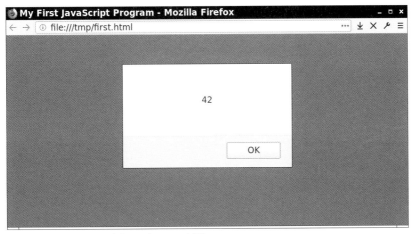

그림 1-1 웹 브라우저로 자바스크립트 코드 실행

브라우저의 개발 도구로 제공되는 콘솔console에 명령을 입력할 수 있다. 메뉴나 단축키로 개발 도구를 표시할 수 있는데, 대부분의 브라우저에서는 [F12] 또는 [Ctrl+Alt+I]를 사용한다. 맥에서는 [Cmd+Alt+I]로 개발 도구를 표시할 수 있다. [그림 1-2]처럼 [Console] 탭을 선택한 다음 자바스크립트 코드를 입력한다.

그림 1-2 개발 도구 콘솔로 자바스크립트 코드 실행

세 번째는 http://nodejs.org에서 제공하는 Node.js를 설치하는 방법이다. 터미널을 열어 node 프로그램을 실행하면 자바스크립트 REPLread-eval-print loop이 나타난다. [그림 1-3]처럼 명령어를 입력해 결과를 확인할 수 있다.

```
Terminal ~$                                              _ □ ×
~$ node
> let a = 6
undefined
> let b = 7
undefined
> a * b
42
>
```

그림 1–3 Node.js REPL로 자바스크립트 코드 실행

조금 복잡한 명령을 입력할 때는 이를 파일로 저장한 다음 console.log 메서드로 출력을 확인한다. 예를 들어 다음 명령을 first.js라는 파일로 저장한다.

```
let a = 6
let b = 7
console.log(a * b)
```

그리고 다음 명령을 실행하면 console.log 명령의 결과가 터미널에 표시된다.

```
node first.js
```

비주얼 스튜디오 코드Visual Studio Code, 이클립스Eclipse, 코모도Komodo, 웹스톰WebStorm 등 여러분이 선호하는 통합 개발 환경(IDE)을 사용해도 좋다. [그림 1–4]는 웹스톰으로 자바스크립트 코드를 구현하고 실행한 화면이다.

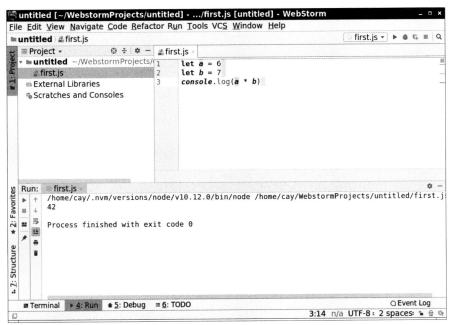

그림 1-4 통합 개발 환경인 웹스톰으로 자바스크립트 코드 실행

1.2 형식과 typeof 연산자

자바스크립트의 모든 값은 다음 형식 중 하나이다.

- 숫자^{number}

- false나 true를 갖는 불리언^{boolean}

- null, undefined 같은 특별한 값

- 문자열^{string}

- 심벌^{symbol}

- 객체^{object}

객체 형식이 아닌 모든 형식을 기본형^{primitive type}이라 부른다.

심벌은 11장에서 자세히 다룰 예정이므로 이를 제외한 모든 형식을 이번 장에서 살펴본다.

typeof는 'number', 'boolean', 'undefined', 'object', 'string', 'symbol' 등 형

식을 가리키는 문자열을 반환하므로 typeof 연산자를 이용해 값의 형식을 알 수 있다. 예를 들어 typeof 42는 'number' 문자열을 반환한다.

Note

null 형식은 객체 형식과 다르지만 typeof null은 'object'라는 문자열을 반환한다. 이는 오래전에 우발적으로 시작되어 굳어진 결과다.

Warning

자바와 비슷하게 숫자, 불리언 값, 문자열을 객체로 감쌀 수 있다. 예를 들어 typeof new Number(42)와 typeof new String('Hello')의 결과는 'object'다. 하지만 자바스크립트에서 객체로 값을 감싸는 것은 아무 의미가 없다. 이는 혼란만 가중할 수 있으므로 일부 코딩 표준에서는 이런 행위를 금한다.

1.3 주석

자바스크립트는 두 가지 종류의 주석을 지원한다. //로 시작하는 한 행 주석이 있다.

```
// 한 행 주석
```

/* 와 */로 감싸면 주석을 여러 행으로 확장할 수 있다.

```
/*
  여러 행으로
  확장한 주석
*/
```

이 책에서는 주석을 읽기 쉽도록 이탤릭체와 색상으로 구분했다. 물론 여러분이 사용하는 편집기는 이와 다른 폰트와 색을 제공한다.

자바와 달리 자바스크립트는 문서 주석을 제공하지 않는다. 하지만 JSDoc(http://usejsdoc.org) 등 서드파티 도구로 문서 주석을 활용할 수 있다.

1.4 변수 선언

let 키워드로 변수에 값을 저장할 수 있다.

```
let counter = 0
```

자바스크립트에서 변수는 형식을 갖지 않는다. 따라서 모든 변수에 모든 값을 저장할 수 있으므로 counter에 다음과 같이 문자열을 저장해도 오류가 발생하지 않는다.

```
counter = 'zero'
```

물론 이는 좋은 방법이 아니다. 하지만 이를 잘 활용하면 다양한 형식을 자연스럽게 처리하는 일반 코드를 쉽게 구현할 수 있다.

변수를 초기화하지 않으면 undefined라는 특별한 값을 갖는다.

```
let x // x를 선언하며 값은 undefined를 할당함
```

앞선 코드가 세미콜론으로 끝나지 않았다는 사실을 알아차린 독자도 있을 것이다. 자바스크립트에서는 파이썬처럼 세미콜론으로 행을 끝맺지 않아도 된다. 파이썬에서는 불필요한 세미콜론을 추가하는 것을 '파이썬답지 못한 행동unpythonic'으로 취급한다. 하지만 자바스크립트에서는 아직 통일된 의견이 없다. 세미콜론 사용과 관련한 장단점은 2장에서 살펴본다. 이 책에서는 생산적이지 않은 논쟁은 살펴보지 않으려 노력하지만 어쨌든 세미콜론을 사용하든 사용하지 않든 결정해야 하므로 이 책은 세미콜론을 사용하지 않기로 결정했다. 코드에서 세미콜론을 사용하지 않기에 자바나 C++ 코드와 혼동되지 않는다는 단순한 이유 때문이다. 예제에서도 세미콜론이 없으므로 자바스크립트 코드임을 한눈에 알 수 있다.

변수의 값을 절대 바꾸지 않는 상황이라면 const로 변수를 선언한다.

```
const PI = 3.141592653589793
```

const로 선언한 변수의 값을 바꾸려고 하면 런타임 오류가 발생한다. 한 개의 const 혹은 let 키워드로 여러 변수를 선언할 수 있다.

```
const FREEZING = 0, BOILING = 100
let x, y
```

하지만 이는 현업에서 권장하는 방식이 아니며 각 행에 변수를 선언하는 방법이 일반적이다.

서문에서 '고전classic' 자바스크립트 기능이 일으켰던 문제를 해결할 수 있는 다섯 가지 황금 규칙을 나열했다. 다음은 그중 처음 두 가지 황금 규칙이다.

1. var 대신 let이나 const로 변수를 선언한다.
2. 엄격 모드를 사용한다.

var 키워드를 사용해 변수를 선언하는 방법과 키워드 없이 변수를 선언하는 한물간 방법은 사용하지 않도록 주의하자.

```
var counter = 0 // 구식
coutner = 1     // 철자 오류이므로 새 변수를 만든다!
```

var 선언은 몇 가지 심각한 문제를 갖는데 이는 3장에서 설명한다. '변수를 할당하는 순간 변수를 만드는' 동작은 위험하다. 변수명의 철자를 잘못 입력했다면 새 변수가 만들어지기 때문이다. 따라서 엄격 모드strict mode(뒤쳐진 일부 문법 사용을 금지함)에서는 '변수를 할당하는 순간 변수를 만드는' 동작을 오류로 처리한다. 엄격 모드를 사용하는 방법은 3장에서 살펴본다.

1.5 식별자

변수명은 반드시 식별자identifier의 일반 문법을 준수해야 한다. 식별자는 유니코드 문자, 숫자, _(언더바), $ 문자로 구성된다. 숫자는 첫 번째 문자가 될 수 없다. $ 문자로 시작하는 이름은 보통 도구나 라이브러리에서 자주 사용한다. 일부 프로그래머는 _를 변수명 앞이나 뒤에 붙여 '비공개'임을 표현한다. 하지만 보통 변수명의 시작과 끝에는 $나 _를 사용하지 않는 것이 좋다. 내부적으로 _를 사용하는 것은 괜찮지만 대부분의 자바스크립트 개발자는 단어 중간에서 띄어쓰기하는 방법 대신 합성어의 첫 글자를 대문자로 표기하는 캐멀 케이스camelCase 방식을 따른다.

다음 키워드는 식별자로 사용할 수 없다.

```
break case catch class const continue debugger default delete do
else enum export extends false finally for function if import in instanceof
new null return super switch this throw true try typeof var void while with
```

엄격 모드에서는 다음 키워드도 사용할 수 없다.

```
implements interface let package protected private public static
```

다음 키워드는 비교적 최근에 추가되었다. 이전 버전의 호환성을 유지할 수 있도록 이들을 식별자로 사용하려는 시도는 자제하는 편이 좋다.

```
await as async from get of set target yield
```

📋 **Note**

다음처럼 모든 유니코드 문자와 숫자를 식별자로 사용할 수 있다.

```
const π = 3.141592653589793
```

하지만 실무에서 특수문자는 입력하기가 어려워 잘 사용하지 않는다.

1.6 숫자

자바스크립트는 정수 형식을 따로 제공하지 않는다. 모든 숫자는 배정밀도^{double precision} 부동소수점^{floating point} 수다. 물론 정숫값도 사용할 수 있다. 예를 들어 1과 1.0을 구분할 필요가 없다. 반올림은 어떻게 처리될까? Number.MIN_SAFE_INTEGER(-2^{53} + 1 또는 −9,007,199,254,740,991)와 Number.MAX_SAFE_INTEGER(2^{53} − 1 또는 9,007,199, 254,740,991) 사이의 모든 숫자는 정확하게 표시된다. 이는 자바에서 제공하는 정수의 범위보다 넓다. 이 범위 안에서 숫자를 처리하는 한 모든 정수 수식 연산은 바르게 처리된다. 하지만 이 범위를 벗어나면 반올림 오류가 발생한다. 예를 들어 Number.MAX_SAFE_INTEGER * 10은 값이 90071992547409900으로 평가된다.

정수 범위가 부족한 상황이라면 임의의 자릿수를 가질 수 있는 '큰 정수^{big integer}'를 사용할 수 있
다. 큰 정수는 5장에서 설명한다.

어떤 프로그래밍 언어도 부동소수점 분숫값의 반올림 오류를 해결하지 못했다. 예를 들어
`0.1 + 0.2`는 `0.30000000000000004`로 평가되며 자바, C++, 파이썬에서도 결과가 같다.
2진수로는 `0.1`, `0.2`, `0.3`과 같은 소수를 정확하게 표현할 수 없기 때문이다. 달러, 센트를
계산하는 상황이라면 모든 수식을 센트의 배수로 바꿔 표현해야 한다.

5장에서 16진법과 같은 다양한 숫자 리터럴을 살펴본다.

`parseFloat`이나 `parseInt` 함수를 이용해 문자열을 숫자로 변환할 수 있다.

```
const notQuitePi = parseFloat('3.14') // 숫자 3.14
const evenLessPi = parseInt('3')      // 정수 3
```

`toString` 메서드로 숫자를 다시 문자열로 변환한다.

```
const notQuitePiString = notQuitePi.toString() // 문자열 '3.14'
const evenLessPiString = (3).toString()         // 문자열 '3'
```

자바스크립트는 C++처럼(하지만 자바와는 달리) 함수와 메서드를 모두 사용한다. parseFloat
와 parseInt는 메서드가 아니므로 점 표기법^{dot notation}으로 이들을 호출하지 않는다.

앞선 코드에서 살펴봤듯이 숫자에 메서드를 사용할 수 있다. 하지만 이때 점이 소수점 구분 기
호로 해석되지 않도록 괄호로 감싸야 한다.

정수를 요구하는 상황에서 소수를 사용하면 어떻게 될까? 상황에 따라 달라진다. 다음과 같이 문자열에서 일부 문자열을 추출하는 상황이라면 소수는 가장 가까운 작은 정수로 변환된다.

```
'Hello'.substring(0, 2.5) // 문자열 'He'
```

하지만 인덱스에 소수를 사용하면 undefined를 반환한다.

```
'Hello'[2.5] // undefined
```

그러나 정수 대신 언제 소수를 사용할 수 있는지는 중요하지 않다. 소수를 정수 대신 사용하려면 Math.trunc(x)로 소수 부분을 버리던가 Math.round(x)를 이용해 가까운 정수로 반올림해 명시적으로 정수를 만드는 것이 좋다.

어떤 수를 0으로 나누면 Infinity 또는 -Infinity가 된다. 하지만 0 / 0의 결과는 NaN(숫자가 아님$^{not\ a\ number}$을 의미) 상수다. 숫자를 반환하는 일부 함수는 NaN을 반환해 입력값에 오류가 있음을 가리킨다. 예를 들어 parseFloat('pie')의 결과는 NaN이다.

1.7 산술 연산자

자바스크립트는 덧셈, 뺄셈, 곱셈, 나눗셈에 사용하는 일반적인 산술 연산자 +, -, *, /를 제공한다. 이 중에서 /는 연산자와 피연산자가 모두 정수일지라도 항상 부동소수점 수를 결과로 반환한다. 예를 들어 자바나 C++과는 달리 1 / 2는 0이 아니라 0.5를 반환한다.

% 연산자는 자바, C++, 파이썬과 마찬가지로 음이 아닌 피연산자 정수를 연산자로 나눈 나머지를 반환한다. 예를 들어 k가 음이 아닌 정수라면 k % 2에서 k가 짝수라면 0을, k가 홀수라면 1을 반환한다.

k와 n이 양수(분수 포함)라면 결과가 n보다 작아질 때까지 n에서 k를 뺀 결과를 반환한다. 예를 들어 3.5 % 1.2는 3.5에서 1.2를 두 번 뺀 결과인 1.1을 반환한다. 음수의 피연산자는 1장 연습 문제 3번을 참고하자.

** 연산자는 파이썬(예전의 포트란 포함)처럼 '제곱' 계산을 의미한다. 예를 들어 2 ** 10
은 1024, 2 ** -1은 0.5이며 2 ** 0.5는 2의 제곱근이 된다.

산술 연산자의 피연산자가 '숫자가 아닌' NaN 값이면 결과도 NaN이다.

자바, C++, 파이썬처럼 할당문과 산술 연산자를 결합할 수 있다.

```
counter += 10 // counter = counter + 10과 같음
```

++와 -- 연산자는 값을 증가시키거나 감소시킨다.

```
counter++ // counter = counter + 1과 같음
```

✎ **Warning**

자바와 C++처럼 자바스크립트에서 ++를 변수 앞이나 뒤에 붙이면 할당하기 전이나 할당한 후
에 값을 바꿀 수 있다(원래 C 언어에서 지원하던 기능).

```
let counter = 0
let riddle = counter++
let enigma = ++counter
```

riddle과 enigma의 값은 얼마일까? 위의 설명을 다시 한번 잘 읽어보면서 답을 추측해보자.
그래도 답을 모르겠으면 인터넷의 지혜를 빌리자. 하지만 되도록이면 이런 지식을 요구하는 코
드를 구현하지 않는 것이 좋다.

일부 개발자는 ++, -- 연산자가 난해하다고 생각해 절대 사용하지 않는 경우도 있다. 결국
counter += 1이라는 코드가 counter++ 코드와 크게 차이가 없기 때문이다. 이 책에서는 결
코 애매하지 않은 상황에서만 ++, -- 연산자를 사용한다.

자바스크립트에서는 자바처럼 + 연산자로 문자열을 연결할 수 있다. s는 문자열이고 x는 어
떤 형식의 값이라면 s + x와 x + x의 결과는 x를 문자열로 바꾼 후 s와 연결해 만든 문자
열이다.

다음 예를 살펴보자.

```
let counter = 7
let agent = '00' + counter // 문자열 '007'
```

📎 **Warning**

x + y에서 두 피연산자가 모두 숫자면 결과도 숫자지만, 한 피연산자라도 문자열이면 결과는 문자열이 된다. 이외의 상황에서는 조금 복잡한 규칙이 적용되며 이런 규칙을 사용하는 경우는 거의 없다. 두 피연산자는 문자열로 변환되어 연결되거나 두 연산자가 숫자로 변환되어 덧셈으로 계산되는 상황으로 요약할 수 있다. 예를 들어 null + undefined는 0 + NaN이라는 숫자 덧셈으로 간주하며 결과는 NaN이다(표 1-1).

다른 산술 연산자에서는 오직 숫자로만 변환을 시도한다. 예를 들어 6 * '7'에서는 '7'을 숫자 7로 변환하므로 결괏값은 42가 된다.

표 1-1 숫자와 문자열로의 변환

값	숫자로 변환하는 경우	문자열로 변환하는 경우
숫자	변환하지 않음	숫자를 포함하는 문자열
숫자를 포함하는 문자열	숫잣값	변환하지 않음
빈 문자열 ''	0	''
기타 문자열	NaN	변환하지 않음
false	0	'false'
true	1	'true'
null	0	'null'
undefined	NaN	'undefined'
빈 배열 []	0	''
한 개의 숫자를 포함하는 배열	숫자	숫자를 포함하는 문자열
기타 배열	NaN	'1, 2, 3'처럼 요소를 쉼표로 연결해 문자열로 변환함

객체	기본적으로 NaN이지만 커스터마이즈될 수 있음	기본적으로 '[object Object]'이지만 커스터마이즈될 수 있음

 Tip

산술 연산자의 자동 형 변환에 의존하지 말자. 이 규칙은 혼동을 야기해 예상치 못한 결과를 초래할 수 있기 때문이다. 문자열이나 요소가 한 개인 배열이 있다면 이들을 명시적으로 변환해 사용한다.

문자열 연결보다는 템플릿 리터럴(1.11절 '템플릿 리터럴' 참고)을 사용하는 것이 좋다. 템플릿 리터럴을 사용하면 + 연산자가 숫자가 아닌 피연산자를 어떻게 처리하는지 기억할 필요가 없기 때문이다.

1.8 불리언 값

불리언 형식은 `false`, `true` 두 가지 값 중 하나를 값으로 갖는다. 조건문은 모든 값을 불리언 값으로 변환한다. `0`, `NaN`, `null`, `undefined`, 빈 문자열은 `false`로 변환되며 나머지는 모두 `true`로 변환된다.

간단해 보이지만 사실 이는 아주 혼란스러운 결과를 초래할 수 있다. 따라서 조건문에서는 실제 불리언 값을 사용해 혼란을 최소화하는 것이 좋다.

1.9 null과 undefined

자바스크립트에서는 두 가지 방법으로 값의 부재를 표현한다. 변수를 선언했지만 초기화하지 않으면 `undefined` 값을 갖는다. 보통 함수에서 이런 일이 자주 발생하며, 함수를 호출하면서 매개변수parameter를 제공하지 않으면 매개변수는 `undefined` 값을 갖는다. `null` 값은 의도적인 값의 부재를 의미한다.

이를 유용하게 활용할 수 있을지에 대해서는 의견이 분분하다. 어떤 프로그래머는 두 가지 빈 값bottom value이 쉽게 오류를 일으킬 수 있으므로 한 가지 값만 사용할 것을 권장한다. 이

의견을 따르려면 undefined만 사용해야 한다. 자바스크립트에서 null은 사용하지 않을 수 있지만 undefined는 피할 수 없기 때문이다.

반대로 undefined를 값으로 설정하거나 함수에서 이를 반환하지 않고 null을 사용해야 한다는 의견도 있다. 그렇게 되면 undefined로 조금 더 심각한 상황이 발생했음을 나타낼 수 있다.

 Tip

여러분의 프로젝트에도 undefined나 null 둘 중 하나를 선택해서 사용하자. 그렇지 않으면 undefined와 null을 둘 다 확인해야 하므로 번거로워진다.

 Warning

null과 달리 undefined는 예약어reserved word가 아니다. undefined는 전역 범위의 변수로 심지어 예전에는 전역변수 undefined에 새로운 값을 할당할 수도 있었다! 물론 이는 나쁜 생각이었으며, 현재 undefined는 상수다. 하지만 여전히 undefined라는 지역변수를 선언할 수 있다. 물론 이 역시 나쁜 생각이다. NaN, Infinity라는 지역변수도 선언하지 말자.

1.10 문자열 리터럴

작은따옴표나 큰따옴표로 문자열 리터럴을 감쌀 수 있다('Hello' 또는 "Hello"). 이 책에서는 항상 작은따옴표를 사용한다.

문자열 안에 동일한 따옴표를 사용하려면 이스케이프 문자인 역슬래시를 부호 앞에 추가해야 한다. [표 1-2]에서 보여주는 것처럼 역슬래시와 제어문자control character 앞에도 역슬래시를 추가해야 한다.

예를 들어 '\\\'\'\\\n'은 \''\와 새 행을 포함하는 길이가 5인 문자열이다.

표 1-2 특수문자 이스케이프 시퀀스

이스케이프 시퀀스	이름	유니코드 값
\b	백스페이스	\u{0008}
\t	탭	\u{0009}
\n	라인 피드line feed[1]	\u{000A}
\r	캐리지 리턴carriage return[2]	\u{000D}
\f	폼 피드form feed[3]	\u{000C}
\v	수직 탭vertical tab	\u{000B}
\'	작은따옴표	\u{0027}
\"	큰따옴표	\u{0022}
\\	역슬래시	\u{005C}

\newline	다음 행으로 이어짐	없음. 다음과 같이 새 행을 추가하지 않는다.
		
		`"Hel\`
		`lo"`
		
		위 코드는 문자열 "Hello"와 같다.

자바스크립트 문자열에 유니코드 문자열을 입력하거나 붙여넣을 수 있다(단 소스 파일이 UTF-8와 같은 적절한 인코딩을 사용해야 함).

```
let greeting = 'Hello 🌐'
```

파일을 아스키ASCII 형식으로 반드시 유지해야 한다면 다음처럼 \u {코드 포인트code point} 표기를 사용할 수 있다.

```
let greeting = 'Hello \u{1F310}'
```

---

1 **옮긴이_** 새로운 행을 추가한다.

2 **옮긴이_** 커서를 맨 왼쪽으로 이동한다.

3 **옮긴이_** 다음 페이지로 넘긴다.

안타깝게도 자바스크립트 유니코드는 조금 지저분한 상태다. 그 이유를 이해하려면 먼저 유니코드의 역사를 알아야 한다. 유니코드가 등장하기 전까지는 호환되지 않는 문자 인코딩이 혼용되었다. 즉, 일련의 바이트가 인코딩 방법에 따라 특정 언어로 해석될 수 있었다.

이런 문제를 해결하기 위해 유니코드가 만들어졌다. 1980년대에 통합 작업을 시작하면서 16비트 코드로 전 세계의 모든 언어의 문자를 표현할 수 있을 뿐만 아니라, 이후로도 확장할 수 있는 공간이 충분하다고 판단했다. 1991년에 유니코드 1.0을 발표할 당시에는 65,536개의 코드 값 중 절반 이하의 값만 사용했다. 1995년에는 자바스크립트와 자바가 만들어졌고, 두 언어 모두 유니코드를 사용해 16비트 값으로 문자열을 표현했다.

하지만 시간이 흐르면서 문제가 발생했다. 유니코드가 65,536개의 문자 범위를 벗어난 것이다. 현재 유니코드는 21비트를 이용하며 21비트가 정말로 충분한 크기라고 모두 믿고 있다. 하지만 자바스크립트는 아직 16비트 값에 머물러 있다.

자바스크립트에서 이 문제를 어떻게 해결했는지 설명하려면 몇 가지 용어를 먼저 알아야 한다. 유니코드 코드 포인트는 문자열과 연결된 21비트 값이다. 자바스크립트는 코드 유닛code unit이라는 한 개 또는 두 개의 16비트 값으로 모든 유니코드 코드 포인트를 표현하는 UTF-16 인코딩을 사용한다. \u{FFFF} 이하의 문자에는 코드 유닛 하나를 사용한다. 이외의 모든 문자는 코드 유닛(문자열로 인코딩되지 않은 예약된 영역에서 가져옴) 두 개로 표현한다. 예를 들어 \u{1F310}은 0xD83C 0xDF10 시퀀스로 인코딩된다.[4]

인코딩 방식을 자세히 이해할 필요는 없지만 어떤 문자는 16비트 코드 유닛 하나를 사용하는 반면, 어떤 문자는 두 개의 16비트 코드 유닛을 사용한다는 사실은 알아야 한다.

예를 들어 'Hello 🌐' 문자열은 실제 일곱 개의 유닛 코드를 포함하지만 실제 길이length는 8이다(Hello와 🌐 사이에 공백이 있음). 대괄호 연산자로 문자열의 코드 유닛에 접근할 수 있다. greeting[0]은 'H' 문자 한 개를 포함하는 문자열이다. 하지만 대괄호 연산자는 두 개의 코드 유닛을 포함하는 문자열에는 적용되지 않는다. 두 개의 코드 유닛은 6번, 7번 위치에 존재하지만 greeting[6], greeting[7]으로는 원하는 문자열을 추출할 수 없다. 즉 이들은 유효한 유니코드 문자열이 아니다.

---

4 자세한 인코딩 알고리즘은 http://ko.wikipedia.org/wiki/UTF-16을 참고하자.

2장에서 for of 루프로 문자열의 개별 코드 포인트를 방문하는 방법을 설명한다.

📖 Note

문자열 리터럴에 16비트 코드 유닛을 사용할 수 있는데 이때는 대괄호를 생략한다(\uD83C\
uDF10). \u{0xFF} 이하의 코드 유닛에는 '16진수 이스케이프hex escape'를 사용할 수 있다(예를
들어 \u{00A0} 대신 \xA0). 하지만 이 기능을 굳이 사용해야 할 이유는 없다.

6장에서는 문자열을 처리하는 다양한 메서드를 알아본다.

📖 Note

자바스크립트는 정규 표현식 리터럴도 제공한다(6장 문자열과 정규표현식 참고).

1.11 템플릿 리터럴

템플릿 리터럴은 표현식을 포함할 수 있으며 여러 행으로 확장할 수 있는 문자열이다. 템플
릿 리터럴 문자열은 백틱backtick(` ...`)으로 구분한다. 다음 예를 살펴보자.

```
let destination = 'world'                      // 일반 문자열
let greeting = `Hello, ${destination.toUpperCase()}!` // 템플릿 리터럴
```

${...} 안의 표현식은 평가한 다음, 필요하면 문자열로 변환되고 템플릿으로 합쳐진다. 다
음은 greeting의 결괏값이다.

```
Hello, WORLD!
```

${...} 표현식 안에 템플릿 리터럴을 중첩할 수 있다.

```
greeting = `Hello, ${firstname.length > 0 ? `${firstname[0]}. ` : '' } ${lastname}`
```

템플릿 리터럴 안의 모든 개행은 문자열에 포함된다. 다음 예를 확인하자.

```
greeting = `<div>Hello</div>
<div>${destination}</div>
`
```

결과적으로 **greeting**은 각 행의 끝에 개행 문자를 추가한 `'<div>Hello</div>\n<div>World</div>\n'`이 된다(윈도우에서 사용되는 개행 문자인 \r\n은 결과 문자열에서 유닉스의 개행 문자 \n으로 변환된다).

템플릿 리터럴에 백틱, 달러, 역슬래시를 사용하려면 역슬래시를 추가해 이스케이프시켜야 한다(예를 들어 ``\`\$\\``는 세 문자 ``$\`를 포함하는 문자열이다).

📖 **Note**

다음과 같이 함수에 사용된 템플릿 리터럴을 태그된 템플릿 리터럴tagged template literal이라 한다.

```
html`<div>Hello, ${destination}</div>`
```

이 예제는 html 함수를 템플릿 프래그먼트 `'<div>Hello, '`, `'</div>'`, 표현식 destination 의 값으로 호출한다.

태그 함수를 구현하는 방법은 6장에서 살펴본다.

1.12 객체

자바스크립트 객체는 클래스를 사용하는 자바, C++ 같은 언어와는 많이 다르다. 자바스크립트 객체는 다음과 같이 이름/값 쌍 또는 프로퍼티property의 집합이다.

```
{ name: 'Harry Smith', age: 42 }
```

이런 종류의 객체는 공개 데이터만 포함할 수 있으며 캡슐화가 불가능하고 동작을 포함할 수 없다. 자바스크립트 객체는 특정 클래스의 인스턴스가 아니다. 따라서 자바스크립트 객체는 전통적인 객체지향 프로그래밍의 객체와 전혀 다르다. 4장에서 배우겠지만 자바스크립트에서도 클래스와 메서드를 선언할 수 있다. 하지만 이는 대부분의 다른 객체지향 언어와 방식이 완전히 다르다.

물론 다음과 같이 변수에 객체를 저장할 수 있다.

```
const harry = { name: 'Harry Smith', age: 42 }
```

변수에 객체를 할당하고 나면 다음의 점 표기법으로 객체 프로퍼티에 접근할 수 있다.

```
let harrysAge = harry.age
```

기존 프로퍼티의 값을 바꾸거나 새 프로퍼티를 추가할 수 있다.

```
harry.age = 40
harry.salary = 90000
```

📖 Note

변수 harry는 const로 선언했고 harry가 참조하는 객체의 값은 바꿀 수 있지만 const 변수에 다른 값을 할당할 수 없다.

```
const sally = { name: 'Sally Lee' }
sally.age = 28 // sally가 참조하는 객체 변경
sally = { name: 'Sally Albright' }
// const 변수에 다른 값 할당 불가하므로 오류 발생
```

즉 const는 자바의 final과 같지만, C++의 const와는 완전히 다르다.

delete 연산자로 프로퍼티를 삭제한다.

```
delete harry.salary
```

존재하지 않는 프로퍼티에 접근하면 undefined가 반환된다.

```
let boss = harry.supervisor // undefined
```

계산 결과를 프로퍼티 이름으로 사용할 수 있다. 다음과 같이 대괄호로 프로퍼티 값에 접근한다.

```
let field = 'Age'
let harrysAge = harry[field.toLowerCase()]
```

1.13 객체 리터럴 문법

1장에서 소개하는 첫 번째 중급 주제는 객체 리터럴 문법이다. 자바스크립트를 이제 막 배우기 시작한 독자라면 이 아이콘이 추가된 절은 생략해도 괜찮다.

객체 리터럴은 코드 끝에 쉼표를 사용할 수 있다. 덕분에 코드 수정이 필요할 때 다른 프로퍼티를 쉽게 추가할 수 있다.

```
let harry = {
  name: 'Harry Smith',
  age: 42, // 아래에 프로퍼티 추가
}
```

객체 리터럴을 선언할 때는 보통 프로퍼티 이름과 같은 이름의 변수에 프로퍼티 값을 저장한다. 다음 예제를 살펴보자.

```
let age = 43
let harry = { name: 'Harry Smith', age: age }
// 'age' 프로퍼티를 age 변수의 값으로 설정
```

다음은 이를 간단하게 줄인 코드다.

```
let harry = { name: 'Harry Smith', age } // age 프로퍼티는 43이다.
```

계산 결과를 객체 리터럴에 사용할 때는 대괄호를 사용한다.

```
let harry = { name: 'Harry Smith', [field.toLowerCase()] : 42 }
```

프로퍼티 이름은 항상 문자열이다. 객체 리터럴의 프로퍼티 이름이 식별자 규칙에 맞지 않으면 따옴표를 사용한다.

```
let harry = { name: 'Harry Smith', 'favorite beer': 'IPA' }
```

이런 프로퍼티는 점 표기법으로 접근할 수 없으므로 대괄호를 이용한다.

```
harry['favorite beer'] = 'Lager'
```

일반적으로 이런 프로퍼티 이름은 사용하지 않지만 이따금 유용한 경우도 있다. 예를 들어 파일명을 프로퍼티명으로, 프로퍼티 값은 파일의 콘텐츠로 사용하는 상황이 있다.

여는 괄호가 객체 리터럴 또는 블록 문을 모두 가리킬 수 있는 상황이 발생할 수 있다. 이런 상황에서는 블록 문이 우선 순위를 갖는다. 다음 코드를 살펴보자.

```
{} - 1
```

위 코드를 브라우저나 Node.js로 실행하면 빈 블록이 실행된 다음, –1을 평가해 표시된다.

다른 예제를 살펴보자.

```
1 - {}
```

{}는 빈 객체, 즉 NaN으로 평가되며 연산 결과(NaN)가 표시된다.

실제 프로그램에서 이런 상황은 흔히 발생하지 않는다. 변수에 저장하거나, 인수로 전달하거나, 결과로 반환하는 상황에서 객체 리터럴을 만드는데, 이때 블록을 사용하지 않기 때문이다.

객체 리터럴이 의도치 않게 블록으로 인식되었다면 객체 리터럴을 괄호로 감싸서 문제를 해결할 수 있다. 1.16절 '비구조화'에서 관련 예제를 확인하자.

1.14 배열

자바스크립트의 배열은 '0', '1', '2'처럼 프로퍼티 이름이 문자열인 객체다(숫자는 프로퍼티 이름으로 사용할 수 없으므로 문자열을 사용한다).

요소를 대괄호로 묶어 배열 리터럴을 선언한다.

```
const numbers = [1, 2, 3, 'many']
```

이 객체는 '0', '1', '2', '3' 그리고 'length'라는 다섯 개의 프로퍼티를 포함한다. length 프로퍼티는 가장 높은 인덱스 문자열 다음에 추가되며 숫자를 반환한다. numbers.length의 값은 4다.

처음 네 개의 프로퍼티에 접근할 때는 대괄호 표기법을 사용한다(예를 들어 numbers['1']

은 2다). 참고로 대괄호 안의 인수는 문자열로 자동 변환된다. 즉 자바나 C++처럼 numbers[1]이라 표기할 수 있다.

배열의 요소는 각자 다른 형식을 가질 수 있다. numbers 배열은 세 개의 숫자와 한 개의 문자열을 갖는다.

배열은 요소의 값을 갖지 않기도 한다.

```
const someNumbers = [ , 2, , 9] // 프로퍼티 '0', '2'에 해당하는 값이 없음
```

모든 객체에서 존재하지 않는 프로퍼티는 undefined 값을 갖는다. 예를 들어 someNumbers[0]과 someNumbers[6]의 값은 undefined다.

배열 끝에 새 요소를 추가할 수 있다.

```
someNumbers[6] = 11 // someNumbers의 length는 7로 바뀐다.
```

다른 객체와 마찬가지로 const 변수를 이용해 참조하는 배열의 프로퍼티를 바꿀 수 있다.

📕 Note

마지막 쉼표는 요소가 누락되었다는 의미가 아니다. 예를 들어 [1, 2, 7, 9,]는 네 개의 요소를 가지며 가장 높은 인덱스는 3이다. 객체 리터럴과 마찬가지로 마지막 쉼표는 시간이 흐르면서 확장될 수 있음을 의미한다.

```
const developers = [
  'Harry Smith',
  'Sally Lee',
  // 위에 더 많은 요소 추가 가능
]
```

배열은 객체이므로 필요한 프로퍼티를 배열에 추가할 수 있다.

```
numbers.lucky = true
```

이는 좋은 코드는 아니지만 유효한 자바스크립트 코드다.

typeof 연산자를 배열에 적용하면 'object'가 반환된다. 객체가 배열인지 확인할 때는 Array.isArray(obj)를 이용한다. 배열을 문자열로 바꿔야 하는 상황이 발생하면 모든 요소를 문자열로 변환하고 이들을 쉼표로 연결한다.

```
'' + [1, 2, 3]
```

이 코드의 결과는 문자열 '1,2,3'이다. 길이가 0인 배열은 빈 문자열로 바뀐다.

자바스크립트에는 자바와 같은 고차원 배열 개념이 없지만 배열의 배열로 고차원 배열을 흉내 낼 수 있다. 다음 코드를 살펴보자.

```
const melancholyMagicSquare = [
  [16, 3, 2, 13],
  [5, 10, 11, 8],
  [9, 6, 7, 12],
  [4, 15, 14, 1]
]
```

두 쌍의 대괄호로 필요한 요소에 접근하면 된다.

```
melancholyMagicSquare[1][2] // 11
```

2장에서 배열의 모든 요소를 방문하는 방법을 설명하고, 7장에서 모든 배열 메서드를 살펴본다.

1.15 JSON

JSON^JavaScript Object Notation^은 애플리케이션 간에 객체 데이터를 주고받는 경량 텍스트 포맷이다. JSON은 객체, 배열 리터럴을 자바스크립트 문법으로 표현하는데, 다음과 같은 제약이 따른다.

- 객체 리터럴, 배열 리터럴, 문자열, 소수점 숫자, true, false, null을 값으로 사용한다.
- 모든 문자열은 작은따옴표가 아닌 큰따옴표로 구분한다.
- 모든 프로퍼티 이름은 큰따옴표로 구분한다.
- 맨 끝에 쉼표를 붙일 수 없으며 요소를 생략할 수 없다.

JSON 표기법에 대한 공식 설명은 `www.json.org`를 참고하자. 다음은 JSON 문자열 예제다.

```
{ "name": "Harry Smith", "age": 42, "lucky numbers": [17, 29], "lucky": false }
```

`JSON.stringify` 메서드는 자바스크립트 객체를 JSON 문자열로 변환하며 `JSON.parse`는 JSON 문자열을 자바스크립트 객체로 파싱한다. HTTP로 서버와 통신할 때 특히 이 메서드를 자주 사용한다.

> ✎ **Warning**
>
> `JSON.stringify` 메서드는 값이 undefined인 객체 프로퍼티를 생략하며 undefined 값을 갖는 배열은 null로 변환한다. 예를 들어 JSON.stringify({ name: ['Harry', undefined, 'Smith'], age: undefined })의 결과는 문자열 '{"name":["Harry",null,"Smith"]}'다.

일부 프로그래머는 로깅^logging^에 `JSON.stringify` 메서드를 활용한다.

```
console.log(`harry=${harry}`)
```

위 로깅 명령의 결과는 다음과 같다.

```
harry=[object Object]
```

다음처럼 log 메서드에 JSON.stringify를 사용해 문제를 해결한다.

```
console.log(`harry=${JSON.stringify(harry)}`)
```

이 문제는 객체를 포함하는 문자열에서만 발생한다. 즉 객체를 직접 log 메서드로 출력하면 아무 문제가 없다. 이름과 값을 따로 로깅하는 것도 한 가지 방법이다.

```
console.log('harry=', harry, 'sally=', sally)
```

또는 이를 객체로 만드는 방법도 있다.

```
console.log({harry, sally}) // { harry: { ... }, sally: { ... } } 객체 로깅
```

1.16 비구조화

비구조화destructuring를 이용하면 배열이나 객체의 값을 편리하게 가져올 수 있다. 비구조화 역시 중급 주제이므로 아직 준비가 되지 않았다고 생각한다면 이 절을 생략해도 괜찮다. 지금부터는 기본 문법을 먼저 살펴보고 다음 절에서 유용한 고급 기능을 살펴본다.

두 요소를 포함하는 pair 배열이 있다고 가정한다. 다음처럼 요소에 접근할 수 있다.

```
let first = pair[0]
let second = pair[1]
```

비구조화를 이용하면 다음과 같이 표현할 수 있다.

```
let [first, second] = pair
```

위 코드는 first, second 변수를 선언하면서 동시에 이들을 pair[0], pair[1]으로 초기화한다. 왼쪽의 비구조화 할당은 사실 배열 리터럴이 아니다. first, second는 아직 존재하지 않는다. 왼쪽의 표현식은 오른쪽의 표현식과 어떻게 변수를 일치해야 하는지를 설명한다. 조금 더 복잡한 예제를 살펴보면서 변수와 배열 요소를 어떻게 매치하는지 확인해보자.

```
let [first, [second, third]] = [1, [2, 3]]
// first를 1로, second를 2로, third를 3으로 설정
```

오른쪽의 배열은 왼쪽의 패턴보다 많은 요소를 가질 수 있다. 이때 매치되지 않은 요소는 단순히 무시된다.

```
let [first, second] = [1, 2, 3]
```

하지만 배열의 요소가 왼쪽 패턴보다 작다면 매치되지 않은 변수는 undefined를 갖는다.

```
let [first, second] = [1]
// first를 1로, second를 undefined로 설정
```

first와 second가 이미 선언되어 있다면 비구조화로 새 값을 할당할 수 있다.

```
[first, second] = [4, 5]
```

 Tip

다음은 x, y 변수의 값을 바꾸는 간단한 코드다.

```
[x, y] = [y, x]
```

할당문에 비구조화를 사용할 때는 왼쪽 구문에 꼭 변수를 사용하지 않아도 되며 모든 lvalue(할당문의 왼쪽에 나타날 수 있는 모든 표현식을 가리킴)를 사용할 수 있다.

```
[numbers[0], harry.age] = [13, 42] // numbers[0] = 13; harry.age = 42와 같은 의미
```

객체 비구조화도 비슷하다. 객체 비구조화에서는 배열 위치 대신 프로퍼티 이름을 사용한다.

```
let harry = { name: 'Harry', age: 42 }
let { name: harrysName, age: harrysAge } = harry
```

위 코드는 harrysName과 harrysAge 두 가지 변수를 선언하면서 이들을 오른쪽 객체의 name, age 프로퍼티 값으로 설정한다.

왼쪽 표현식은 객체 리터럴이 아니라는 사실을 기억하자. 왼쪽 표현식은 변수가 어떻게 오른쪽 표현식과 매치하는지를 보여주는 패턴이다.

프로퍼티 이름이 변수와 같을 때 객체를 사용해 비구조화하는 것이 가장 효과적이다. 이때 프로퍼티 이름과 콜론을 생략할 수 있다. 다음 코드는 name, age 두 변수를 선언하고, 오른쪽 표현식 객체와 동일한 이름의 프로퍼티 값으로 설정한다.

```
let { name, age } = harry
```

위 코드는 다음 코드와 같다.

```
let { name: name, age: age } = harry
```

물론 다음 코드처럼 길게 표현할 수 있다.

```
let name = harry.name
let age = harry.age
```

기존 변수를 객체 비구조화로 설정할 때는 할당 표현식을 반드시 소괄호로 감싸야 한다. 그렇지 않으면 여는 중괄호를 블록문의 시작으로 해석하기 때문이다.

```
({name, age} = sally)
```

1.17 고급 비구조화

1.16절에서는 비구조화 문법의 가장 쉽고, 명확한 기능을 설명했다. 이번 절에서 조금 더 고급 주제로 살펴볼 내용은 더 강력하지만 직관성은 떨어진다. 아직 기초를 더 쌓아야 한다고 생각한다면 이 절은 나중에 다시 살펴보자.

1.17.1 객체 비구조화

중첩된 객체를 다음과 같이 비구조화할 수 있다.

```
let pat = { name: 'Pat', birthday: { day: 14, month: 3, year: 2000 } }
let { birthday: { year: patsBirthYear } } = pat
// patsBirthYear 변수를 선언하고 2000으로 초기화
```

다시 한번 강조하지만 두 번째 구문의 왼쪽 표현식은 객체가 아니다. 왼쪽 표현식은 변수가 오른쪽 표현식의 값과 어떻게 매치하는지 보여주는 패턴이다. 위 코드의 의미는 다음과 같다.

```
let patsBirthYear = pat.birthday.year
```

객체 리터럴처럼 계산 결과를 프로퍼티 이름으로 사용할 수 있다.

```
let field = 'Age'
let { [field.toLowerCase()]: harrysAge } = harry
// harry[field.toLowerCase()]로 값을 설정
```

1.17.2 나머지 선언

배열을 비구조화할 때 다음 코드처럼 변수 이름 앞에 ...를 붙여 나머지 요소를 배열로 담을 수 있다.

```
numbers = [1, 7, 2, 9]
let [first, second, ...others] = numbers
// first는 1, second는 7, others는 [2, 9]
```

오른쪽 표현식의 배열에 충분한 요소가 없으면 나머지 변수는 빈 배열이 된다.

```
let [first, second, ...others] = [42]
// first는 42, second는 undefined, others는 []
```

객체에도 나머지 선언을 적용할 수 있다.

```
let { name, ...allButName } = harry
// allButName은 { age: 42 }
```

name을 제외한 모든 다른 프로퍼티를 allButName 변수에 할당한다.

1.17.3 기본값

객체나 배열에서 값을 제공하지 않거나 값이 undefined일 때 변수에 할당할 기본값을 제공할 수 있다. 다음 코드처럼 변수 이름 뒤에 등호(=)와 표현식을 추가한다.

```
let [first, second = 0] = [42]
// first는 42, second는 매치할 요소가 없으므로 0으로 설정
let { nickname = 'None' } = harry
// harry에 nickname 프로퍼티가 없으므로 nickname을 'None'으로 설정
```

기본값 표현식에 기존 변수를 사용할 수 있다.

```
let { name, nickname = name } = harry
// name과 nickname을 harry.name으로 설정
```

다음은 기본값을 사용하는 평범한 비구조화 예제이며, 처리에 필요한 세부 사항을 설명하는 객체를 제공한다. 이때 특정 프로퍼티를 제공하지 않으면 기본값을 사용한다.

```
let config = { separator: '; ' }
const { separator = ',', leftDelimiter = '[', rightDelimiter = ']' } = config
```

이 예제에는 **separator** 변수만 사용자가 설정한 값으로 설정하고 다른 변수는 기본값을 사용했다. 비구조화 문법을 이용하면 각 프로퍼티를 하나씩 반복하며 값이 있는지 확인하고, 그렇지 않으면 기본값을 할당하는 동작을 아주 간단하게 구현할 수 있다.

3장에서는 함수 매개변수에 비구조화를 사용하는 예를 살펴본다.

연습 문제[1]

01 0을 NaN, Infinity, false, true, null, undefined 값과 더하면 어떤 일이 일어날까? 빈 문자열을 NaN, Infinity, false, true, null, undefined과 연결하면 어떤 일이 일어날까? 먼저 결과를 추측해본 다음, 코드로 결과를 확인해보자.

02 [] + [], {} + [], [] + {}, {} + {}, [] - {}의 결과는 무엇일까? 명령줄로 표현식을 계산한 결과와 변수에 할당한 결과를 비교하고 그 이유를 설명해보자.

03 자바, C++과 마찬가지로(지난 수 세기의 수학적 경험을 따르는 파이썬은 제외) n이 음의 정수이면 n % 2는 -1이다. 피연산자 음수를 % 연산자에 사용했을 때 어떤 일이 일어나는지 확인하자. 정수와 부동소수점 수를 각각 분석해보자.

04 angle은 두 개의 각도를 더하거나 뺀 결과다. angle을 0 이상 360 미만의 수로 정규화하려면 연산자 %를 이용해 어떻게 구현해야 할까?

05 1장에서 배운 기법을 활용해 자바스크립트에서 두 개의 역슬래시 문자로 문자열을 만드는 모든 방법을 나열해보자.

06 자바스크립트에서 한 문자 ⊕로 문자열을 만들 수 있는 모든 방법을 나열해보자.

---

1 **옮긴이_** 한걸음 더 나아가고 싶은 독자를 위해 연습 문제를 제공한다. 스스로 질문에 대한 답을 찾길 바라며, 해설과 답은 제공하지 않으니 참고 바란다.

07 표현식을 내장하는 템플릿 문자열을 포함하는 템플릿 문자열의 예를 들어보자.

08 배열 인덱스 시퀀스에 '구멍'을 만드는 세 가지 방법을 설명해보자.

09 0, 0.5, 1, 1.5, 2 인덱스에 요소를 포함하는 배열을 선언해보자.

10 배열의 배열을 문자열로 변환하면 어떤 일이 일어날까?

11 사람을 가리키는 객체를 만들고 이를 harry, sally에 저장한다. 각각의 사람에게 가장 친한 친구를 포함하는 배열을 friends 프로퍼티로 추가한다. harry는 sally의 친구이며 sally도 harry의 친구다. 각각의 객체를 로깅하면 어떤 일이 일어날까? JSON.stringify를 호출하면 어떻게 될까?

제어 구조

01 표현식 구문

02 세미콜론 자동 추가 규칙

03 분기

04 불리언화

05 비교 연산자

06 혼합 비교

07 논리 연산자

08 switch 문

09 while과 do 루프

10 for 루프

11 break와 continue

12 예외 잡기

| 연습 문제 |

Chapter 02 제어 구조

2장에서는 분기^{branch}, 루프^{loop}, 예외 잡기^{catching exception} 등 자바스크립트의 제어 구조와 구문의 개요 그리고 세미콜론 자동 삽입 과정을 배워본다.

2.1 표현식 구문

자바스크립트는 자바와 C++처럼 표현식과 구문을 구별하며 표현식은 값을 갖는다. 예를 들어 6 * 7은 값이 42인 표현식이다. Math.max(6, 7)과 같은 메서드 호출도 표현식이다.

구문은 값을 갖지 않는 대신 기능을 포함한다. 다음 예제를 살펴보자.

```
let number = 6 * 7;
```

이 구문은 number라는 변수를 선언하고 초기화한다. 이와 같은 구문을 변수 선언^{variable declaration}이라 한다. 변수 선언 외에 분기와 루프 구문도 있다. 이들은 뒷부분에서 설명한다.

표현식 구문^{expression statement}은 가장 단순한 형태의 구문이다. 표현식 구문은 다음과 같이 표현식을 포함하며 세미콜론으로 끝난다.

```
console.log(6 * 7);
```

console.log(6 * 7) 표현식은 콘솔에 42를 출력하는 부작용^{side effect}을 포함한다. 또한 console.log 메서드는 아무것도 반환하지 않으므로 undefined라는 값을 발생시킨다. 표현식이 반환한 값은 사용하지 않고 폐기한다.

따라서 표현식 구문은 부작용을 포함할 때 유용하게 사용할 수 있다.

```
6 * 7;
```

앞선 표현식은 올바른 자바스크립트 구문이지만 프로그램에 아무 영향을 주지 않는다.

표현식과 구문의 차이를 이해하는 것은 좋지만 자바스크립트에서 표현식과 표현식 구문을 구별하기란 쉽지 않다. 다음 문단에서 살펴볼 수 있는 것처럼 표현식을 포함하는 행을 구현하면 자동으로 세미콜론이 추가되며 구문으로 바뀐다. 따라서 브라우저의 자바스크립트 콘솔이나 Node.js에서는 표현식을 발견할 수 없다.

6 * 7을 입력하면 다음과 같이 표현식 값이 출력된다.

```
6 * 7
```

```
42
```

REPL[read-eval-print loop]은 이와 같이 동작한다. 즉 REPL은 표현식을 읽고 평가해 값을 출력한다. 하지만 세미콜론이 자동으로 추가되므로 자바스크립트 REPL은 실제로는 **구문**을 다음과 같이 처리한다.

```
6 * 7;
```

구문은 값을 갖지 않지만 자바스크립트 REPL은 이에 개의치 않고 값을 출력한다. 다음 변수 선언 구문을 입력해보자.

```
let number = 6 * 7;
```

```
undefined
```

기존에 살펴본 것처럼 표현식 구문을 REPL에 입력하면 표현식의 값을 출력한다. 하지만 변수 선언을 입력하면 REPL은 undefined를 출력한다. 2장의 연습 문제 1번에서 다른 구문의 출력 결과를 확인해보자.

REPL로 다양한 표현식이나 구문을 입력할 때 출력을 해석하는 방법을 알아야 한다. 예를 들어 다음은 특정한 표현식 구문을 입력했을 때 나타나는 출력 결과다.

```
console.log(6 * 7);
```

```
42
undefined
```

출력의 첫 번째 행은 `console.log` 호출의 부작용 결과다. 두 번째 행은 메서드 호출의 반환값이다. 이미 설명했듯이 `console.log` 메서드는 `undefined`를 반환한다.

2.2 세미콜론 자동 추가 규칙

자바스크립트의 특정한 구문은 반드시 세미콜론으로 끝나야 한다. 변수 선언, 표현식 구문, 비선형 제어 흐름^{nonlinear control flow}(**break**, **continue**, **return**, **throw**) 등이 이에 해당한다. 다행히 자바스크립트는 자동으로 세미콜론을 추가한다.

규칙은 간단하다. 구문을 처리할 때 파서^{parser}는 세미콜론이나 **위반 토큰**^{offending token}(구문을 구성할 수 없는 토큰)을 발견할 때까지 모든 토큰을 포함한다. 위반 토큰 앞에 행 마침, **}**, 입력 끝 마침이 나타나면 파서는 세미콜론을 추가한다.

다음 예제를 살펴보자.

```
let a = x
  + someComplicatedFunctionCall()
let b = y
```

첫 번째 행에는 세미콜론을 추가하지 않는다. 두 번째 행을 시작하는 +는 '위반' 토큰이 아니다.

하지만 세 번째 행의 **let**은 위반 토큰이다. 이는 첫 번째 변수 선언의 일부로 포함되지 않는다. 위반 토큰이 행 마침 뒤에 나타나므로 다음과 같이 세미콜론이 추가된다.

```
let a = x
  + someComplicatedFunctionCall();
let b = y
```

'위반 토큰' 규칙은 단순하며 대부분의 상황에서 잘 동작한다. 하지만 기존 구문의 일부로 포함될 수 있는 토큰으로 시작하는 구문에서는 문제가 발생한다. 다음 예를 살펴보자.

```
let x = a
(console.log(6 * 7))
```

a 뒤에 세미콜론이 추가되지 않는다.

```
a(console.log(6 * 7))
```

위 코드는 console.log 메서드가 반환한 값으로 a를 호출하는 유효한 자바스크립트 코드다. 즉 두 번째 행의 (토큰은 위반 토큰이 아니다.

물론 이는 조금 억지스러운 코드다. console.log(6 * 7)을 감싸는 괄호가 사실은 필요 없기 때문이다. 다음은 실전에서 볼 수 있는 다른 예제다.

```
let a = x
[1, 2, 3].forEach(console.log)
```

[는 x 뒤에 나타날 수 있으므로 세미콜론이 추가되지 않는다. 이런 식으로 배열 리터럴을 반복할 때는 변수를 사용해 문제를 해결한다.

```
let a = x
const numbers = [1, 2, 3]
numbers.forEach(console.log)
```

Note

다음 예제에서처럼 세미콜론을 사용하지 않으면 템플릿이나 정규 표현식 리터럴로 시작하는 행이 기존 행과 합쳐질 수 있다.

```
let a = x
`Fred`.toUpperCase()
```

이 예제에서 x`Fred`는 태그된 템플릿 리터럴로 파싱된다. 하지만 실제로 이런 표현식을 사용하는 사람은 아무도 없다. 문자열이나 정규 표현식을 사용할 때는 결과가 필요하며, 구문의 시작에 리터럴을 사용하지 않는다.

두 번째 세미콜론 규칙, 즉 행이 끝나고 이어지는 비선형 제어 흐름 구문(`break`, `continue`, `return`, `throw`, `yield`) 뒤에 세미콜론이 추가되는 규칙은 조금 더 복잡하다.

```
return
  x + someComplicatedExpression;
```

위 예제를 작성하면 다음과 같이 세미콜론이 자동으로 추가된다.

```
return ;
  x + someComplicatedExpression;
```

함수는 어떠한 값도 반환하지 않으며 표현식 구문인 두 번째 행은 절대 실행되지 않는다.

해결 방법은 간단하다. `return` 뒤에서 행을 바꾸지 않으면 된다. `return`과 같은 행에 적어도 한 개 이상의 토큰을 추가하자.

```
return x +
  someComplicatedExpression;
```

여러분이 모든 곳에 세미콜론을 추가한다 할지라도 이 규칙은 반드시 알아야 한다.

'위반 토큰'과 '비선형 제어 흐름' 규칙 외에 다른 모호한 규칙도 있다. 행 바꿈 뒤에 ++나 --가 나타나면 세미콜론이 추가되는 규칙이다.

```
x
++
y
```

위 코드에 규칙을 적용하면 다음과 같은 코드로 바뀐다.

```
x;
++y;
```

++를 연산자와 같은 행에 유지하는 한 이 문제는 걱정할 필요가 없다.

세미콜론 자동 추가 규칙은 언어의 일부다. 실전에서는 세미콜론 자동 추가 규칙을 크게 신경 쓰지 않아도 원만하게 기능이 처리된다. 따라서 여러분의 기호에 따라 세미콜론을 추가하거나 생략하자. 어떤 방식을 선호하든 일부 모호한 상황에는 주의를 기울여야 한다.

> 📖 **Note**
>
> 행의 끝이나 } 앞에만 세미콜론이 추가된다. 한 행에 여러 구문을 포함할 때는 세미콜론을 반드시 추가해야 한다.
>
> ```
> if (i < j) { i++; j-- }
> ```
>
> 이 코드에서는 세미콜론으로 i++와 j-- 구문을 분리해야 한다.

2.3 분기

C, C++, 자바, C# 등의 언어에 익숙한 독자라면 이번 절을 생략해도 좋다.

자바스크립트의 조건문은 다음과 같은 형식을 갖는다.

```
if (조건) 구문
```

조건은 반드시 괄호로 감싼다.

 Tip

> 자바스크립트는 다양한 값을 불리언 값으로 변환하므로 조건에 다양한 값을 사용할 수 있다. 하지만 실전에서는 명시적으로 `true`나 `false`를 조건으로 사용하는 것이 좋다. 다음 절에서 살펴보겠지만 어떤 값을 불리언 값으로 변환하는 일은 직관적이지 않고 잠재적으로 위험하다. 서문의 세 번째 황금 규칙인 '형식을 확인하고 자동 형 변환을 피한다'를 따르자.

조건이 충족될 때, 다음과 같이 블록문^{block statement}을 이용하면 여러 구문을 실행할 수 있다.

```
{
  구문₁
  구문₂
  ...
}
```

조건이 충족되지 않았을 때는 다음과 같이 `else` 절(선택 사항)을 이용해 코드를 실행할 수 있다.

```
if (yourSales > target) {
  performance = "Good"
  bonus = 100
} else {
  performance = "Mediocre"
```

```
    bonus = 0
  }
```

📒 **Note**

이 예제에서는 블록을 여는 중괄호를 이전 행의 마지막에 추가하는 one true brace style[1]을
사용했으며 자바스크립트에서는 보통 이 형식을 사용한다.

다음과 같이 else 절에 또 다른 if 문을 추가할 수 있다.

```
if (yourSales > 2 * target) {
  performance = 'Excellent'
  bonus = 1000
} else if (yourSales > target) {
  performance = 'Good'
   bonus = 100
} else {
  performance = 'Mediocre'
  bonus = 0
}
```

구문이 하나라면 중괄호는 생략해도 좋다.

```
if (yourSales > target)
  bonus = 100
```

1 **옮긴이_** 이와 관련된 자세한 사항은 https://en.wikipedia.org/wiki/Indentation_style을 참고하자.

Warning

중괄호를 사용하지 않거나 if/else 구문에 one true brace style을 사용하지 않으면 프로그램 파일에서는 잘 동작하던 코드가 자바스크립트 콘솔에서 실행했을 때 동작하지 않을 수 있다. 다음 예제를 살펴보자.

```
if (yourSales > target)
   bonus = 100
else
   bonus = 0
```

일부 자바스크립트 콘솔은 한 번에 한 행씩 코드를 분석한다. 이런 콘솔에서는 else 절이 등장하기 전에 이미 if 문이 종료된 것으로 간주한다. 이런 문제는 중괄호를 사용하거나 전체 if 문을 한 행으로 구현하는 것으로 해결할 수 있다.

```
if (yourSales > target) bonus = 100; else bonus = 0
```

때로는 if 문과 비슷한 표현식이 필요할 때가 있다. 다음은 두 값 중 더 큰 수를 계산하는 예다.

```
let max = undefined
if (x > y) max = x; else max = y
```

max를 x, y 둘 중 큰 수로 초기화하는 코드가 필요하다. if는 구문이므로 다음과 같이 코드를 사용할 수 있다.

```
let max = if (x > y) x else y // if 문을 사용할 수 없으므로 오류 발생
```

이런 상황에서는 if 대신 '조건부conditional' 연산자인 **? :** 연산자를 사용한다. **조건 ? 첫 번째 : 두 번째** 표현식은 조건이 참이면 **첫 번째**를 그렇지 않으면 **두 번째**를 실행한다. 이를 이용해 다음과 같이 코드를 구현할 수 있다.

```
let max = x > y ? x : y
```

📖 Note

> x > y ? x : y는 조건부 연산자를 보여주는 좋은 예제지만, 표준 라이브러리 메서드인 Math. max를 이용해 두 값 중 큰 수를 얻는 방법도 있다.

2.4 불리언화 🤓

이번 절에서는 자바스크립트에서 혼동을 일으키는 '까다로운' 기능을 설명한다. 2.3절에서 권고한 것처럼 조건에 오직 불리언 값만을 사용하는 독자라면 이 절은 생략해도 좋다.

자바스크립트의 조건(if 문의 조건 등)은 불리언 값을 사용한다. 0, NaN, null, undefined, 빈 문자열은 조건을 거짓으로 만드는 '일종의 거짓falsish' 값이다. 이를 제외한 모든 다른 값은 '일종의 참ruish' 값이 되며 조건을 참으로 만든다. 이렇게 참이나 거짓으로 분류되는 값을 '거 짓으로 평가되는 값falsy'이나 '참으로 평가되는 값truthy'이라고도 부른다. 다만 이들이 공식 언 어 명세에서 사용되는 용어는 아니라는 점을 기억하자.

📖 Note

> 루프 조건, 논리 연산자 &&, ||, ! 등의 피연산자와 ? :의 첫 번째 연산자에도 불리언화boolishness 가 적용된다. 이 연산자는 이 장의 뒤에서 살펴본다.

처음에는 불리언 변환 규칙이 합리적인 것처럼 보일 수 있다. 다음 코드처럼 performance 라는 변수를 만들었는데 이 변수가 undefined가 아닌 상황에서만 이 변수를 사용하려 한다 고 가정하자.

```
if (performance) ... // 위험함
```

performance가 undefined이면 예상대로 테스트가 실패한다. 하지만 performance가

null일 때도 테스트가 실패한다는 점이 문제다.

performance가 빈 문자열이라면 어떨까? 혹은 숫자 0을 갖는다면? 여러분은 정말 이런 값들을 undefined처럼 취급하려 했는가? 상황에 따라서 그럴 수 있지만 그렇지 않을 수도 있다. 다음과 같이 의도를 조금 더 명확하게 할 필요가 있다.

```
if (performance !== undefined) ...
```

2.5 비교 연산자

자바스크립트는 일반적인 비교 연산자comparison operator를 제공한다.

- <: 보다 작음
- <=: 보다 작거나 같음
- >: 보다 큼
- >=: 보다 크거나 같음

숫자를 비교할 때 비교 연산자를 사용하면 예상한 대로 결과가 나온다.

```
3 < 4  // true
3 >= 4 // false
```

NaN을 비교 연산자에 사용하면 결과는 false가 된다.

```
NaN < 4    // false
NaN >= 4   // false
NaN <= NaN // false
```

이 연산자를 문자열에 적용하면 사전식 순서로 철자를 비교한다.

```
'Hello' < 'Goodbye'    // H는 G의 뒤이므로 false
'Hello' < 'Hi'         // e는 i의 앞이므로 true
```

<, <=, >, >= 연산자로 값을 비교할 때는 두 피연산자가 모두 숫자거나 문자열이어야 한다. 필요하면 명시적으로 피연산자를 변환하자. 그렇지 않으면 자바스크립트가 자동으로 피연산자를 변환하는데, 때로는 다음 문단에서 보여주듯이 예상하지 못한 결과가 나오기 때문이다.

다음 연산자로 두 값이 같은지 검사한다.

- ===: 엄격하게 같음

- !==: 엄격하게 같지 않음

엄격하게 같음을 확인하는 === 연산자의 동작은 명백하다. 하지만 다른 형식의 두 피연산자는 결코 엄격하게 같을 수 없다. 여기서 undefined와 null 값은 오직 자신과 형식이 같아야만 엄격하게 같은 것으로 간주되며 숫자, 불리언, 문자열은 값이 같아야 엄격하게 같은 것으로 간주된다.

```
'42' === 42            // 형식이 다르므로 false
undefined === null     // false
'42' === '4' + 2       // '42'라는 같은 문자열로 간주하므로 true
```

==, != 같은 '대략 같음loose equality'을 비교하는 느슨한 연산자는 다른 형식의 값도 비교할 수 있다. 하지만 보통 느슨한 연산자는 실전에서 사용하지 않는다. 더 자세한 사항은 다음 절을 참고하자.

 Warning

x === NaN을 이용해 x가 NaN과 같은지 확인할 수 없다. 두 개의 NaN 값은 서로 같은 것으로 간주되지 않기 때문이다. 대신 Number.isNan(x)로 NaN인지 확인할 수 있다.

> Object.is(+0, -0)은 false고 Object.is(NaN, NaN)이 true라는 점을 제외하면 Object.is(x, y)는 x === y와 같다.

자바와 파이썬처럼 객체(배열 포함)가 같다는 것은 두 피연산자가 같은 객체를 참조함을 의미한다. 두 객체가 같은 값을 갖더라도 각각의 객체 참조는 서로 다르기 때문이다.

```
let harry = { name: 'Harry Smith', age: 42 }
let harry2 = harry
harry === harry2 // 두 변수 모두 같은 객체를 가리키므로 true
let harry3 = { name: 'Harry Smith', age: 42 }
harry === harry3 // 객체가 다르므로 false
```

2.6 혼합 비교 🤓

이번 절에서도 자바스크립트에서 혼동을 일으키는 '까다로운' 기능을 설명한다. 황금 규칙 3번(혼합된 형식mixed-type 비교, 특히 느슨한 연산자 ==와 !=를 피하라)을 항상 따르는 독자라면 이 절은 생략해도 좋다.

우선 <, <=, >, >= 연산자로 혼합된 형식을 비교하는 상황을 살펴보자.

한 피연산자가 숫자이고 다른 피연산자는 숫자로 변환된 상황을 가정하자. 다른 피연산자는 원래 문자열이었다. 이 문자열이 숫자를 포함한다면 변환 과정에서 문자열은 숫자로, 문자열이 비어 있었다면 0으로, 이외의 경우엔 NaN으로 변환된다. 특히 NaN을 비교하면 결과는 항상 false다(심지어 NaN <= NaN도 false가 된다).

```
'42' < 5      // '42'는 숫자 42로 변환되므로 false
'' < 5        // ''는 숫자 0으로 변환되므로 true
'Hello' <= 5 // 'Hello'는 NaN으로 변환되므로 false
5 <= 'Hello' // 'Hello'는 NaN으로 변환되므로 false
```

이번에는 한쪽 피연산자가 배열인 경우를 살펴보자.

```
[4] < 5    // [4]는 숫자 4로 변환되므로 true
[] < 5     // []는 숫자 0으로 변환되므로 true
[3, 4] < 5 // [3, 4]는 NaN으로 변환되므로 false
```

두 피연산자가 모두 숫자가 아니면 두 피연산자를 문자열로 변환한다. 이런 비교는 실전에서는 거의 사용되지 않는다.

```
[1, 2, 3] < {} // [1, 2, 3]은 '1,2,3'으로 {}는 '[object Object]'로 변환되므로 true
```

이제 느슨한 비교 연산자 x == y가 어떻게 동작하는지 더 자세히 살펴보자.

- 두 피연산자의 형식이 같다면 이들을 직접 엄격히 비교한다.
- undefined와 null은 자신과 서로의 값에는 대략 같음으로 취급된다(다른 값에는 적용되지 않음).
- 한 피연산자가 숫자고 다른 피연산자가 문자열이면 문자열을 숫자로 변환한 다음 엄격한 비교를 수행한다.
- 한 피연산자가 불리언 값이면 두 피연산자를 모두 숫자로 변환한 다음 엄격한 비교를 수행한다.
- 한 피연산자만 객체면 객체를 기본형(8장 참고)으로 변환한 다음 느슨한 비교를 수행한다.

다음 예를 살펴보자.

```
'' == 0            // ''는 0으로 변환되므로 true
'0' == 0           // '0'는 0으로 변환되므로 true
'0' == false       // 둘 다 0으로 변환되므로 true
undefined == false // undefined은 자신이나 null 형식하고만 같으므로 false
```

''와 '0' 문자열을 다시 살펴보자. 이들 두 문자열은 0과 같다. 하지만 서로 같지는 않다.

```
'' == '0' // 두 피연산자가 모두 문자열이므로 형식을 변환하지 않아 false 반환
```

예제에서 알 수 있듯이 느슨한 비교는 유용하지 않으며 알아차리기 어려운 오류를 일으킬 수 있다. 따라서 ===, !== 같은 엄격한 비교 연산자를 사용하는 것이 좋다.

> 📄 **Note**
>
> 느슨한 비교 x == null은 x가 undefined거나 null인지를 검사하며 x != null은 x가 undefined, null이 아닌지 검사한다. 느슨한 비교를 사용하지 않기로 결정한 일부 프로그래머도 이 상황에서는 예외적으로 느슨한 비교를 사용한다.

2.7 논리 연산자

자바스크립트는 불리언 값을 처리하는 세 가지 논리 연산자를 제공한다.

- &&: 논리곱(and)
- ||: 논리합(or)
- !: 부정(not)

x && y에서 x와 y가 모두 true이면 결과가 true이며 x || y는 x와 y 둘 중 하나라도 true면 true다. !x는 x가 false면 true다.

&&와 || 연산자는 평가를 게을리하는 경향이 있다. 즉 왼쪽의 피연산자만으로 결과가 결정되면(&&에서는 거짓으로 평가되는 값, ||에서는 참으로 평가되는 값) 오른쪽 피연산자는 평가하지 않는다. 다음 예를 살펴보자.

```
if (i < a.length && a[i] > 0) // i ≥ a.length이면 a[i] > 0를 평가하지 않는다.
```

&&와 || 연산자를 불리언이 아닌 피연산자를 사용하면 한 피연산자를 표현식의 값으로 내보낸다. 왼쪽 피연산자가 결과를 결정하는 상황이라면, 왼쪽 피연산자가 표현식의 값이 되고 오른쪽 피연산자를 평가하지 않는다. 이런 상황이 아니라면 오른쪽 피연산자가 표현식의 값이 된다.

다음 예를 살펴보자.

```
0 && 'Harry' // 0
0 || 'Harry' // 'Harry'
```

프로그래머는 이를 활용해 다음과 같이 코드를 구현할 수 있다.

```
let result = arg && arg.someMethod()
```

이 코드는 arg의 메서드를 호출하기 전에 arg가 undefined나 null이 아님을 확인한다. arg가 undefined이거나 null이면 결과도 undefined나 null이 된다. 이 코드는 arg가 0, 빈 문자열, false면 의도한 대로 동작하지 않는다.

메서드가 undefined나 null을 반환할 때 기본값을 제공하는 용도로 사용할 수 있다.

```
let result = arg.someMethod() || defaultValue
```

이 코드도 메서드가 0, 빈 문자열, false를 반환하면 제대로 동작하지 않는다.

어떤 대상이 undefined나 null이 아닐 때만 값을 사용할 수 있는 편리한 수단이 필요하다. 이 책의 집필 시점인 2020년 초에는 두 개의 연산자가 '제안 단계 3'에 올라온 상태이므로 조만간 릴리스되는 자바스크립트 버전에 적용될 가능성이 크다.[2]

x ?? y 표현식의 결과는 x가 undefined나 null이 아니면 x, 그렇지 않으면 y가 된다. 다음 표현식을 살펴보자.

```
let result = arg.someMethod() ?? defaultValue
```

메서드가 undefined나 null을 반환할 때만 기본값을 사용한다. x?.프로퍼티명은 x가 undefined나 null이 아니면 프로퍼티를 반환하고 그렇지 않으면 undefined를 반환한다.

---

2 **옮긴이_** 번역 시점인 2021년 12월에는 두 연산자 모두 ES2020에 포함되어 릴리스되었다.

다음 예제를 살펴보자.

```
let recipient = person?.name
```

person이 undefined나 null이 아니면 오른쪽 코드는 person.name이 된다. 하지만 person이 undefined나 null이면 recipient는 undefined가 된다. ? 대신 . 연산자를 사용하면 예외가 발생한다.

?. 연산자를 계속 연결해 사용할 수 있다.

```
let recipientLength = person?.name?.length
```

person이나 person.name이 undefined이거나 null이면 recipientLength를 undefined 로 설정한다.

Note

자바스크립트는 &, |, ^, ~ 등의 비트 연산자bitwise operator도 제공한다. 비트 연산자는 피연산자를 32비트 정수로 만든 다음, 두 피연산자의 비트에 연산을 적용한다(자바, C++과 비슷한 방식으로 동작함). <<, >>, >>> 등의 시프트 연산자shift operator도 있다. 시프트 연산자는 왼쪽 피연산자를 32비트 정수로 만들고, 오른쪽 피연산자는 5비트 정수로 만든 다음 비트를 이동시킨다. 32비트 정수의 개별 비트를 조작해야 하는 상황에서 비트 연산자와 시프트 연산자를 활용하자. 그외에는 이들 연산자를 사용할 일이 없다.

Warning

x | 0을 이용해 x의 소수부를 제거하는 개발자도 있다. 하지만 x ≥ 231이라면 예상하지 못한 결과가 발생하므로 Math.floor(x)를 이용하는 것이 바람직하다.

2.8 switch 문

자바스크립트는 C, C++, 자바, C#과 마찬가지로 switch 문을 제공한다. switch 문에 익숙한 독자라면 이 절을 생략해도 좋다.

switch 문은 표현식이 가질 수 있는 값을 비교한다. 다음 switch 문 예제를 살펴보자.

```
let description = ''
switch (someExpression) {
  case 0:
    description = 'zero'
    break
  case false:
  case true:
    description = 'boolean'
    break
  case '':
    description = 'empty string' // 아래 '주의' 참고
  default:
    description = 'something else'
}
```

표현식의 값과 엄격하게 같은 case 레이블에서 실행을 시작하며, break를 만나거나 switch 문이 끝날 때까지 코드를 실행한다. 일치하는 case 레이블이 없으면 default 레이블(존재할 경우)을 실행한다. switch 문은 엄격한 비교를 수행하므로 case 레이블에 객체를 사용하지 않도록 주의하자.

📎 Warning

case 레이블의 코드 실행이 끝난 지점에 break를 추가하지 않았다면, 다음 case 레이블이 차례로 실행된다. 위 예제에서 value가 빈 문자열일 때 이런 상황이 발생한다. 처음에는 description을 'empty string'으로 설정하지만 곧 'something else'로 바뀐다. 이런 '폴스루fall-through' 동작은 쉽게 오류를 일으킬 수 있으므로 실전에서는 이 기능을 사용하지 않는다. 일부 개발자는 이런 이유로 switch 문을 잘 사용하지 않는다.

◇ Tip

일반적으로 switch를 if 문으로 구현했을 때 성능 차이는 거의 없다. 하지만 case가 아주 많다면 가상 머신이 '점프 테이블jump table(또는 분기 테이블)'을 이용해 성능을 최적화하므로 성능 차이가 날 수 있다.

2.9 while과 do 루프

C, C++, 자바 또는 C#에 익숙한 독자라면 이번 절은 생략해도 좋다. while 루프는 조건을 만족하는 동안 구문을 실행한다(보통 블록문으로 구성됨). while 문의 일반적인 형식은 다음과 같다.

```
while (조건) 구문
```

다음 루프는 이자율이 고정된 상태에서 매년 같은 금액을 저축한다고 가정할 때 목표 금액까지 저축하려면 몇 년이 걸리는지 계산하는 코드다.

```
let years = 0
while (balance < goal) {
  balance += paymentAmount
  let interest = (balance * interestRate) / 100
  balance += interest
  years++
}
console.log(`${years} years.`)
```

조건이 거짓이면 while 루프는 블록을 실행하지 않는다. 블록을 한 번 이상 실행하도록 하려면 do/while 루프를 활용해 조건을 아래로 이동시켜야 한다. do/while 문법 형식은 다음과 같다.

```
do 구문 while (조건)
```

이 루프는 구문(보통 블록으로 구성됨)을 실행하고 나서 조건을 검사한다. 조건을 만족하면 구문을 실행한 다음, 조건 검사를 반복한다. 다음은 s[i]에서 공백을 검사하는 **do/while** 예제다.

```
do {
  i++
} while (i < s.length && s[i] != ' ')
```

i가 문자열의 길이보다 커졌거나 s[i]가 공백이면 루프가 끝난다. 실전에서는 do 루프보다는 while 루프를 더 많이 사용한다.

2.10 for 루프

요소를 반복할 때는 보통 for 루프를 사용한다. 이번 절에서는 자바스크립트가 제공하는 다양한 for 루프를 살펴본다.

2.10.1 기본 for 루프

기본 for 루프는 C, C++, 자바, C#의 for 루프와 비슷하다. 기본 for 루프는 카운터 변수를 사용하며 루프를 반복할 때마다 카운터 변수를 갱신한다. 다음은 1에서 10까지 숫자를 로깅하는 루프다.

```
for (let i = 1; i <= 10; i++)
  console.log(i)
```

for 루프의 괄호 안 첫 번째 칸에서는 카운터를 초기화한다. 두 번째 칸은 매 루프를 시작하기 전에 검사할 조건을 포함한다. 세 번째 칸은 매 루프를 반복할 때 카운터를 어떻게 갱신할지 지정한다.

초기화, 검사, 갱신 이 세 가지를 필요에 따라 조절한다. 예를 들어 다음은 배열의 요소를 역순으로 방문하는 for 루프다.

```
for (let i = a.length - 1; i >= 0; i--)
  console.log(a[i])
```

 Tip

for 루프의 괄호 안 첫 번째 칸에는 변수를 선언하거나 표현식을 추가할 수 있으며, 다른 칸에는 표현식을 사용할 수 있다. 하지만 보통은 한 변수를 초기화하고, 검사하고, 갱신한다.

Note

변수를 갱신하는 여러 표현식을 쉼표로 분리해 for 루프의 세 번째 칸에 표현식을 추가할 수 있다.

```
for (let i = 0, j = a.length - 1; i < j; i++, j--) {
  let temp = a[i]
  a[i] = a[j]
  a[j] = temp
}
```

i++, j--에서 쉼표는 두 표현식을 새 표현식으로 연결한다. 두 번째 피연산자가 쉼표 표현식의 값이 된다. 이 예제에서는 표현식의 값은 사용하지 않으며 변수를 증가하거나 감소하는 효과만 활용한다.

쉼표 연산자는 혼동을 일으킬 수 있으므로 실전에서는 사용하지 않는 편이다. 예를 들어 Math.max((9, 3))의 결과는 (9, 3)에서 최댓값인 3이 된다.

let i = 0, j = a.length - 1은 쉼표 연산자가 아니라 let에 포함되는 선언문의 일부다. 이 선언문은 i, j 두 개의 변수를 선언한다.

2.10.2 for of 루프

for of 루프는 반복할 수 있는 이터러블^{iterable} 객체 요소를 반복하며 배열이나 문자열에 사용한다(8장에서는 반복 가능한 객체를 만드는 방법을 살펴본다).

다음 예제를 살펴보자.

```
let arr = [, 2, , 4]
arr[9] = 100
for (const element of arr)
  console.log(element) // undefined, 2, undefined, 4, undefined (5번), 100을 출력
```

이 루프는 인덱스 0에서 arr.length − 1까지 모든 배열 요소를 순서대로 방문한다. 인덱스 0, 2 그리고 4에서 8까지 요소는 undefined다.

element 변수는 루프를 반복할 때마다 새로 만들어지고 현재 요소의 값으로 초기화된다. 루프의 본문^{body}에서 값이 변하지 않으므로 변수를 const로 선언한다.

배열의 모든 요소를 처리할 때 for of 루프를 사용하면 기본 for 루프보다 편리하게 작업을 처리할 수 있다. 하지만 기본 for 루프를 사용해야 하는 상황도 많다. 예를 들어 전체 배열을 탐색할 필요가 없거나 루프 안에서 값의 인덱스가 필요한 상황 등이 있다.

for of 루프로 문자열을 반복하면 문자열의 각 유니코드 코드 포인트^{Unicode code point}를 방문한다.

다음 예제를 살펴보자.

```
let greeting = 'Hello 🌐'
for (const c of greeting)
  console.log(c) // H e l l o, 공백, 🌐를 출력
```

greeting[6]과 greeting[7]에 저장된 두 코드 유닛은 신경 쓸 필요가 없다.

2.10.3 for in 루프

임의의 객체의 프로퍼티 값을 반복할 때는 for of 루프를 사용할 수 없다. 키가 없으면 프로퍼티 값이 보통 의미가 없기 때문이다. 이런 상황에서는 for in 루프로 키를 방문한다.

```
let obj = { name: "Harry Smith", age: 42 }
for (const key in obj)
  console.log(`${key}: ${obj[key]}`)
```

이 루프는 age: 42, name: Harry Smith를 순서대로 출력한다.

for in 루프는 주어진 객체의 키를 방문한다. 4장, 8장에서 설명하는 '프로토타입' 프로퍼티는 반복에 포함하지만, '열거할 수 없는nonenumerable' 프로퍼티는 생략한다. 키 방문 순서는 구현에 따라 달라질 수 있으므로 특정 방문 순서에 의존하지 않도록 주의한다.

> 📖 **Note**
>
> 자바스크립트 for of 루프는 자바의 '일반화된 for 루프' 또는 'for each' 루프와 같다. 하지만 자바에는 자바스크립트의 for in 루프와 같은 기능이 존재하지 않는다.

for in 루프로 배열의 프로퍼티 이름을 반복할 수 있다.

```
let numbers = [1, 2, , 4]
numbers[99] = 100
for (const i in numbers)
  console.log(`${i}: ${numbers[i]}`)
```

이 루프는 i를 '0', '1', '3', '99'로 설정한다. 보통 자바스크립트 구현은 숫자 순서대로 배열을 반복하지만 항상 그런 것은 아니다. 따라서 순서가 중요한 상황이라면 for of 루프나 기본 for 루프를 사용하는 것이 좋다.

Warning

for in 루프에서 numbers[i + 1]과 같은 표현식을 사용할 때 주의하자.

```
if (numbers[i] === numbers[i + 1])
// i + 1은 '01', '11' 등으로 평가되어 오류 발생
```

여기서 조건은 인접한 요소를 비교하지 않는다. i는 문자열을 포함하므로 + 연산자는 문자열을 연결한다. i가 '0'이면 i + 1은 '01'이다.

다음처럼 i를 숫자로 변환해 문제를 해결할 수 있다. 또는 기본 for 루프를 사용해도 좋다.

```
if (numbers[i] === numbers[parseInt(i) + 1])
```

for in은 배열에 추가한 다른 프로퍼티도 방문한다.

```
numbers.lucky = true
for (const i in numbers) // i는 '0', '1', '3', '99', 'lucky'
  console.log(`${i}: ${numbers[i]}`)
```

4장에서 설명하겠지만, `Array.prototype` 또는 `Object.prototype`에 열거할 수 있는enumerable 프로퍼티를 추가할 수 있는데, `for in` 루프는 이렇게 추가한 프로퍼티도 방문할 수 있다. 따라서 최신 자바스크립트에서는 이와 같은 상황을 피하기를 권장한다. 일부 프로그래머는 기존 라이브러리나 동료가 인터넷에서 마구잡이로 코드를 복사해올 수 있으므로 `for in` 루프 사용을 경고하기도 한다.

Note

3장에서는 함수형 프로그래밍 기법으로 배열을 반복하는 방법을 설명한다. 예를 들면 다음과 같이 배열의 모든 요소를 로깅할 수 있다.

```
arr.forEach((element, key) => { console.log(`${key}: ${element}`) })
```

제공된 함수를 배열의 모든 요소와 키(0, 1, 3, 99를 문자열이 아닌 숫자로 사용)를 이용해 호출한다.

for in 루프로 문자열을 반복할 때 문자열의 유니코드 코드 유닛 인덱스를 방문한다. 하지만 이를 원하는 사람은 없을 것이다. 다음 예를 살펴보자.

```
let greeting = "Hello 🌐"
for (const i in greeting)
  console.log(greeting[i])
    // H e l l o, 공백, 두 개의 깨진 심벌 출력
```

유니코드 문자 🌐는 두 코드 유닛을 포함하므로 인덱스 6, 7을 각각 방문한다.

2.11 break와 continue

원하는 목표를 달성했다면 루프를 종료할 수 있다. 예를 들어 배열 요소 중 음수가 첫 번째로 등장하는 위치를 찾는다고 가정하자.

```
let i = 0
while (i < arr.length) {
  if (arr[i] < 0) ...
  ...
}
```

음수의 위치를 찾았으면 i의 위치를 유지할 수 있도록 바로 루프를 탈출하는 것이 좋다. break 문을 이용해 루프를 탈출한다.

```
let i = 0
while (i < arr.length) {
  if (arr[i] < 0) break
  i++
}
// 루프가 정상적으로 종료되면 여기에 도달
```

break 문을 꼭 사용할 필요는 없다. 대신 루프를 종료하는 데 불리언 변수(done, found라는 이름을 자주 사용함)를 이용할 수 있다.

```
let i = 0
let found = false
while (!found && i < arr.length) {
  if (arr[i] < 0) {
    found = true
  } else {
    i++
  }
}
```

자바처럼 자바스크립트도 여러 중첩 루프를 탈출할 수 있도록 레이블을 포함하는 **break** 문을 지원한다. 이차원 배열에서 첫 번째 음수 요소를 찾는다고 가정하자. 음수 요소를 찾았다면 두 개의 루프를 탈출해야 한다. 외부 루프 앞에 레이블(식별자 뒤에 콜론 추가)을 추가한다. **break**에 레이블을 추가하면 해당 레이블 루프 바깥으로 탈출한다.

```
let i = 0
let j = 0
outer: while (i < arr.length) {
  while (j < arr[i].length) {
    if (arr[i][j] < 0) break outer
    j++
  }
  i++
  j = 0
}
// 바깥쪽 break를 실행하거나 두 루프가 정상적으로 종료되면 여기에 도달
```

레이블은 break 키워드와 같은 행에 추가해야 한다. 실전에서는 레이블 break를 잘 사용하지 않는다.

마지막으로 **break**처럼 제어 흐름을 바꾸는 또 다른 키워드 continue가 있다. continue

문은 안쪽의 가장 가까운 루프 종료문으로 제어를 이동한다. 다음은 배열의 요소 평균을 계산하는 코드다.

```
let count = 0
let sum = 0
for (let i = 0; i < arr.length; i++) {
  if (arr[i] <= 0) continue
  count++
  sum += arr[i]
}
let avg = count === 0 ? 0 : sum / count
```

요소가 양수가 아니면 continue 문을 이용해 현재 반복의 나머지를 생략하고 루프 헤더로 이동한다. for 루프에서 continue를 사용하면 for 루프의 '갱신' 부분으로 점프한다.

레이블 continue 문을 이용하면 해당 레이블의 루프 끝으로 이동한다. 하지만 레이블 continue도 실전에서는 사용하지 않는다.

많은 프로그래머가 break, continue 문은 혼동을 준다고 생각한다. 따라서 실전에서는 이 기능을 자주 사용하지 않으며 이 책에서도 이 키워드를 사용하지 않는다.

2.12 예외 잡기

유효하지 않은 인수로 메서드를 호출했을 때 오룻값을 반환하는 메서드도 있다. 예를 들어 parseFloat('')는 NaN을 반환한다.

하지만 오룻값을 반환하는 것이 꼭 좋은 방법은 아니다. 유효한 값인지 아닌지를 구별하기 어려울 때도 있기 때문이다. parseFloat 메서드가 좋은 예다. parseFloat('Infinity')가 Infinity를 반환하듯이 parseFloat('NaN')은 NaN을 반환한다. parseFloat이 NaN을 반환했을 때 유효한 'NaN'이라는 문자열을 파싱한 결과인지 아니면 유효하지 않은 인수 때문인지 알 수 없다.

자바스크립트에서 메서드가 일반적인 방법으로 작업을 완료할 수 없을 때 값을 반환하는 대신 예외를 던져서^{throw an exception} 실행을 즉시 종료할 수 있다. 이 상황에서는 메서드를 호출한 코드에서 실행을 재개하지 않는다. 대신 catch 절을 실행한다. 아무도 예외를 잡지 않으면 프로그램 자체가 종료된다.

try 문으로 예외를 잡는다. 다음은 가장 단순한 형태의 try/catch 문이다.

```
try {
  코드
  코드
  코드
} catch {
  핸들러
}
```

try 블록 안의 코드에서 예외가 발생하면 try 블록의 나머지 코드는 실행하지 않고 catch 절의 핸들러 코드를 실행한다.

예를 들어 JSON 문자열을 받아 파싱한다고 가정하자. JSON.parse 메서드는 인수가 유효한 JSON이 아니면 예외를 던진다. catch 절에서 이를 처리한다.

```
let input = ... // 어딘가에서 입력을 읽음
try {
  let data = JSON.parse(input)
  // input이 유효한 값이면 다음 코드를 실행하면서 데이터를 처리
  ...
} catch {
  // 입력이 유효하지 않은 상황을 처리
  ...
}
```

핸들러 코드로 해당 정보를 로깅하거나 유효하지 않은 JSON 문자열을 다른 방식으로 활용할 수 있다.

3장에서는 예외를 처리하는 과정을 조금 더 정교하게 제어하는 try 문을 살펴본다. 또한 직접 예외를 던지는 방법도 알아본다.

연습 문제

01 브라우저 콘솔과 Node.js의 REPL에 구문을 입력하면 값을 출력한다. 다음과
    같은 구문을 입력하면 어떤 값이 출력될까?

- 표현식 구문

- 변수 선언

- 최소 한 개 이상의 구문을 포함하는 블록문

- 빈 블록문

- 최소 한 번 이상 본문을 실행하는 while, do, for 루프

- 본문을 전혀 실행하지 않는 루프

- if 문

- 정상적으로 실행을 완료하는 try 문

- catch 절이 실행되는 try 문

02 아래 코드에서 잘못된 부분을 찾아 올바르게 수정해보자.

```
if (x === 0) console.log('zero') else console.log('nonzero')
```

03 다음 코드가 있다.

```
let x = a
```

세미콜론을 추가하지 않고 다음 행을 시작할 수 있는 토큰은 무엇일까? 실제
프로그램에서 사용할 법한 토큰은 무엇이 있을까?

04 undefined, null, 0, ''를 <, <=, == 연산자로 비교한 결과와 그 이유를 설명
해보자.

05 a || b는 a와 b의 형식과 관계없이 항상 a ? a : b와 같을까? 대답과 그 이
유를 설명해보자. a && b도 같은 방식으로 표현할 수 있을까?

06 for 루프로 숫자 배열에서 가장 큰 값을 찾는 세 가지 방법을 설명해보자.

07 다음 코드가 있다고 가정하자.

```
let arr = [1, 2, 3, 4, 5, 6, 7, 8, 9, 10, 11, 12]
for (i in arr) { if (i + 1 === 10) console.log(a[i]) }
```

이 코드는 왜 아무것도 출력하지 않을까?

08 0에서 9까지의 숫자를 'zero'부터 'nine'까지의 해당하는 영문으로 변환하
는 switch 문을 구현해보자. 또한 switch 문을 사용하지 않고 이를 구현해보
고 반대로 변환하는 기능도 구현해보자.

09 n은 0에서 7까지 숫자 중 하나이며 arr[k]에서 arr[k + n − 1]의 배열 요소
를 0으로 설정하고 싶다. switch의 폴스루 기능을 이용해 이를 구현해보자.

10 2.9절의 do 루프를 while 루프로 구현해보자.

11 2.10절의 모든 for 루프를 while 루프로 구현해보자.

12 2.11절의 레이블 break 예제를 두 개의 중첩 for 루프를 사용해 구현해보자.

13 2.11절의 레이블 break 예제를 break 문을 사용하지 않고 다시 구현해보자. 중첩 루프의 종료를 제어하는 불리언 변수를 사용해본다.

14 2.11절의 continue 예제가 continue 문을 사용하지 않도록 다시 구현해보자.

15 배열 a에서 배열 b가 등장하는 첫 번째 위치를 찾아보자. 다음처럼 두 루프가 중첩되어 있다.

```
let result = undefined
for (let i = 0; i < a.length - b.length; i++) {
  for (let j = 0; j < b.length; j++) {
    if (a[i + j] != b[j]) ...
  }
  ...
}
```

레이블 break와 continue 문을 완성하고 이 코드를 break나 continue를 사용하지 않고 다시 구현해보자.

CHAPTER

03

함수와 함수형
프로그래밍

01 함수 선언

02 고차 함수

03 함수 리터럴

04 화살표 함수

05 함수형 배열 처리

06 클로저

07 하드 객체 ▲

08 엄격 모드

09 인수 형식 검사

10 더 많거나 더 적은 인수 제공

11 기본 인수

12 나머지 매개변수와 스프레드 연산자

13 비구조화로 명명된 인수 흉내 내기 ★

14 호이스팅 ▨

15 예외 던지기

16 예외 잡기 ▲

17 finally 절 ★

| 연습 문제 |

Chapter 03 함수와 함수형 프로그래밍

3장에서는 자바스크립트로 함수를 구현하는 방법을 배운다. 자바스크립트는 함수형functional 프로그래밍 언어다. 함수는 숫자나 문자열과 마찬가지로 '일급first-class'값이며 다른 함수를 소비하거나 생성할 수 있다. 최신 자바스크립트 코드를 구현하려면 함수형 프로그래밍 형식을 마스터해야 한다.

이번 장에서는 자바스크립트의 매개변수 전달과 범위 규칙, 예외를 던지고 잡는 방법을 배워본다.

3.1 함수 선언

자바스크립트에서 함수를 선언하려면 다음 요소들이 필요하다.

1. 함수의 이름
2. 매개변수의 이름
3. 계산을 수행하고 결과를 반환하는 함수 본문

함수의 매개변수와 결과 형식은 지정하지 않는다. 다음은 함수를 선언하는 예제다.

```
function average(x, y) {
  return (x + y) / 2
}
```

return 문은 함수가 반환하는 값을 산출한다. 함수를 호출할 때는 계산이 필요한 인수를 전달하면 된다.

```
let result = average(6, 7) // result는 6.5
```

숫자가 아닌 다른 인수를 전달하면 어떻게 될까? 다음 예를 살펴보자.

```
result = average('6', '7') // result는 33.5
```

문자열을 전달하면 함수 본문의 + 연산자는 이들을 연결한다. 따라서 문자열 '67'은 숫자로 변환되고 이를 2로 나눈 결과가 반환된다.

컴파일 타임^{compile time}에서 형식을 확인하는 자바, C#, C++ 개발자에게는 자바스크립트가 상당히 유연하게 느껴질 수 있다. 사실 인수 형식을 올바로 활용하지 않으면 런타임에 이상한 결과가 나타난다. 하지만 이 유연성을 잘 활용한다면 다양한 형식의 인수를 지원하는 편리한 함수를 구현할 수 있다.

return 문은 그다음의 코드를 실행하지 않고 바로 함수 실행을 종료한다. 다음은 배열에서 특정한 값의 인덱스를 계산하는 indexOf 함수 예제다.

```
function indexOf(arr, value) {
  for (let i in arr) {
    if (arr[i] === value) return i
  }
  return -1
}
```

일치하는 값을 찾으면 인덱스를 반환하면서 함수 실행을 즉시 종료한다. 함수는 어떠한 값도 반환하지 않을 수도 있다. return 문 없이 함수 본문이 끝나거나, return 키워드 뒤에 표현식이 없으면 함수는 undefined 값을 반환한다. 특히 부작용을 일으키는 것이 목적인 함수 대부분은 값을 반환하지 않는다.

 Tip

함수의 결괏값을 반환하지 않을 때도 다음과 같이 명시적으로 반환값이 없음을 가리키는 것이 좋다.

```
return undefined
```

2장에서도 언급했듯이 return 문은 행이 끝나기 전에 적어도 한 개의 토큰을 가져야 세미콜론이 자동으로 추가되는 걸 피할 수 있다. 예를 들어 객체를 반환하는 함수는 같은 행에 적어도 하나의 여는 중괄호를 추가해야 한다.

```
return {
  average: (x + y) / 2,
  max: Math.max(x, y),
  ...
}
```

3.2 고차 함수

자바스크립트는 함수형 프로그래밍 언어다. 함수는 값으로 취급하며 이를 변수에 저장하거나, 인수로 전달하거나, 다른 함수의 결과로 반환할 수 있다. 예를 들어 다음은 average 함수를 변수에 저장하는 코드다.

```
let f = average
```

다음처럼 함수를 호출한다.

```
let result = f(6, 7)
```

f(6, 7)이라는 표현식을 실행할 때 f는 함수로 인식되며 인수 6과 7을 이용해 이 함수를 호출한다.

다음과 같이 변수 f에 다른 함수를 저장할 수 있다.

```
f = Math.max
```

f(6, 7)을 호출하면 이번에는 `Math.max`의 결과를 호출하게 되며 결과는 7이 된다.

이번에는 함수를 인수로 전달하는 예제를 살펴보자. `arr`는 배열이라 가정하자.

```
arr.map(someFunction)
```

이 코드는 **someFunction**을 배열의 모든 요소에 적용한 다음, 결과를 모은 배열(기존 배열
은 변경하지 않음)을 반환한다.

```
result = [0, 1, 2, 4].map(Math.sqrt)
```

위 코드를 실행하면 **result**의 결과는 다음과 같다.

```
[0, 1, 1.4142135623730951, 2]
```

map 메서드처럼 다른 함수를 소비하는 메서드를 고차 함수higher-order function라 부른다.

3.3 함수 리터럴

이번 절에서는 3.2절의 예제를 이어 사용한다. 배열의 모든 요소에 **10**을 곱하는 함수는 다
음과 같이 구현한다.

```
function multiplyBy10(x) { return x * 10 }
```

그리고 함수를 호출한다.

```
result = [0, 1, 2, 4].map(multiplyBy10)
```

한 번만 사용할 함수를 새로 선언하는 것은 낭비처럼 느껴진다.

이럴 때 함수 리터럴function literal을 활용한다. 자바스크립트는 두 가지 종류의 문법을 지원한다.
다음은 그중 한 가지 문법을 사용한 예제다.

```
result = [0, 1, 2, 4].map(function (x) { return 10 * x })
```

문법은 간단하다. 이전과 같은 function 문법을 사용했지만 이번에는 이름이 없다. 함수
리터럴은 동작을 정의하는 값이며 이 값을 map 메서드로 전달한다.

이름이 없는 배열 리터럴 [0, 1, 2, 4]처럼 함수 리터럴도 이름을 갖지 않는다. 함수에
이름을 부여하고 싶을 때는 다음과 같이 변수에 저장한다.

```
const average = function (x, y) { return (x + y) / 2 }
```

 Tip

> 익명 함수anonymous function 리터럴을 '기본적인' 함수로 생각하자. 명명된 함수named function는 함수 리
> 터럴을 선언하면서 동시에 이름을 부여한다.

3.4 화살표 함수

3.3절에서 function 키워드로 함수 리터럴을 선언하는 방법을 확인했다. 이번에는 '화살표'
라 부르는 => 연산자로 함수를 선언하는 방법(함수 리터럴보다 축약된 형태)을 살펴본다.

```
const average = (x, y) => (x + y) / 2
```

화살표 왼쪽에서 매개변수를 제공하고 오른쪽에서 값을 반환한다. 매개변수가 한 개라면 다
음과 같이 괄호를 생략할 수 있다.

```
const multiplyBy10 = x => x * 10
```

매개변수가 없으면 빈 괄호 쌍을 사용한다.

```
const dieToss = () => Math.trunc(Math.random() * 6) + 1
```

dieToss는 숫자가 아니라 함수다. dieToss()를 호출할 때마다 1에서 6까지 숫자 중 임의의 숫자를 얻는다.

화살표 함수의 코드가 조금 더 복잡한 상황이라면 본문을 블록문으로 구현한다. return 키워드로 값을 블록 밖으로 반환한다.

```
const indexOf = (arr, value) => {
  for (let i in arr) {
    if (arr[i] === value) return i
  }
  return -1
}
```

🔖 **Tip**

=> 토큰은 반드시 매개변수와 같은 행에 있어야 한다.

```
const average = (x, y) => // OK
  (x + y) / 2
const distance = (x, y)   // 오류
=> Math.abs(x - y)
```

한 행을 초과하는 화살표 함수 코드를 구현할 때는 중괄호를 사용하는 것이 좋다.

```
const average = (x, y) => {
  return (x + y) / 2
}
```

객체 리터럴을 반환하는 화살표 함수를 구현할 때는 괄호로 객체를 감싸야 한다. 그렇지 않으면
중괄호를 블록으로 인식한다.

```
const stats = (x, y) => ({
    average: (x + y) / 2,
    distance: Math.abs(x - y)
})
```

 Tip

4장에서 살펴보겠지만 화살표 함수는 function 키워드로 정의하는 함수보다 유연하다. 많은
자바스크립트 개발자는 익명 함수, 중첩 함수를 화살표 함수로 구현하기를 선호한다. 일부 개
발자는 모든 함수를 화살표 함수로 구현하기도 하며 어떤 개발자는 function을 이용해 최상위
함수를 구현하는 걸 선호하기도 한다. 이는 전적으로 각자의 취향에 달렸다.

3.5 함수형 배열 처리

for of나 for in 루프로 배열을 반복하는 방법 외에 forEach 메서드를 이용할 수 있다.
forEach에는 요소element와 인덱스index 값으로 배열 요소를 처리할 함수를 전달한다.

```
arr.forEach((element, index) => { console.log(`${index}: ${element}`) })
```

배열의 각 요소로 인덱스를 증가시키면서 제공된 함수를 호출한다. 인덱스가 필요 없다면
요소 매개변수만 함수에 전달한다.

```
arr.forEach(element => { console.log(`${element}`) })
```

forEach 메서드는 요소와 인덱스로 함수를 호출하겠지만, 이 예제에서는 인덱스는 무시

한다.

forEach 메서드는 결과를 반환하지 않으므로 forEach에 전달한 함수는 반드시 부작용(값을 출력하거나 할당하는 등)을 포함해야 한다. 값을 반환하거나 부작용을 일으키지 않는 상황이라면 map, filter 등의 메서드를 사용해 배열을 원하는 형태로 변환할 수 있다.

3.2절에서 각 요소에 함수를 적용하면서 배열을 변환하는 map 메서드를 이미 살펴봤다. 여기서는 배열에 담긴 요소를 HTML 리스트로 만드는 실용적인 예제를 살펴본다. 우선 여러 항목을 li 요소로 감싼다.

```
const enclose = (tag, contents) => `<${tag}>${contents}</${tag}>`
const listItems = items.map(i => enclose('li', i))
```

우선 항목에 포함된 &, < 문자를 이스케이프하는 것이 좋다. 필요한 문자를 이스케이프하는 htmlEscape 함수가 있다고 가정하자(구현 코드는 책에서 제공하는 소스 코드[1]에서 확인할 수 있다). 이제 항목에서 필요한 문자를 이스케이프한 다음, 이를 감싼다.

```
const listItems = items
  .map(htmlEscape)
  .map(i => enclose('li', i))
```

결과는 li 요소의 배열이 된다. 다음으로 Array.join 메서드(7장 참고)로 모든 문자열을 연결하고 결과 문자열을 ul 요소로 감싼다.

```
const list = enclose(
  "ul",
  items
    .map(htmlEscape)
    .map((i) => enclose("li", i))
    .join("")
)
```

1 https://horstmann.com/javascript-impatient

filter라는 배열 메서드도 있다. filter 메서드는 프레디케이트^predicate 함수(불리언 값 또는 불리언으로 평가되는^boolish 값을 반환하는 함수)를 받는다. 결과 배열은 프레디케이트를 만족시킨 모든 요소를 포함한다. 이전 예제에서 빈 문자열은 리스트에서 제외시키려 한다. 다음과 같이 목록에서 빈 문자열을 제거할 수 있다.

```
const list = enclose(
  "ul",
  items
    .filter((i) => i.trim() !== "")
    .map(htmlEscape)
    .map((i) => enclose("li", i))
    .join("")
)
```

이러한 파이프라인 처리는 '어떻게가 아닌 무엇을^what, not how' 프로그래밍하는 형식을 한눈에 잘 보여주는 좋은 예제다. 우리는 빈 문자열을 제거하고, HTML 문자를 이스케이프하고, 항목을 li 요소로 감싸고 연결하는 걸 원한다. 어떻게 구현해야 할까? 궁극적으로 분기문과 일련의 루프가 사용되겠지만 이 부분은 개발자가 신경 쓸 필요가 없는 구현의 세부 사항에 속한다.

3.6 클로저

setTimeout 함수는 지정된 시간이 흘렀을 때 실행할 함수와 밀리초 단위의 시간, 두 개의 인수를 받는다. 다음은 10초 후 'Goodbye'를 출력하는 예제다.

```
setTimeout(() => console.log('Goodbye'), 10000)
```

이를 조금 더 유연한 코드로 바꿔보자.

```
const sayLater = (text, when) => {
  let task = () => console.log(text)
```

```
    setTimeout(task, when)
  }
```

다음처럼 함수를 호출한다.

```
sayLater('Hello', 1000)
sayLater('Goodbye', 10000)
```

화살표 함수 () => console.log(text)의 내부에 있는 text 변수를 살펴보자. 변수를 자세히 살펴보면 명확하지 않은 일이 일어나고 있음을 발견할 수 있다. 화살표 함수는 sayLater를 호출한 결과가 반환된 이후에 실행된다. 처음 함수를 호출했을 때는 'Hello'를, 그다음에 함수를 호출하면 'Goodbye'라는 값을 가지려면 어떻게 해야 할까?

여기서 일어나는 일을 이해하려면 기존 함수의 정의를 다시 정리해야 한다. 함수는 다음 세 가지 요소로 구성된다.

1. 코드 블록

2. 매개변수

3. 자유 변수free variable(즉 매개변수나 지역 변수로 선언되지 않은 다른 변수를 말한다)

자유 변수를 포함하는 함수를 클로저closure라 부른다.

이전 예제에서 text는 화살표 함수의 자유 변수다. 함수를 만들 때 클로저를 구현하는 자료 구조에 변수의 레퍼런스를 저장한다. 이를 변수를 캡처했다captured고 표현한다. 변수를 캡처했으므로 나중에 함수를 호출할 때 저장된 값을 이용할 수 있다.

사실 () => console.log(text) 함수는 두 번째 변수인 console도 캡처한다. 하지만 text는 어떻게 두 가지 다른 값을 가질 수 있을까? 내부적으로 일어나는 일을 천천히 살펴보자. sayLater를 처음 호출했을 때 'Hello'라는 값을 갖는 text 변수를 캡처한다. 하지만 sayLater 메서드가 끝나도 클로저가 살아 있으므로 변수는 사라지지 않는다. sayLater를 다시 호출하면 두 번째 클로저가 만들어지며 이번에는 'Goodbye'라는 값을 갖는 다른 text 매개변수를 캡처한다.

자바스크립트에서는 변수를 캡처할 때 현잿값이 아니라 다른 변수의 레퍼런스를 캡처한다. 캡처된 변수의 값을 바꾸면 클로저에도 반영된다. 다음 예제를 살펴보자.

```
let text = 'Goodbye'
setTimeout(() => console.log(text), 10000)
text = 'Hello'
```

클로저가 만들어지는 시점에는 text가 'Goodbye'라는 값을 포함하지만 10초 후 함수가 호출되면 'Hello'를 출력한다.

> 📖 Note
>
> 자바의 람다 표현식과 내부 클래스도 변수를 내부에 캡처할 수 있다. 하지만 자바에서 캡처한 지역 변수는 반드시 final로 선언, 즉 값을 바꿀 수 없어야 한다.
>
> 자바스크립트에서는 캡처한 값을 바꿀 수 있으므로 클로저 구현이 상당히 복잡해졌다. 자바스크립트의 클로저는 값뿐만 아니라 변수를 캡처한 장소도 기억한다. 그리고 지역 변수를 선언한 메서드가 끝나더라도 클로저가 존재하는 동안 캡처한 변수는 살아남는다.

클로저의 기본 개념은 간단하다. 함수 내의 자유 변수는 외부와 같은 값을 갖는다. 그러나 그 결과는 심오하다. 변수를 캡처해서 원하는 때에 사용할 수 있으므로 아주 유용하다. 다음 절에서는 클로저만으로 객체와 메서드를 구현하는 극적인 예제를 살펴본다.

3.7 하드 객체

은행 계좌[bank account] 객체를 구현한다고 가정하자. 각 은행 계좌는 잔고[balance]를 포함한다. 고객은 돈을 입금[deposit]하거나 인출[withdraw]할 수 있다.

객체의 상태는 메서드로만 접근할 수 있도록 비공개로 유지한다. 다음은 팩토리 함수의 모습이다.

```
const createAccount = () => {
  ...
  return {
    deposit: amount => { ... },
    withdraw: amount => { ... },
    getBalance: () => ...
  }
}
```

다음과 같이 원하는 수만큼 계좌를 만들 수 있다.

```
const harrysAccount = createAccount()
const sallysAccount = createAccount()
sallysAccount.deposit(500)
```

계좌 객체는 데이터가 아니라 메서드만 포함한다는 사실에 주목하자. 계좌 객체에 잔고를 추가하면 누구나 잔고의 값을 바꿀 수 있기 때문이다. 자바스크립트에는 '비공개private' 프로퍼티가 존재하지 않는다.

그러면 데이터는 어디에 저장해야 할까? 간단히 팩토리 함수에 지역 변수로 데이터를 저장하면 된다.

```
const createAccount = () => {
  let balance = 0
  return {
    ...
  }
}
```

메서드에서 지역 데이터를 캡처한다.

```
const createAccount = () => {
  ...
```

```
  return {
    deposit: (amount) => {
      balance += amount
    },
    withdraw: (amount) => {
      if (balance >= amount) balance -= amount
    },
    getBalance: () => balance
  }
}
```

각 계좌는 팩토리 함수를 호출할 때 자신만의 balance 변수를 캡처한다. 다음과 같이 팩토리 함수에 매개변수를 제공할 수 있다.

```
const createAccount = (initialBalance) => {
  let balance = initialBalance + 10 // 계좌 개설 보너스 지급
  return {
    ...
  }
}
```

지역 변수 대신 매개변숫값을 캡처할 수도 있다.

```
const createAccount = (balance) => {
  balance += 10 // 계좌 개설 보너스 지급
  return {
    deposit: (amount) => {
      balance += amount
    },
    ...
  }
}
```

처음에는 객체를 만드는 방식이 낯설게 느껴진다. 하지만 이렇게 객체를 만들면 두 가지 중

요한 장점을 얻는다. 팩토리 함수에서 캡처한 지역 변수로 상태를 가지므로 캡슐화^{encapsulation}가 자동으로 이루어진다. 또한 4장에서 살펴보겠지만, 자바스크립트에서 모호함을 일으키는 기능 중 하나인 this 매개변수를 피할 수 있다.

이와 같은 기법을 '클로저 패턴' 또는 '팩토리 클래스 패턴'이라 부른다. 하지만 필자는 더글라스 크락포드가 집필한 『How JavaScript Works』(Virgule—Solidus LLC, 2018)에서 사용한 용어인 '하드 객체^{hard object}'로 표현하는 걸 선호한다.

> 📙 **Note**
>
> Object.freeze 메서드로 객체의 프로퍼티를 바꾸거나, 제거하거나, 새로 추가할 수 없도록 잠글 수 있다.
>
> ```
> const createAccount = (balance) => {
>   return Object.freeze({
>     deposit: (amount) => {
>       balance += amount
>     },
>      ...
>   })
> }
> ```

3.8 엄격 모드

자바스크립트는 쉽게 납득하기 어려운 일부 기능을 포함하는데, 이는 거대한 크기의 소프트웨어 개발에 큰 장애물이 된다. 엄격 모드^{strict mode}를 사용하면 이러한 일부 기능을 제한할 수 있다. 가능하면 항상 엄격 모드를 사용하는 게 좋다.

```
'use strict'
```

주석을 제외한 파일의 가장 윗부분에 이 코드를 추가해 엄격 모드를 활성화한다(작은따옴표

대신 큰따옴표를 사용할 수 있다). Node.js REPL에서는 다음으로 엄격 모드를 강제한다.

```
node --use-strict
```

📔 **Note**

브라우저 콘솔에서 엄격 모드를 활성화려면 번거롭게 'use strict'; 또는 'use strict'를
각 행 앞에 추가한 다음 [Shift + Enter]를 눌러야 한다.

개별 함수에 엄격 모드를 적용할 수 있다.

```
function strictInASeaOfSloppy() {
  'use strict'
  ...
}
```

요즘에는 함수 단위로 엄격 모드를 적용할 이유가 별로 없으므로 되도록 전체 파일에 엄격
모드를 적용한다. 마지막으로 엄격 모드를 사용하면 내부 클래스(4장 참고)와 ECMAScript
모듈(10장 참고)이 활성화된다.

다음은 엄격 모드의 핵심 기능이다.

- 미리 선언하지 않은 변수에 값을 할당하면 전역 변수를 만드는 대신 오류로 처리한다. 모든 변수는
  let, const, var 등으로 선언해야 한다.
- NaN이나 undefined 같은 읽기 전용 전역 프로퍼티에 값을 할당할 수 없다(하지만 안타깝게도 같
  은 이름을 갖는 지역 변수를 선언하면 전역 프로퍼티가 가려진다).
- 함수는 스크립트나 함수의 가장 최상위 수준에만 선언할 수 있고 중첩된 블록 안에는 선언할 수
  없다.
- 유효한 식별자에만 delete 연산자를 사용할 수 있다. 예를 들어 delete parseInt는 문법 오류
  다. delete 'Hello'.length와 같이 '설정할 수 없는' 프로퍼티에 delete를 사용하면 런타임 오
  류가 발생한다.

- 함수 매개변수를 중복(예를 들어 function average(x, x))으로 가질 수 없다. 물론 함수 파라미터를 이처럼 정의하는 사람은 없겠지만 비엄격 모드non-strict mode에서는 가능하다.

- 0을 앞에 붙여 8진수 리터럴을 만들 수 없다. 010은 8진수 10(10진수로는 8)이 아니라 문법 오류다. 8진수 10은 0o10처럼 표현해야 한다.

- with 문(이 책에서는 설명하지 않음)은 사용이 금지되어 있다.

📄 Note

엄격 모드에서 선언하지 않은 변수를 읽게 되면 ReferenceError가 발생한다. 다음 코드로는 변수 선언 및 초기화를 확인할 수 없다.

```
possiblyUndefinedVariable !== undefined
```

대신 다음 코드로 변수 선언과 초기화를 확인할 수 있다.

```
typeof possiblyUndefinedVariable !== 'undefined'
```

3.9 인수 형식 검사

자바스크립트에서는 함수 인수의 형식을 지정하지 않는다. 따라서 함수 호출자는 원하는 형식을 인수로 전달할 수 있으며 함수는 인수의 실질 형식에 따라 인수를 처리한다.

다음 코드는 숫자나 배열을 인수로 받을 수 있는 **average** 함수 코드다(예시일 뿐이며 실용적인 코드는 아님).

```
const average = (x, y) => {
  let sum = 0
  let n = 0
  if (Array.isArray(x)) {
    for (const value of x) {
      sum += value
```

```
      n++
    }
  } else {
    sum = x
    n = 1
  }
  if (Array.isArray(y)) {
    for (const value of y) {
      sum += value
      n++
    }
  } else {
    sum += y
    n++
  }
  return n === 0 ? 0 : sum / n
}
```

다음과 같이 함수를 호출한다.

```
result = average(1, 2)
result = average([1, 2, 3], 4)
result = average(1, [2, 3, 4])
result = average([1, 2], [3, 4, 5])
```

[표 3-1]은 인수 x가 주어진 형식에 부합하는지 검사하는 방법을 보여준다.

표 3-1 형식 검사

형식	검사	설명
문자열	typeof x === 'string' || x instanceof String	x는 new String(...)으로 만들어졌을 수 있다.
정규 표현식	x instanceof RegExp	
숫자	typeof x === 'number' || x instanceof Number	x는 new Number(...)로 만들어졌을 수 있다.

숫자로 변환할 수 있는 모든 형식	`typeof +x === 'number'`	+x로 숫잣값을 얻는다.
배열	`Array.isArray(x)`	
함수	`typeof x === 'function'`	

📘 Note

일부 개발자는 다음과 같이 인숫값을 숫자로 변환하는 함수를 구현한다.

```
const average = (x, y) => {
  return (+x + +y) / 2
}
```

그리고 다음처럼 함수를 호출한다.

```
average('3', [4])
```

하지만 이런 기능이 정말로 편리하며 문제를 일으키지 않을까? 필자는 이런 기능을 활용하지 않는 걸 권장한다.

3.10 더 많거나 더 적은 인수 제공

다음처럼 특정 매개변수를 받는 함수를 선언했다고 가정하자.

```
const average = (x, y) => (x + y) / 2
```

위 함수를 호출할 때 두 개의 인수를 제공해야 함을 알 수 있다. 하지만 자바스크립트는 조금 다른 방식으로 동작한다. 함수에 더 많은 인수를 제공할 수 있으며 추가된 인수는 자연스럽게 무시된다.

```
let result = average(3, 4, 5) // 결과는 3.5로 마지막 인수는 무시됨
```

반대로 충분한 인수를 제공하지 않으면 부족한 인수를 undefined로 설정한다. 예를 들어 average(3)은 (3 + undefined) / 2 즉, NaN이다. 다음과 같이 함수가 의미 있는 동작을 수행하도록 개선할 수 있다.

```
const average = (x, y) => y === undefined ? x : (x + y) / 2
```

3.11 기본 인수

이전 절에서 정해진 매개변수보다 적은 수의 인수를 함수에 제공했을 때 이를 처리하는 방법을 확인했다. 각각의 인수가 undefined인지 확인하는 대신, 함수 선언 시 기본값을 지정하는 방법도 있다. 매개변수 뒤에 =을 붙이고 기본값을 추가한다. 즉, 함수를 호출할 때 인수의 값을 제공하지 않으면 선언에서 지정한 값을 인수에 사용한다. 다음은 기본 인수를 활용한 average 함수 코드다.

```
const average = (x, y = x) => (x + y) / 2
```

average(3)을 호출하면 y는 x, 즉 3으로 설정되면서 반환값을 계산한다. 다음과 같이 기본값을 여러 개 설정할 수 있다.

```
const average = (x = 0, y = x) => (x + y) / 2
```

average()를 호출하면 0을 반환한다. 첫 번째 매개변수에만 기본값을 제공할 수도 있다.

```
const average = (x = 0, y) => y === undefined ? x : (x + y) / 2
```

인수를 제공하지 않으면(또는 명시적으로 undefined로 설정하지 않으면) 매개변수를 기본값으로 설정하고 기본값이 설정되어 있지 않으면 undefined가 된다.

```
average(3)              // average(3, undefined)
average()               // average(0, undefined)
average(undefined, 3) // average(0, 3)
```

3.12 나머지 매개변수와 스프레드 연산자

자바스크립트에서는 원하는 만큼의 인수로 함수를 호출할 수 있다는 사실을 살펴봤다. 인수 앞에 ... 토큰을 추가해 함수의 나머지 매개변수를 선언한 다음 제공된 모든 인수를 처리할 수 있다.

```
const average = (first = 0, ...following) => {
  let sum = first
  for (const value of following) {
    sum += value
  }
  return sum / (1 + following.length)
}
```

함수를 호출하면 `following` 매개변수는 앞에서 사용하지 않은 모든 나머지 인수를 포함하는 배열로 초기화된다. 다음 코드를 살펴보자.

```
average(1, 7, 2, 9)
```

`first`는 1, `following`은 배열 [7, 2, 9]로 초기화된다.

많은 함수와 메서드는 가변 인수를 허용한다. 예를 들어 `Math.max` 메서드는 몇 개의 인수가 제공되는지와는 관계없이 그중 가장 큰 인수를 선택한다.

```
let result = Math.max(3, 1, 4, 1, 5, 9, 2, 6) // result를 9로 설정
```

배열에 포함된 값을 인수로 제공하면 어떻게 될까?

```
let numbers = [1, 7, 2, 9]
result = Math.max(numbers) // NaN
```

문제가 발생한다. `Math.max` 메서드는 배열 [1, 7, 2, 9]를 한 개의 인수로 받기 때문이다. 이럴 때는 배열 인수 앞에 ... 토큰을 추가하는 스프레드 연산자^{spread operator}를 사용한다.

```
result = Math.max(...numbers) // 9
```

스프레드 연산자는 요소를 마치 별도의 인수처럼 제공하는 역할을 수행한다.

> **📖 Note**
>
> 스프레드 연산자와 나머지 선언이 문법적으로 같아 보일 수 있지만 이들은 정반대의 기능을 수행한다. 스프레드 연산자는 인수에 사용되며 나머지 연산자는 매개변수에, 즉 변수 선언에 사용된다는 점을 기억하자.
>
> ```
> Math.max(...numbers)                 // 스프레드 연산자: 함수 호출의 인수
> const max = (...values) => { /* 본문 */} // 매개변수의 나머지 변수 선언
> ```
>
> 스프레드 연산자는 배열(또는 이터러블)을 일련의 값으로 바꾼다. 나머지 변수 선언은 일련의 값을 배열로 바꾸는 작업을 수행한다.

함수 선언에 나머지 매개변수가 없어도 스프레드 연산자를 사용할 수 있다. 예를 들어 두 개의 매개변수를 받는 **average** 함수를 다음처럼 호출할 수 있다.

```
result = average(...numbers)
```

numbers의 모든 요소는 함수의 인수로 전달된다. 함수는 첫 번째, 두 번째 인수만 사용하고 나머지 인수는 무시한다.

스프레드 연산자로 배열을 초기화할 수 있다.

```
let moreNumbers = [1, 2, 3, ...numbers] // 스프레드 연산자
```

비구조화에 사용하는 나머지 선언과 혼동하지 말자. 나머지 선언은 변수에 적용한다.

```
let [first, ...following] = numbers // 나머지 선언
```

문자열은 이터러블이므로 문자열에 스프레드 연산자를 적용할 수 있다.

```
let greeting = 'Hello 🌐'
let characters = [...greeting]
```

characters 배열은 'H', 'e', 'l', 'l', 'o', ' ', '🌐'를 포함한다.

기본 인수와 나머지 매개변수를 동시에 function에 적용할 수 있다.

```
function average(first = 0, ...following) { ... }
```

3.13 비구조화로 명명된 인수 흉내 내기

자바스크립트는 '명명된 인수' 즉 함수 호출 시 인수에 이름을 붙이는 기능을 지원하지 않는다. 하지만 객체 리터럴을 전달하므로 명명된 인수 기능을 흉내 낼 수 있다.

```
const result = mkString(values, { leftDelimiter: '(', rightDelimiter: ')' })
```

함수를 호출하는 코드는 쉽다. 함수를 어떻게 구현하는지가 문제다. 객체 프로퍼티를 탐색하면서 빠진 값이 있으면 기본값을 제공한다.

```
const mkString = (array, config) => {
  let separator = config.separator === undefined ? ',' : config.separator
  ...
}
```

상당히 성가신 작업이다. 비구조화된 매개변수와 기본값을 이용하면 조금 더 쉽게 함수를 구현할 수 있다(비구조화 문법은 1장 참고).

```
const mkString = (array, {
    separator = ',',
    leftDelimiter = '[',
    rightDelimiter = ']'
  }) => {
  ...
}
```

비구조화 문법인 { separator = ',', leftDelimiter = '[', rightDelimiter = ']' }은 separator, leftDelimiter, rightDelimiter라는 세 개의 매개변수 변수를 선언하며 이를 같은 이름의 프로퍼티로 초기화한다. 프로퍼티의 값이 없거나 undefined면 기본값을 사용한다.

설정 객체에 기본값 {}를 사용하는 것이 좋다.

```
const mkString = (array, {
    separator = ',',
    leftDelimiter = '[',
    rightDelimiter = ']'
  } = {}) => {
  ...
}
```

이제 다양한 설정 객체로 함수를 호출할 수 있다.

```
const result = mkString(values) // 두 번째 인수는 기본값 {}로 초기화
```

3.14 호이스팅

이번 절에서는 '까다로운' 기능을 설명한다. 다음의 세 가지 간단한 규칙을 따르면 복잡한 문제를 피할 수 있다.

- var를 사용하지 않음
- 엄격 모드 사용
- 변수나 함수를 선언하고 사용

이들 규칙을 지키지 않았을 때 어떤 일이 일어나는지 알아보자.

자바스크립트는 색다른 방법(프로그램상에서 변수를 접근한 지역)으로 변수의 범위^{scope}를 결정한다. 함수 안에 선언한 지역 변수를 생각해보자. 자바, C#, C++ 등의 프로그래밍 언어에서는 변수를 선언한 블록이 끝나는 곳까지 변수가 유지된다. 자바스크립트에서는 let으로 선언한 변수가 이처럼 동작한다.

```
function doStuff() { // 블록 시작
  ...              // someVariable에 접근을 시도하면 ReferenceError가 발생함
  let someVariable  // 범위 시작됨
  ...              // someVariable에 접근할 수 있으며 값은 undefined
  someVariable = 42
  ...              // someVariable에 접근할 수 있으며 값은 42
}                   // 블록 끝, 범위가 여기서 끝남
```

하지만 이는 생각보다 복잡하다. 아직 선언하지 않은 지역 변수라도 특정 함수에 있기 때문이다.

```
function doStuff() {
  function localWork() {
    console.log(someVariable) // 변수 접근 가능

    ...
  }
  let someVariable = 42
  localWork()                 // 42 출력
}
```

자바스크립트에서 모든 선언은 범위의 가장 윗부분으로 호이스팅hoisting된다. 즉 변수나 함수를 선언하기 이전부터 이들 값을 저장할 수 있는 공간이 준비된다.

중첩 함수 안에서 호이스팅된 변수나 함수를 참조할 수 있다. 위 예제에서 localWork 함수를 다시 살펴보자. someVariable은 doStuff 본문의 위쪽으로 호이스팅되므로 localWork는 이 변수를 사용할 수 있다.

때로는 변수 선언문을 실행하기 전에 변수에 접근하는 상황이 발생할 수 있다. let, const로 변수를 선언했고 이때 변수가 선언되기 전에 변수에 접근하게 되면 ReferenceError가 발생한다. 이 변수는 선언문을 실행하기 전까지 TDZtemporal dead zone(일시적 비활성 구역)로 유지된다.

하지만 var 키워드로 변수를 선언했고 해당 변수를 초기화하기 전에 변수에 접근하면 undefined 값을 얻는다.

var를 사용하지 않는다. var를 사용하면 변수를 선언하는 범위가 닫힌 블록 안쪽이 아니라 전체 함수 영역(너무 넓음)이 되기 때문이다.

```
function someFunction(arr) {
  // i, element는 이미 범위에 있으나 아직 선언하지 않은 상태
  for (var i = 0; i < arr.length; i++) {
    var element = arr[i]
    ...
  }
  // i, element는 여전히 범위에 있음
}
```

게다가 var은 클로저와 잘 맞지 않는다(3장의 연습 문제 10번 참고).

함수도 호이스팅되므로 함수를 선언하기 전에 호출할 수 있다. 이 기능을 이용해 상호 재귀 함수를 선언할 수 있다.

```
function isEven(n) { return n === 0 ? true : isOdd(n -1) }
function isOdd(n) { return n === 0 ? false : isEven(n -1) }
```

Note

엄격 모드에서 명명된 함수는 오직 스크립트나 함수의 가장 상위 수준에만 선언할 수 있으며 중첩 블록 안에서는 선언할 수 없다. 엄격하지 않은 모드에서 중첩으로 명명된 함수는 자신을 감싸는 함수의 가장 윗부분으로 호이스팅된다. 3장 연습 문제 12번에서 이런 상황을 피해야 하는 이유를 보여준다.

엄격 모드를 사용하면서 var를 사용하지 않으면 호이스팅으로 프로그래밍 오류가 발생할 가능성은 크게 줄어든다. 하지만 이와는 별개로 변수와 함수를 사용하기 전에 먼저 선언하는 습관을 들이는 것이 좋다.

아주 오래전에 자바스크립트 개발자는 '즉시 호출 함수 표현식immediately invoked function expression(IIFE)' 을 이용해 var 선언과 함수 범위를 제한했다.

```
(function () {
  var someVariable = 42
  function someFunction(...) { ... }
  ...
})() // ()를 이용해 여기서 함수 호출
// someVariable, someFunction은 더 이상 범위에 없음
```

익명 함수를 호출한 다음에는 다시 사용하지 않는다. 선언을 캡슐화할 때 익명 함수를 사용한다. 하지만 요즘은 이 기법을 사용할 필요가 없으며 다음처럼 간단하게 익명 함수를 선언한다. 함수 선언은 블록 안으로 제한된다.

```
{
  let someVariable = 42
  const someFunction = (...) => { ... }
  ...
}
```

3.15 예외 던지기

함수가 결과를 계산할 수 없을 때 예외를 던진다. 실패 원인에 따라서 NaN이나 undefined 를 반환하는 것보다 예외를 던지는 것이 좋다.

다음과 같이 throw 구문으로 예외를 던진다.

```
throw value
```

예욋값의 형식은 정해져 있지 않지만 보통 Error 객체 형식을 갖는다. Error 함수는 예외 가 발생한 이유를 설명하는 문자열을 인수로 받아 Error 객체를 만든다.

```
let reason = `Element ${elem} not found`
throw Error(reason)
```

throw 구문을 실행하면 함수가 즉시 종료되며 어떠한 값도 반환하지 않는다. 함수는 즉시 근처의 catch나 finally 절을 실행한다(다음 절에서 더 자세히 설명한다).

 Tip

예외 처리 기법으로 호출자가 처리할 수 없는, 예측할 수 없는 상황을 잘 대응할 수 있다. 실패를 예상할 수 있는 상황에서는 예외 처리 기법을 적용할 필요가 없다. 사용자 입력을 받는 예를 생각해보자. 사용자가 무엇을 입력할지 전혀 알 수 없으며 부적절한 값을 입력할 가능성이 크다. 자바스크립트에서는 undefined, null, NaN 등의 빈 값을 쉽게 반환할 수 있다(물론 이 빈 값이 유효한 입력이 아니라고 가정함). 또는 성공 여부를 알려주는 객체도 반환할 수 있다. 예를 들어 9장에서는 { status: 'fulfilled', value: result }나 { status: 'rejected', reason: exception } 객체를 반환하는 메서드 예를 확일할 수 있다.

3.16 예외 잡기

try 절로 예외를 잡는다. 2장에서 예욋값에 관심이 없는 상황에서 예외를 잡는 방법을 설명했다. 다음과 같이 catch 절을 추가하면 예욋값을 확인할 수 있다.

```
try {
  // 작업 수행
  ...
} catch (e) {
  // 예외 처리
  ...
}
```

catch 절의 변수(e)는 예욋값을 포함한다. 이전 절에서 확인했듯이 예욋값은 Error 객체다. Error 객체는 name, message 두 개의 프로퍼티를 포함한다.

```
JSON.parse('{ age: 42 }')
```

위 코드를 실행하면 'SyntaxError'라는 이름과 'Unexpected token a in JSON at position 2' 메시지를 포함하는 예외가 발생한다(age 키를 큰따옴표로 감싸지 않았으므로 예제의 문자열은 유효한 JSON이 아니다).

Error 함수로 생성한 객체의 이름은 'Error'다. 자바스크립트 가상 머신은 'SyntaxError', 'TypeError', 'RangeError', 'ReferenceError', 'URIError', 'InternalError' 등의 오류를 던진다.

핸들러에서는 오류 정보를 저장할 수 있다. 하지만 자바나 C++과 달리 자바스크립트에서는 Error 객체를 분석해도 쓸 만한 정보를 얻기가 어렵다.

콘솔로 Error 객체를 로깅할 때 자바스크립트 실행 환경은 보통 스택 트레이스stack trace(예외가 발생한 지점과 예외를 잡은 지점 사이에 발생한 함수와 메서드의 호출 정보)를 출력한다. 안타깝게도 스택 트레이스를 로깅하는 표준 방법은 없다.

📖 Note

> 자바와 C++에서는 예외의 형식으로 필요한 예외만 선택적으로 잡을 수 있으며 일부 형식 오류는 그 자리에서 처리하고 다른 형식의 오류는 호출자에서 처리하도록 만들 수 있다. 하지만 자바스크립트에서는 이 기법을 쉽게 구현할 수 없다. catch 절은 모든 예외를 잡으며 예외 객체는 제한된 정보를 포함한다. 자바스크립트에서 예외 핸들러는 실패 원인을 분석할 수 있는 정보보다는 회복이나 마무리를 수행할 수 있는 정보만 포함한다.

catch 절이 실행되면 예외를 처리한 것으로 간주하며 catch 절의 명령이 차례로 실행된다. return이나 break 구문으로 즉시 catch 절을 탈출하거나 catch 절의 마지막 명령을 실행하면서 catch 절을 탈출할 수 있다. 정상적으로 마지막 catch 절을 실행했다면 catch 절 다음의 명령을 차례로 이어 실행한다.

다음은 예외를 잡아서 정보만 기록하고 예외를 다시 던져rethrow 예외 처리를 호출자에 맡기는 코드다.

```
try {
  // 작업 처리
  ...
} catch (e) {
  console.log(e)
  throw e // 오류를 처리하도록 핸들러에 다시 던짐
}
```

3.17 finally 절

try 문은 finally 절을 포함할 수 있다. 예외를 잡았는지와 관계없이 항상 finally 절에 포함된 코드를 실행한다.

try와 finally는 있지만 catch 절은 없는 가장 간단한 try 문을 살펴보자.

```
try {
  // 자원 획득
  ...
  // 작업 수행
  ...
} finally {
  // 자원 해제
  ...
}
```

finally 절은 다음과 같은 경우에 실행된다.

- 예외 던지기가 발생하지 않고 try 절의 모든 행이 정상적으로 실행된 경우
- try 절에서 return이나 break 문이 실행된 경우
- try 절에서 예외가 발생한 경우

다음은 catch와 finally 절을 모두 갖는 try 문 예제다.

```
try {
  ...
} catch (e) {
  ...
} finally {
  ...
}
```

이제 실행할 수 있는 경로가 늘어났다. **try** 절에서 예외가 발생하면 **catch** 절을 실행한다. **catch** 절이 어떻게 종료되었는지와는 관계없이(정상 종료 또는 **return/break/throw**로 종료) **finally** 절은 마지막에 실행된다.

finally 절은 예외 발생 여부와 관계없이 **try** 절에서 획득한 자원(파일 핸들이나 데이터베이스 연결)을 정리할 수 있는 기회를 제공한다.

 Warning

finally 절에 return/break/throw 문을 추가할 수 있지만 이는 혼란을 일으킨다. finally의 명령은 try와 catch 절에서 사용한 명령보다 우선순위를 갖기 때문이다. 다음 예를 살펴보자.

```
try {
  // 작업 수행
  ...
  return true
} finally {
  ...
  return false
}
```

try 블록을 성공적으로 수행하고 return true를 실행하면 그다음으로 finally 절이 실행된다. 기존의 return true를 finally 절의 return false가 대체하는 것이다.

연습 문제

01 3.1절의 `indexOf` 함수에서 배열 대신 객체를 전달하면 어떤 일이 일어날까?

02 3.1절의 `indexOf` 함수가 마지막에 한 번만 값을 반환하도록 코드를 수정해 보자.

03 `[f(low), f(low + 1), ..., f(high)]`와 같은 함수 배열값을 반환하는 `values(f, low, high)` 함수를 구현해보자.

04 배열의 `sort` 메서드는 비교 함수와 두 매개변수(x, y라고 부름)를 인수로 받는다. 이 함수는 x의 순서가 y보다 앞선다면 음수, x와 y의 순서를 구분할 수 없으면 0, x의 순서가 y보다 뒤라면 양수를 반환한다. 다음 각 상황을 화살표 함수로 `sort`를 호출해 구현해보자.

- 내림차순으로 양의 정수 배열 정렬하기
- 연령의 오름차순으로 사람 배열 정렬하기
- 문자열 길이의 오름차순으로 문자열 배열 정렬하기

05 3.7절에서 설명한 '하드 객체' 기법을 이용해 `constructCounter` 메서드를 구현해보자. `constructCounter` 메서드는 `count` 메서드(카운터를 증가시키며 새로운 값을 반환)를 포함하는 카운터 객체를 만든다. 초깃값과 증갓값(선택형)은 매개변수로 전달한다(기본 증갓값은 1).

```
const myFirstCounter = constructCounter(0, 2)
console.log(myFirstCounter.count()) // 0
console.log(myFirstCounter.count()) // 2
```

06 한 개발자는 '자바스크립트는 명명된 매개변수를 지원하지만 여전히 순서가 더 중요하다'라고 생각한다. 브라우저 콘솔로 개발자의 생각이 맞는다는 증거를 찾아보자.

```
function f(a=1, b=2){ console.log(`a=${a}, b=${b}`) }
f()          // a=1, b=2
f(a=5)       // a=5, b=2
f(a=7, b=10) // a=7, b=10
f(b=10, a=7) // 순서를 지켜야 함: a=10, b=7
```

실제로 내부에서는 어떤 일이 일어났을까(힌트: 명명된 매개변수와는 아무 관련이 없다. 엄격 모드를 사용해보자).

07 나머지 매개변수를 이용해 일련의 숫자들의 평균을 계산하는 **average** 함수를 구현해보자.

08 나머지 매개변수 **...str**에 문자열 인수를 전달하면 어떻게 될까? 내부적으로 어떤 일이 일어나는지 보여주는 예를 구현해보자.

09 3.13절의 `mkString` 함수를 완성해보자.

10 구식 키워드인 **var**은 클로저와 궁합이 맞지 않는다. 다음 예를 살펴보자.

```
for (var i = 0; i < 10; i++) {
  setTimeout(() => console.log(i), 1000 * i)
}
```

앞선 코드는 무엇을 출력할까(힌트: 변수 i의 범위를 확인해보자)? 어떻게 하면 0, 1, 2, ... , 9를 출력하도록 만들 수 있을까?

11 다음은 팩토리얼 함수를 선언하는 코드다.

```
const fac = n => n > 1 ? n * fac(n - 1) : 1
```

변수 호이스팅 덕분에 코드가 작동하는 이유를 설명해보자.

12 비엄격 모드에서는 중첩된 블록 안에 함수를 선언할 수 있으며 이 함수는 자신을 감싸는 함수나 스크립트로 호이스팅된다. 다음 예제를 여러 번 실행해보자.

```
if (Math.random() < 0.5) {
  say("Hello")
  function say(greeting) {
    console.log(`${greeting}!`)
  }
}
say("Goodbye")
```

Math.random이 반환하는 값에 따라 결과가 어떻게 달라지며 say의 범위는 무엇일까? 언제 이 변수가 초기화되고, 엄격 모드를 활성화하면 어떤 일이 일어날까?

13 숫자인 인수를 제공하지 않으면 예외를 던지는 **average** 함수를 구현해보자.

14 일부 개발자는 가능한 제어 경로가 너무 많아 **try/catch/finally** 세 가지 구
    문을 모두 사용한 코드를 이해하기 어려워한다. 이 구문을 **try/catch**나 **try/
    finally** 구문으로 항상 다시 구현할 수 있음을 증명해보자.

CHAPTER

04

객체지향
프로그래밍

01 메서드

02 프로토타입

03 생성자

04 클래스 문법

05 게터와 세터 ▲

06 인스턴스 필드와 공개 메서드 ▲

07 정적 메서드와 필드 ★

08 서브클래스

09 메서드 오버라이드

10 서브클래스 생성

11 클래스 표현식 ★

12 this 레퍼런스 ✖

| 연습 문제 |

Chapter 04 객체지향 프로그래밍

자바스크립트는 객체를 지원하지만 자바나 C++과 같은 객체지향 프로그래밍에서 제공하는 객체와는 조금 다르다. 자바스크립트 객체에서 모든 프로퍼티는 공개되며 이들은 모두 `Object`에 소속된 것처럼 보여진다. 또한 메서드나 클래스, 상속 등을 어떻게 이용할 수 있을지도 불투명하다.

자바스크립트는 이 모든 것을 지원하므로 4장에서는 이를 활용하는 방법을 설명한다. 현재 자바스크립트 버전은 자바와 외적으로는 비슷한 클래스 선언 문법을 제공하지만 내부적으로는 완전히 다른 방식으로 동작한다. 따라서 자바스크립트 내부에서 어떤 일이 일어나는지 꼭 이해해야 한다. 우선은 손수 메서드와 생성자 함수를 선언한 다음, 이들을 클래스 문법과 연결하는 방법을 살펴보자.

4.1 메서드

다른 객체지향 프로그래밍 언어와 달리 자바스크립트에서는 클래스를 선언하지 않고도 객체를 이용한다. 다음은 객체를 만드는 예제 코드다.

```
let harry = { name: 'Harry Smith', salary: 90000 }
```

기존 정의에 따르면 객체는 식별자, 상태, 동작을 포함한다. 위 코드에서 객체는 식별자(다른 객체와 이 객체를 구분함)를 갖는다. 객체의 상태는 프로퍼티로 제공된다. 이제 '메서드'로 동작을 추가해보자(함수를 값으로 갖는 프로퍼티).

```
harry = {
  name: 'Harry Smith',
  salary: 90000,
  raiseSalary: function (percent) {
    this.salary *= 1 + percent / 100
```

```
    }
}
```

다음과 같이 점 표기법으로 임직원^{employee}의 급여^{salary}를 인상한다.

```
harry.raiseSalary(10)
```

raiseSalary는 harry 객체에 선언된 함수다. 본문에서 this.salary로 함수를 참조한다는 점을 제외하면 일반 함수와 같다. 함수가 호출될 때 this는 도트 연산자^{dot operator}의 왼쪽에 있는 객체를 참고한다.

콜론과 function 키워드를 생략하면 간단하게 메서드를 선언할 수 있다.

```
harry = {
  name: 'Harry Smith',
  salary: 90000,
  raiseSalary(percent) {
    this.salary *= 1 + percent / 100
  }
}
```

자바나 C++의 메서드 선언과 비슷해 보이지만 이는 자바스크립트에서 제공하는 '편의 문법^{syntactic sugar}'일 뿐 사실 자바스크립트에서 이는 함숫값을 갖는 프로퍼티다.

 Warning

> this 참조는 function이나 function을 생략한 단축 문법에서만 동작하며 화살표 함수에서는 동작하지 않는다. 더 자세한 내용은 4.12절을 참조하자.

4.2 프로토타입

이전 절에서 살펴본 예제와 유사한 임직원 객체를 많이 갖고 있다고 가정하자. 각각의 임직원 객체에 raiseSalary 프로퍼티를 만들어야 한다. 이 작업을 자동화하는 팩토리 함수를 다음처럼 구현할 수 있다.

```
function createEmployee(name, salary) {
  return {
    name: name,
    salary: salary,
    raiseSalary: function (percent) {
      this.salary *= 1 + percent / 100
    }
  }
}
```

여전히 각 임직원 객체는 raiseSalary 프로퍼티(같은 함수)를 갖고 있다(그림 4–1). 모든 임직원이 한 함수를 공유한다면 더 좋을 것이다.

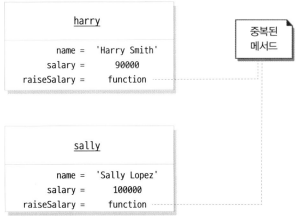

그림 4–1 중복된 메서드를 포함하는 객체

프로토타입prototype으로 이 문제를 해결한다. 여러 객체에서 공통으로 포함하는 프로퍼티를 프로토타입으로 모은다. 다음은 공유된 메서드를 포함하는 프로토타입 객체다.

```
const employeePrototype = {
  raiseSalary: function (percent) {
    this.salary *= 1 + percent / 100
  }
}
```

임직원 객체를 만들 때 객체의 프로토타입을 설정한다. 프로토타입은 객체의 '내부 슬롯internal slot'이다. ECMAScript 언어 명세에 따르면 내부 슬롯이란 자바스크립트 개발자에게 프로퍼티로 노출하지 않고 내부적으로 처리하는 객체의 속성을 의미한다. Object.getPrototypeOf와 Object.setPrototypeOf 메서드로 [[Prototype]] 내부 슬롯을 읽을 수 있다. 다음 함수는 임직원 객체를 만들면서 프로토타입을 설정한다.

```
function createEmployee(name, salary) {
  const result = { name, salary }
  Object.setPrototypeOf(result, employeePrototype)
  return result
}
```

[그림 4–2]는 같은 프로토타입을 공유하는 여러 임직원 객체를 만든 결과다. 그림에서 [[Prototype]]은 ECMAScript 명세의 프로토타입 슬롯을 가리킨다.

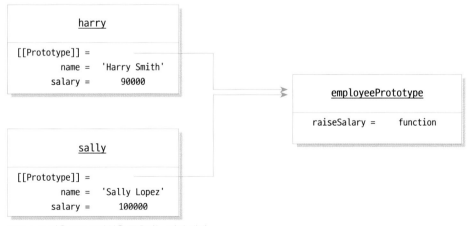

그림 4–2 같은 프로토타입을 공유하는 여러 객체

많은 자바스크립트 구현에서 obj.__proto__로 프로토타입에 접근할 수 있다. 하지만 이는 표준 문법이 아니므로 대신 Object.getPrototypeOf와 Object.setPrototypeOf를 사용하는 것이 좋다.

다음 메서드를 살펴보자.

```
harry.raiseSalary(5)
```

harry.raiseSalary를 호출했을 때 harry 객체에는 raiseSalary 메서드가 없다. 따라서 프로토타입에서 프로퍼티를 검색한다. harry.[[Prototype]]은 raiseSalary 프로퍼티를 포함하므로 harry.raiseSalary 값을 반환한다.

이 장의 뒷부분에서 설명하겠지만 프로토타입을 체인chain으로 연결할 수 있다. 한 프로토타입이 프로퍼티를 포함하지 않으면 프로토타입 체인이 끝날 때까지 프로토타입을 검색한다.

프로토타입 검색 기법은 범용이다. 예제에서는 메서드를 검색했지만 모든 프로퍼티를 검색할 수 있다. 프로퍼티를 객체에서 찾지 못하면 프로토타입 체인을 검색하며 첫 번째로 발견한 프로퍼티 값을 반환한다.

프로토타입 검색은 단순하지만 자바스크립트에서 아주 중요한 기능이다. 프로토타입은 클래스와 상속을 구현하며 객체를 인스턴스화한 다음, 동작을 바꾸는 데 사용되기 때문이다.

프로토타입 체인 검색은 프로퍼티 값을 읽을 때에만 적용된다. 프로퍼티에 값을 기록할 때는 항상 객체 자체의 프로퍼티를 갱신한다.

예를 들어 harry.raiseSalary 메서드를 다음처럼 바꾸려 한다.

```
harry.raiseSalary = function(rate) { this.salary = Number.MAX_VALUE }
```

위 코드는 harry 객체에 새 프로퍼티를 추가하며 프로토타입은 바꾸지 않는다. 모든 다른 임직원 객체는 기존의 raiseSalary 프로퍼티를 유지한다.

4.3 생성자

4.2절에서 프로토타입을 공유하는 새 객체 인스턴스를 만드는 팩토리 함수 구현 방법을 살펴봤다. new 연산자로 이런 함수를 호출하는 특별한 문법이 있다.

객체를 생성하는 함수는 클래스의 이름과 같은 이름으로 명명하는 것이 일반적인 규칙이다. 따라서 다음과 같이 생성자constructor 함수의 이름을 Employee로 구현한다.

```
function Employee(name, salary) {
  this.name = name
  this.salary = salary
}
```

다음처럼 new 연산자로 호출하면 새로운 빈 객체를 만들고 생성자 함수가 호출된다.

```
new Employee('Harry Smith', 90000)
```

this 매개변수는 새로 만든 객체를 가리킨다. Employee 함수의 본문은 this 매개변수로 객체 프로퍼티를 설정한다. 새로운 객체는 new 표현식의 값이 된다.

생성자 함수는 아무것도 반환하지 않는다. 그렇지 않으면 new 표현식의 결과가 새로 만든 객체가 아닌 반환값이 된다.

new 표현식은 생성자 함수를 호출할 뿐만 아니라 객체의 [[Prototype]] 내부 슬롯을 설정하는 중요한 작업도 수행한다. [[Prototype]] 내부 슬롯은 생성자 함수와 연결된 특정 객체로 설정된다. 함수는 객체이므로 프로퍼티를 가질 수 있다는 사실을 기억하자. 각 자바스크립트 함수는 객체를 값으로 갖는 property라는 프로퍼티를 갖는다.

다음과 같이 이 객체에 메서드를 추가한다.

```
Employee.prototype.raiseSalary = function(percent) {
  this.salary *= 1 + percent / 100
}
```

이렇게 new 표현식에서 많은 작업이 이루어진다. 다음 코드를 다시 살펴보자.

```
const harry = new Employee('Harry Smith', 90000)
```

이 코드가 수행하는 작업을 단계별로 자세히 살펴보자.

1. new 연산자는 새로운 객체를 만든다.

2. 새로운 객체의 [[Prototype]] 내부 슬롯을 Employee.prototype 객체로 설정한다.

3. new 연산자는 this(새로 만든 객체를 가리킴), name, salary 세 개의 매개변수로 생성자 함수를 호출한다.

4. Employee 함수 본문에서 this 매개변수를 이용해 객체 프로퍼티를 설정한다.

5. 생성자 함수 실행이 끝나면 new 연산자는 완전히 초기화된 객체를 값으로 갖는다.

6. harry 변수는 객체 레퍼런스로 초기화된다. [그림 4-3]은 그 결과를 보여준다.

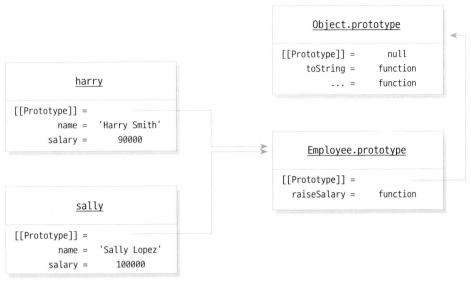

그림 4-3 생성자로 만들어진 객체

[그림 4-3]에서 알 수 있듯이 `Employee.prototype` 객체는 `Object.prototype` 객체
(`toString`을 포함한 다양한 메서드를 제공)를 프로토타입으로 갖는다.

결과적으로 **new** 연산자는 자바, C#, C++의 생성자와 같은 기능을 수행하는 것처럼 보인다.
하지만 **Employee**는 클래스가 아니라 함수다. 그렇다면 대체 클래스란 무엇일까? 클래스란
같은 동작(메서드로 정의됨)을 포함하는 객체의 집합이다. `new Employee(…)`로 만든 모든
객체는 같은 메서드 집합을 갖는다. 자바스크립트에서 생성자 함수는 클래스 기반 프로그래
밍 언어의 클래스와 동일하다.

전통적인 클래스와 자바스크립트의 프로토타입 기반 시스템이 다르다고 크게 걱정할 필요
는 없다. 다음 절에서 살펴보겠지만 최신 자바스크립트 문법은 클래스 기반 언어의 규칙을
거의 따르기 때문이다. 다만 자바스크립트 클래스는 생성자 함수일 뿐이며 공통된 동작은
프로토타입으로 구현된다는 사실을 가끔 떠올리게 될 것이다.

4.4 클래스 문법

최신 자바스크립트는 생성자 함수와 프로토타입 메서드를 익숙한 형태로 묶는 클래스 문법
을 제공한다. 다음은 4.3절에서 살펴본 예제를 클래스 문법으로 구현한 예다.

```
class Employee {
  constructor(name, salary) {
    this.name = name
    this.salary = salary
  }
  raiseSalary(percent) {
    this.salary *= 1 + percent / 100
  }
}
```

이 코드는 4.3절의 예제와 완전히 같은 기능을 구현한다. class라는 키워드를 사용했지만 여전히 실제 클래스는 존재하지 않는다. 내부적으로 class 선언은 Employee 생성자 함수를 선언할 뿐이다. constructor 키워드는 Employee 생성자 함수의 본문을 선언한다. raiseSalary 메서드는 Employee.prototype으로 추가된다. 4.3절에서처럼 new 연산자로 생성자 함수를 호출한다.

```
const harry = new Employee('Harry Smith', 90000)
```

📋 Note

4.3절에서 설명했듯이 constructor는 값을 반환하지 않아야 한다. 만약 constructor가 값을 반환하면 new 키워드는 이를 무시하고 새로 생성된 객체를 반환한다.

클래스 문법을 잘 활용하자(이는 서문에서 소개한 네 번째 황금 규칙이다). 클래스 문법이 성가신 세부 사항을 알아서 처리해주기 때문이다. 다만 자바스크립트의 클래스 문법은 생성자 함수와 메서드를 포함하는 프로토타입 객체를 멋지게 포장한 편의 문법일 뿐이라는 사실을 기억하자.

클래스는 최대 한 개의 constructor만 가질 수 있다. constructor를 선언하지 않으면 자동으로 빈 본문을 갖는 생성자 함수를 갖는다.

클래스는 함수와 다르게 호이스팅되지 않는다. 따라서 인스턴스를 만들려면 먼저 클래스를 선언해야 한다.

클래스의 바디는 엄격 모드로 실행된다.

객체 리터럴과 달리 class 선언에서는 메서드 선언을 쉼표로 분리하지 않아도 된다.

4.5 게터와 세터

게터^{getter}는 get 키워드로 선언하며 매개변수를 갖지 않는다.

```
class Person {
  constructor(last, first) {
    this.last = last
    this.first = first
  }
  get fullName() {
    return `${this.last}, ${this.first}`
  }
}
```

프로퍼티 값에 접근하는 것처럼 괄호 없이 게터를 호출한다.

```
const harry = new Person('Smith', 'Harry')
const harrysName = harry.fullName // 'Smith, Harry'
```

harry 객체는 fullName 프로퍼티가 없으므로 게터 메서드가 호출된다. 게터란 동적으로 계산된 프로퍼티로 간주할 수 있다. 반면 한 개의 매개변수를 받는 세터setter 메서드도 있다.

```
class Person {
  ...
  set fullName(value) {
    const parts = value.split(/,\s*/)
    this.last = parts[0]
    this.first = parts[1]
  }
}
```

fullName에 값을 설정하면 세터가 호출된다.

```
harry.fullName = 'Smith, Harold'
```

클래스 이용자는 마치 프로퍼티에 접근하는 것처럼 게터와 세터를 이용하게 되는데 이때 게터와 세터를 이용해 프로퍼티 값 접근과 변경을 원하는 대로 제어할 수 있다.

4.6 인스턴스 필드와 비공개 메서드

this.프로퍼티명을 이용해 생성자나 메서드에서 동적으로 객체 프로퍼티를 설정할 수 있다. 이들 프로퍼티는 클래스 기반 언어의 인스턴스 필드와 같은 방식으로 동작한다.

```
class BankAccount {
  constructor() { this.balance = 0 }
  deposit(amount) { this.balance += amount }
  ...
}
```

집필 시점에서는 세 가지 대안 표기법 제안이 3단계까지 진행되어 있다.[1] 다음과 같이 클래스 선언에서 필드의 이름과 초깃값을 나열할 수 있다.

```
class BankAccount {
  balance = 0
  eposit(amount) { this.balance += amount }
  ...
}
```

#로 시작하는 이름은 비공개private(클래스 외부 메서드에서는 접근이 불가능함)를 의미한다.

```
class BankAccount {
  #balance = 0
  deposit(amount) { this.#balance += amount }
  ...
}
```

#로 시작하는 메서드명도 비공개임을 가리킨다.

4.7 정적 메서드와 필드

class 선언에서 메서드를 static으로 선언할 수 있다. 정적 메서드는 어떠한 객체에서도 작동하지 않는다. 정적 메서드는 클래스의 프로퍼티다. 다음 예를 살펴보자.

```
class BankAccount {
  ...
  static percentOf(amount, rate) {
    return (amount * rate) / 100
  }
  ...
  addInterest(rate) {
```

---

1 **옮긴이_** 번역 시점에는 제안이 마무리되었고 2022년 출시 예정이다.

```
      this.balance += BankAccount.percentOf(this.balance, rate)
  }
}
```

클래스 내부 또는 외부에서 정적 메서드를 호출하려면 위 예제처럼 클래스명을 앞에 추가한다.

내부적으로 정적 메서드는 생성자의 프로퍼티다. 예전에는 이를 직접 구현해야 했다.

```
BankAccount.percentOf = function(amount, rate) {
  return amount * rate / 100
}
```

정적 필드도 같은 방법으로 정의한다.

```
BankAccount.OVERDRAFT_FEE = 30
```

2020년 초 현재 클래스 기반 정적 필드 문법도 제안 3단계에 와 있다.[2]

```
class BankAccount {
  static OVERDRAFT_FEE = 30
  ...
  withdraw(amount) {
    if (this.balance < amount) {
      this.balance -= BankAccount.OVERDRAFT_FEE
    }
    ...
  }
}
```

정적 필드는 단순히 생성자 함수의 프로퍼티가 된다. 정적 메서드와 마찬가지로 다음처럼

---

2 **옮긴이_** 번역 시점에는 제안이 마무리되었고 2022년 출시 예정이다.

클래스명으로 필드에 접근한다.

```
BankAccount.OVERDRAFT_FEE.
```

비공개 정적 필드와 메서드(#을 앞에 추가하는 문법)는 현재 제안 3 단계까지 진행된 상태다.[3]

게터와 세터를 정적 메서드로 선언할 수 있고 세터에서 오류를 검사할 수 있다.

```
class BankAccount {
  ...
  static get OVERDRAFT_FEE() {
    return this.#OVERDRAFT_FEE // 정적 메서드에서 this는 생성자 함수를 가리킨다.
  }
  static set OVERDRAFT_FEE(newValue) {
    if (newValue > this.#OVERDRAFT_FEE) {
      this.#OVERDRAFT_FEE = newValue
    }
  }
}
```

4.8 서브클래스

객체지향 프로그래밍의 핵심 개념은 상속이다. 클래스는 인스턴스의 행동을 정의한다. 한 클래스를 상속받음으로써 슈퍼클래스superclass의 행동을 상속받지만, 어떤 면에서는 슈퍼클래스와는 다른 동작을 수행할 수 있게 된다.

Employee와 Employee를 상속받는 Manager 클래스는 상속을 설명할 때 자주 등장하는 예다. 일반 직원은 정해진 봉급만 받지만, 관리자manager는 정해진 목표를 달성했을 때 보너스를 추가로 받는다. 자바스크립트에서는 자바와 마찬가지로 Employee 클래스와 Manager

---

3 **옮긴이_** 번역 시점에는 제안이 마무리되었고 2022년 출시 예정이다.

클래스의 상속 관계를 extends 키워드로 표현한다.

```
class Employee {
  constructor(name, salary) { ... }
  raiseSalary(percent) { ... }
  ...
}

class Manager extends Employee {
  getSalary() { return this.salary + this.bonus }
  ...
}
```

내부에서는 프로토타입 체인이 구성된다(그림 4-4). 즉, Manager.prototype을 Employee.prototype으로 설정한다. 이런 방식으로 서브클래스[subclass]에서 정의되지 않은 메서드라면 슈퍼클래스에서 찾는다.

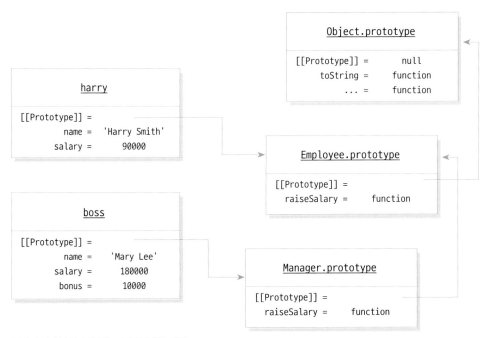

그림 4-4 상속을 구현하는 프로토타입 체인

Manager 객체에 raiseSalary를 호출하는 예를 살펴보자.

```
const boss = new Manager(...)
boss.raiseSalary(10) // Employee.prototype.raiseSalary 호출
```

extends 문법이 지원되지 않던 시절, 자바스크립트 개발자는 이런 프로토타입 체인을 직접 구현해야 했다.

instanceof 연산자는 객체가 한 클래스나 클래스의 서브클래스에 속하는지 검사한다. 기술적으로 이 연산자는 객체의 프로토타입 체인을 방문해서 주어진 생성자 함수의 프로토타입을 포함하는지 검사한다. 다음 예를 살펴보자.

```
boss instanceof Employee
```

Employee.prototype은 boss의 프로토타입 체인에 포함되므로 위 코드는 참이다.

> 📑 **Note**
>
> 자바에서는 extends 키워드로 고정된 클래스를 상속받는다. 하지만 자바스크립트의 extends 는 더 동적이다. 즉 extends 키워드의 오른쪽에는 함수를 방출하는 모든 표현식(또는 Object 를 상속받지 않는 클래스를 만들 때는 null)을 사용할 수 있다. 4.11절의 예제에서 이를 확인할 수 있다.
>
> 자바와 C++에서는 보통 추상 슈퍼클래스나 인터페이스를 정의하고, 서브클래스에서 필요한 메서드를 구현한다. 자바스크립트에는 컴파일 타임에 메서드 적용을 검사하는 기능이 없으므로 추상 메서드라는 개념이 없다. 예를 들어 임직원과 계약 직원 모델을 만들고 두 클래스의 객체에서 급여를 얻는다고 가정하자. 정적 형식을 갖는 언어에서는 Salaried라는 슈퍼클래스나 인터페이스에 추상 메서드 getSalary를 선언할 것이다. 자바스크립트에서는 단순히 person. getSalary()를 호출한다.

4.9 메서드 오버라이드

슈퍼클래스와 서브클래스가 둘 다 getSalary 메서드를 포함한다고 가정하자.

```
class Employee {
  ...
  getSalary() { return this.salary }
}

class Manager extends Employee {
  ...
  getSalary() { return this.salary + this.bonus }
}
```

다음처럼 메서드를 호출한다.

```
const empl = ...
const salary = empl.getSalary()
```

empl이 평범한 임직원을 가리키면 Employee.prototype.getSalary 메서드가 호출되지만 empl이 관리자를 가리킨다면 Manager.prototype.getSalary 메서드가 호출된다. 즉 실제로 참조하는 객체에 따라 다른 메서드가 호출되는 현상을 다형성polymorphism이라 부른다. 자바스크립트는 일련의 프로토타입 체인을 검색함으로써 다형성을 구현한다.

이 상황에서는 Manager 클래스의 getSalary 메서드가 Employee 클래스의 getSalary 메서드를 오버라이드override했다고 표현한다.

가끔은 다음과 같이 서브클래스에서 슈퍼클래스의 메서드를 호출하는 상황도 발생한다.

```
class Manager extends Employee {
  ...
  getSalary() { return super.getSalary() + this.bonus }
}
```

메서드 본문에서 super는 메서드를 선언하는 프로토타입 객체의 부모를 검색한다. 예를 들어 super.getSalary를 호출하면 Manager.prototype은 탐색하지 않고 생략하는데, 그렇지 않으면 무한 반복이 발생하기 때문이다. 결과적으로 Employee.prototype의 getSalary 메서드가 호출된다.

> 📄 **Note**
>
> 이번 절에서 getSalary로 메서드 오버라이드를 살펴봤다. 마찬가지로 게터와 세터도 오버라이드할 수 있다.
>
> ```
> class Manager extends Employee {
>   ...
>   get salary() { return super.salary + this.bonus }
> }
> ```

4.10 서브클래스 생성

서브클래스 생성자는 슈퍼클래스의 생성자를 반드시 호출해야 한다. 자바처럼 super(…)로 슈퍼클래스의 생성자를 호출한다. 괄호 안에는 슈퍼클래스 생성자로 전달할 인수를 넣는다.

```
class Manager extends Employee {
  constructor(name, salary, bonus) {
    super(name, salary) // 슈퍼클래스 생성자를 반드시 호출해야
    this.bonus = bonus  // 이 코드가 동작한다.
  }
  ...
}
```

super를 호출한 이후 this 레퍼런스를 사용할 수 있다.

만약 서브클래스 생성자를 따로 정의하지 않으면 자동으로 생성자를 제공한다. 즉 모든 인수를 슈퍼클래스 생성자로 전달하는 생성자가 자동으로 제공된다. 자바나 C++에서는 인수

가 없는 생성자가 호출되는데, 자바스크립트는 이보다 더 편리한 기능을 제공한다.

```
class Manager extends Employee {
  // 생성자가 없음
  getSalary() { ... }
}

const boss = new Manager('Mary Lee', 180000) // Employee('Mary Lee', 180000) 호출
```

자바스크립트가 extends, super 키워드를 지원하지 않던 시절에는 슈퍼클래스의 생성자를 호출하는 서브클래스 생성자를 구현하는 작업이 쉽지 않았다. 물론 더 이상 이 기능을 구현할 필요는 없지만 11장에서 소개하는 고급 도구를 사용하면 이를 구현할 수 있다.

📗 Note

이미 설명했듯이 자바스크립트는 내부적으로 클래스를 지원하지 않는다. 클래스는 단지 생성자 함수일 뿐이다. 서브클래스는 슈퍼클래스의 생성자를 호출하는 생성자 함수다.

4.11 클래스 표현식

익명 함수를 선언하듯이 익명 클래스를 선언할 수 있다.

```
const Employee = class {
  constructor(name, salary) {
    this.name = name
    this.salary = salary
  }
  raiseSalary(percent) {
    this.salary *= 1 + percent / 100
  }
}
```

class는 생성자 함수를 만든다. 그리고 이 함수를 Employee 변수에 저장한다. 이 예제는 class Employee {...}로 선언하는 명명된 클래스보다 더 좋은 기능을 제공하진 않는다.

다음 예제는 이를 조금 더 유용하게 활용하는 예다. 기존 클래스에 기능을 '믹스인^{mixin}'하는 메서드를 제공할 수도 있다.

```
const withToString = (base) =>
  class extends base {
    toString() {
      let result = '{'
      for (const key in this) {
        if (result !== '{') result += ','
        result += `${key}=${this[key]}`
      }
      return result + '}'
    }
  }
```

클래스(생성자 함수)를 인수로 하는 함수를 호출해 기능이 추가된 클래스를 얻는다.

```
const PrettyPrintingEmployee = withToString(Employee) // 새 클래스
e = new PrettyPrintingEmployee('Harry Smith', 90000)  // 새 클래스 인스턴스
console.log(e.toString())
// [object Object] 대신 {name=Harry Smith, salary=90000} 출력
```

4.12 this 레퍼런스

이번 절에서는 까다로운 기능인 this 레퍼런스를 살펴본다. 이미 this를 생성자, 메서드, 화살표 함수에 사용하며 명명된 함수 안에서는 이를 사용하지 않는 독자라면 이번 절은 생략해도 좋다.

new 연산자 예제로 this가 어떤 문제를 일으키는지 살펴보자. new를 사용하지 않고 생성자 함수를 호출하면 무슨 일이 일어날까?

```
let e = Employee('Harry Smith', 90000) // 실수로 new를 사용하지 않음
```

엄격 모드에서는 this 변수를 undefined로 설정한다.

다행히 이 문제는 예전 생성자 함수 스타일 선언에서만 발생한다. 클래스 문법을 사용하면 new 없이 생성자를 호출할 수 없기 때문이다.

Warning

클래스 문법을 사용하지 않고 생성자 함수를 선언하므로 new 키워드가 있든 없든 항상 코드가 동작하도록 만들 수 있다. 다음은 Number 함수 예다.

```
const price = Number('19.95')
    // 문자열을 파싱해 객체가 아닌 기본형 숫자를 반환한다.
const aZeroUnlikeAnyOther = new Number(0)
    // 새 객체를 만든다.
```

하지만 최신 자바스크립트에서는 new 없이 생성자를 호출하는 것을 권장하지 않는다.

다음 예제는 또 다른 잠재적인 문제를 보여준다. 객체 없이 메서드를 호출할 수 있는데 이때 this는 undefined다.

```
const doLater = (what, arg) => { setTimeout(() => what(arg), 1000) }
doLater(BankAccount.prototype.deposit, 500) // 오류 발생
```

일초 후에 what(arg)를 평가하면 deposit 메서드가 호출된다. this가 undefined이므로 this.balance에 접근하면 오류가 발생한다.

다음과 같이 계좌를 이용하면 특정 계좌에 돈을 입금할 수 있다.

```
doLater(amount => harrysAccount.deposit(amount), 500)
```

이번에는 중첩 함수를 살펴보자. function 키워드로 선언한 중첩 함수 안에서 this는 undefined다. 특히 콜백 함수에서 this를 사용했을 때 이런 문제가 발생한다.

```
class BankAccount {
  ...
  spreadTheWealth(accounts) {
    accounts.forEach(function(account) {
      account.deposit(this.balance / accounts.length)
      // 중첩 함수 안에서 this는 undefined이므로 오류 발생
    })
    this.balance = 0
  }
}
```

예제에서 this.balance는 은행 계좌의 balance를 가리키지 않는다. 다시 한번 말하지만, 중첩 함수 안에서 this는 undefined다.

다음처럼 화살표 함수를 이용해 문제를 해결할 수 있다.

```
class BankAccount {
  ...
  spreadTheWealth(accounts) {
    accounts.forEach(account => {
      account.deposit(this.balance / accounts.length) // 올바로 동작함
    })
    this.balance = 0
  }
}
```

화살표 함수에서 this는 화살표 함수 외부의 this로 정적 연결된다. 따라서 이 예제에서 this는 spreadTheWealth 메서드를 호출하는 BankAccount 객체를 가리킨다.

화살표 함수가 존재하기 전에는 자바스크립트 개발자가 직접 다른 변수에 this를 초기화했다.

```
spreadTheWealth(accounts) {
  const that = this
  accounts.forEach(function(account) {
    account.deposit(that.balance / accounts.length)
  })
  this.balance = 0
}
```

이 밖의 문제를 보여주는 다른 예를 살펴보자. obj.method(args) 메서드 호출 코드는 모두 obj['method'](args)처럼 구현할 수 있다. obj[index]가 함수일 때 obj[index](args)를 호출하면 this는 obj로 설정된다. 콜백의 배열을 포함하는 다음 예를 살펴보자.

```
class BankAccount {
  constructor() {
    this.balance = 0
    this.observers = []
  }
  addObserver(f) {
    this.observers.push(f)
  }
  notifyObservers() {
    for (let i = 0; i < this.observers.length; i++) {
      this.observers[i]()
    }
  }
  deposit(amount) {
    this.balance += amount
    this.notifyObservers()
  }
  ...
}
```

다음과 같은 은행 계좌가 있다.

```
const acct = new BankAccount()
```

그리고 옵저버를 추가한다.

```
class UserInterface {
  log(message) {
    ...
  }
  start() {
    acct.addObserver(function () {
      this.log("More money!")
    })
    acct.deposit(1000)
  }
}
```

addObserver로 전달한 함수가 호출되었을 때 this는 무엇을 가리킬까? 바로 옵저버 배열을 가리킨다. 이는 this.observers[i]()를 호출할 때 설정한 값이다. 배열은 log 메서드를 포함하지 않으므로 런타임 오류가 발생한다. 이번에도 화살표 함수로 문제를 해결한다.

```
acct.addObserver(() => { this.log('More money!') })
```

 Tip

this를 동적으로 설정하면 문제가 발생할 가능성이 커진다. function으로 정의된 함수 안에서는 this를 사용하지 않음으로써 문제를 피할 수 있다. 메서드, 생성자, 메서드와 생성자 안에서 정의한 화살표 함수에서는 안전하게 this를 사용할 수 있다. 이것이 바로 다섯 번째 황금 규칙이다.

연습 문제

01 주어진 x, y 좌표로 평면상에 점을 만드는 **createPoint** 함수를 구현하자. 또한 **getX, getY, translate, scale**이라는 메서드를 제공해보자. **translate** 메서드는 주어진 값만큼 점의 x, y 좌표를 이동시키고, **scale** 메서드는 주어진 값에 따라 두 좌표의 배율을 조정한다. 4.1절에서 설명한 기법으로만 구현해보자.

02 생성자 함수와 프로토타입(4.2절 참고)을 이용해 1번 문제를 구현해보자.

03 클래스 문법을 이용해 1번 문제를 구현해보자.

04 1번 문제를 구현한 다음 x, y 좌표의 게터와 세터를 제공해보자. 세터에서는 인수가 숫자인지 확인한다.

05 다음 함수는 greet 메서드를 추가함으로 대상 문자열을 '환영할 수 있게greetable' 만든다.

```
function createGreetable(str) {
  const result = new String(str)
  result.greet = function (greeting) {
    return `${greeting}, ${this}!`
  }
  return result
}
```

다음처럼 함수를 사용한다.

```
const g = createGreetable('World')
console.log(g.greet('Hello'))
```

하지만 '환영할 수 있는' 각 문자열이 자신만의 greet 메서드 코드 본사본을 갖는다는 단점이 있다. greet 메서드를 프로토타입으로 제공하는 객체를 반환하도록 createGreetable 메서드를 바꿔보자. 이때 모든 문자열의 메서드를 이용할 수 있어야 한다.

06 모든 클래스에 greet 메서드를 추가해 새 클래스를 반환하도록 withGreeter 메서드를 구현해보자(힌트: 4.11절 참고).

```
const GreetableEmployee = withGreeter(Employee)
const e = new GreetableEmployee('Harry Smith', 90000)
console.log(e.greet('Hello'))
```

07 4.6절에서 설명한 비공개 인스턴스 필드를 이용해 Employee 클래스를 다시 구현해보자.

08 추상 클래스를 설명할 때 트리 노드tree node가 단골로 등장한다. 자식을 갖는 노드(부모)와 자식을 갖지 않는 노드(단말 또는 잎사귀) 두 가지 종류의 노드가 있다.

```
class Node {
  depth() { throw Error("abstract method") }
}

class Parent extends Node {
  constructor(value, children) { ... }
  depth() { return 1 + Math.max(...children.map(n => n.depth())) }
}
```

```
class Leaf extends Node {
  constructor(value) { ... }
  depth() { return 1 }
}
```

자바나 C++에서는 이처럼 트리 노드의 모델을 만든다. 하지만 자바스크립트에
서는 n.depth()를 호출할 추상 클래스가 없다. 상속을 이용하지 않도록 클래
스를 다시 구현하고 테스트 프로그램을 구현해보자.

09 정적 메서드를 포함하는 Random 클래스를 구현해보자.

```
Random.nextDouble(low, high)
Random.nextInt(low, high)
Random.nextElement(array)
```

Random 클래스는 low(포함)와 high(미포함) 사이에서 임의의 숫자를 제공하거
나 주어진 배열에서 임의의 요소를 반환한다.

10 BankAccount 그리고 서브클래스 SavingsAccount(저축 계좌)와 Checking
Account(거래 계좌)를 구현하자. 저축 계좌는 이자를 가리키는 필드와 이자를
증가시키는 addInterest 메서드를 포함한다. 거래 계좌에서 돈을 인출할 때
마다 수수료가 발생한다. 슈퍼클래스 메서드만 이용할 뿐 슈퍼클래스의 상태는
직접 조정하지 않아야 한다.

11 10번 문제에서 SavingsAccount 객체와 CheckingAccount 객체의 관계를 [그
림 4-4]와 같은 다이어그램으로 표현해보자.

12 다음은 버튼을 눌렀을 때 CSS 클래스가 바뀌는 코드다.

```
const button = document.getElementById('button1')
button.addEventListener('click', function () {
  this.classList.toggle('clicked')
})
```

이 코드가 동작하지 않는 이유는 뭘까? 코드를 다음처럼 개선했다.

```
button.addEventListener('click', (event) => {
  event.target.classList.toggle('clicked')
})
```

마법처럼 코드가 동작하기 시작한다. 리스너가 버튼을 event.target으로 생산하지 않으면 어떻게 될까? this나 event 매개변수를 사용하지 않도록 코드를 고쳐보자.

13 4.12절에서 다음 코드가 동작하지 않는다는 사실을 확인했다.

```
const action = BankAccount.prototype.deposit
action(1000)
```

다음처럼 인스턴스에서 action 메서드를 얻음으로써 코드가 동작하도록 만들수 있을까?

```
const harrysAccount = new BankAccount()
const action = harrysAccount.deposit
action(1000)
```

코드가 동작하거나 동작하지 않는 이유를 설명해보자.

14 13번 문제에서 harrysAccount에 돈을 입금하는 action 함수를 정의했다. 하지만 별로 유용한 기능은 아닌 것 같다. 아래 코드는 약간의 시간이 흐른 뒤에 제공된 함수를 호출하는 함수다(delay를 인수로 사용).

```
function invokeLater(f, delay) {
  setTimeout(() => f(delay), delay)
}
```

이제 1,000밀리초 뒤에 1,000원이 입금된다.

```
invokeLater(amount => harrysAccount.deposit(amount), 1000)
```

하지만 이는 harrysAccount에만 적용된다. 누구나 다음처럼 메서드를 호출할 수 있도록 depositInto라는 일반 함수를 구현해보자.

```
invokeLater(depositInto(sallysAccount), 1000)
```

숫자와 날짜

01 숫자 리터럴

02 숫자 포매팅

03 숫자 파싱

04 Number 함수와 상수

05 수학 관련 함수와 상수 ▲

06 큰 정수 ▲

07 날짜 생성 ▲

08 Date 함수와 메서드 ▲

09 날짜 포매팅 ▲

| 연습 문제 |

Chapter 05 **숫자와 날짜**

5장의 내용은 비교적 짧은 편이며 숫자와 큰 정수를 처리하는 자바스크립트 API와 날짜를 처리하는 API를 살펴본다. 자바스크립트 날짜는 숫자(밀리초 단위)로 바꿀 수 있다. 날짜를 숫자로 변환하는 기능 자체는 그리 유용하지 않지만 이 기능과 연계해 큰 정수도 함께 살펴본다.

5.1 숫자 리터럴

모든 자바스크립트 숫자는 IEEE 754 부동소수점 표준에 따라 여덟 개의 바이트로 표현되는 배정밀도double precision값을 갖는다.

정수 리터럴은 10진수, 16진수, 8진수, 2진수로 표현할 수 있다.

```
42
0x2A
0o52
0b101010
```

📘 **Note**

엄격 모드에서는 0으로 시작하는 기존 8진법 표기(예를 들어 052)를 사용할 수 없다.

지수 표기법으로 부동소수점 리터럴을 표현할 수 있다.

```
4.2e-3
```

네 개의 문자 e, x, o, b는 소문자나 대문자로 표기한다(예를 들어 `4.2E-3`, `0X2A`).

📖 Note

자바와 C++은 0x1.0p-10 = 2–10 = 0.0009765625과 같은 16진수 부동소수점 리터럴을 허용하지만 자바스크립트는 이를 지원하지 않는다.

숫자 리터럴에 언더스코어(_)를 사용하는 기능은 2020년 현재 제안 3단계까지 진행된 상태다.[1] 숫자 사이에 언더스코어를 추가하면 더 쉽게 읽을 수 있다. 언더스코어는 오직 사람이 읽는 용도일 뿐이므로 숫자를 파싱할 때는 언더스코어를 제거한다. 다음은 언더스코어를 사용하는 예다.

```
const speedOfLight = 299_792_458 // 299792458와 같음
```

전역 변수 Infinity와 NaN은 각각 '무한대[infinity]'와 '숫자 아님[not a number]'을 의미한다. 예를 들어 1 / 0은 Infinity고 0 / 0은 NaN이다.

5.2 숫자 포매팅

toString 메서드를 이용해 숫자의 밑[base]을 2에서 36사이로 바꿀 수 있다.

```
const n = 3735928559
n.toString(16) // 'deadbeef'
n.toString(8)  // '33653337357'
n.toString(2)  // '11011110101010110110111110011101111'
```

부동소수점 숫자도 다른 진수로 바꿀 수 있다.

```
const almostPi = 3.14
almostPi.toString(16) // 3.23d70a3d70a3e
```

1 **옮긴이_** 이 기능은 2020년 최종 승인되어 현재 일부 브라우저의 최신 버전에서 지원하기 시작했다

toFixed 메서드는 고정된 형식의 부동소수점 숫자를 소수점 아래 몇 자리까지 남겨둘지 결정한다. x.toExponential(p)는 한 자리 정수와 소수점 아래 p − 1개의 숫자를 지수 형식으로 표시하며, x.toPrecision(p)는 유효숫자를 표시한다.

```
const x = 1 / 600  // 0.0016666666666666668
x.toFixed(4)        // '0.0017'
x.toExponential(4) // '1.6667e-3'
x.toPrecision(4)   // '0.001667'
```

너무 많은 0이나 숫자가 만들어지게 되다면 toPrecision 메서드는 이를 지수 형식으로 변환한다(5장 연습 문제 3번 참고).

📋 Note

자바스크립트 표준 라이브러리는 C의 printf 함수와 동일한 기능을 제공하지 않으므로 이 기능이 필요하다면 sprintf.js[2] 같은 서드파티 구현을 이용해야 한다.

console.log 메서드는 printf와 비슷하게 %d, %f, %s 등의 플레이스홀더를 지원하지만 너비, 채우기, 유효숫자 등의 변경자는 제공하지 않는다.

5.3 숫자 파싱

1장에서 숫자를 포함하는 문자열을 파싱하는 방법을 살펴봤다.

```
const notQuitePi = parseFloat('3.14') // 숫자 3.14
const evenLessPi = parseInt('3')      // 정수 3
```

이들 함수는 앞에 붙은 공백이나 뒤에 붙은 숫자가 아닌 문자를 무시한다. 예를 들어 parseInt(' 3A')의 결과는 3이다. 공백 뒤에 숫자가 아닌 다른 문자가 등장하면 NaN이다.

---

2 https://github.com/alexei/sprintf.js

예를 들어 parseInt(' A3')은 NaN이다. parseInt 함수는 16진수 표기법도 인식한다. 즉 parseInt('0x3A')는 58이다.

앞이나 뒤에 공백 문자가 없는 순수한 자바스크립트 10진수를 문자열로 받아야 하는 상황이라 가정하자. 다음과 같이 정규 표현식으로 이를 해결할 수 있다.

```
const intRegex = /^[+-]?[0-9]+$/
if (intRegex.test(str)) value = parseInt(str)
```

부동소수점 수의 정규 표현식은 조금 더 복잡하다.

```
const floatRegex = /^[+-]?((0|[1-9][0-9]*)(\.[0-9]*)?|\.[0-9]+)([eE][+-]?[
0-9]+)?$/
if (floatRegex.test(str)) value = parseFloat(str)
```

정규 표현식에 대한 자세한 내용은 6장을 참고하자.

 Warning

> 자바스크립트 숫자를 포함하는 문자열을 인식하는 다양한 해결책을 인터넷에서 찾을 수 있으나 정말 완벽한 해결책인지는 자세히 확인해야 할 필요가 있다. 위 정규 표현식은 자바스크립트 표준 10진수 리터럴을 정확하게 반영하며 부호(선택 사항)도 인식한다. 하지만 1_000_000처럼 언더스코어를 사용한 숫자는 지원하지 않는다.

두 번째 인수를 이용해 10진수 이외의 정수(2진수에서 36진수)를 파싱한다.

```
parseInt('deadbeef', 16) // 3735928559
```

5.4 Number 함수와 상수

Number.parseInt와 Number.parseFloat는 전역 함수 parseInt, parseFloat와 같다.

Number.isNaN(x)는 x가 NaN, 즉 특별한 '숫자가 아닌' 값인지 검사한다(두 NaN 값은 같아질 수 없으므로 x === NaN을 사용할 수 없음).

Number.isFinite(x)를 이용해 x가 Infinity, -Infinity, NaN 등이 아닌지 확인한다.

 Warning

> 전역 함수 isNaN과 isFinite는 숫자가 아닌 인수를 변환하는데, 이는 의도하지 않은 결과를 초래할 수 있으므로 사용하지 않는 것이 좋다.

```
isNaN('Hello') // 참
isFinite([0])  // 참
```

정적 메서드 Number.isInteger와 Number.isSafeInteger는 인수가 정수인지, 반올림이 일어나지 않는 안전한 범위 안의 숫자인지 확인한다.

Number.MIN_SAFE_INTEGER(-2^{53} + 1 또는 -9,007,199,254,740,991)에서 Number.MAX_SAFE_INTEGER(2^{53} - 1 또는 9,007,199,254,740,991)까지가 안전한 범위다.

가장 큰 숫자는 Number.MAX_VALUE($(2 - 2^{-52}) \times 2^{1023}$ 또는 약 1.8×10^{308})다. 가장 작은 양수는 Number.MIN_VALUE(2^{-1074} 또는 5×10^{-324})다. Number.EPSILON (2^{-52} 또는 2.2×10^{-16})은 1보다 큰 숫자 중 표현할 수 있는 가장 작은 수를 가리킨다.

마지막으로 Number.NaN, Number.POSITIVE_INFINITY, Number.NEGATIVE_INFINITY는 전역으로 정의된 NaN, Infinity, -Infinity와 같다. 누군가 지역 변수 이름을 NaN, Infinity 등으로 선언했을 때 이들을 사용할 수 있다.

[표 5-1]은 Number 클래스에서 가장 많이 사용하는 기능이다.

이름	설명
함수	
isNaN(x)	x가 NaN이면 참이다. x === NaN은 항상 참이므로 ===를 사용할 수 없다.
isFinite(x)	x가 ±Infinity, NaN이 아니면 참이다.
isSafeInteger(x)	x가 정의한 '안전' 범위 내 정수면 참이다.
메서드	
toString(base)	주어진 밑의 수(2에서 36)에 따라 진법을 변환한다. (200).toString(16)은 'c8'이 된다.
toFixed(digitsAfterDecimalPoint), toExponential(significantDigits), toPrecision(significantDigits)	고정된 소수나 지수 표현식보다 간편한 형식의 숫자로 변환한다. 0.00166666을 네 자리 숫자로 변환하면 각각 '0.0017', '1.6667e-3', '0.001667'을 반환한다.
상수	
MIN_SAFE_INTEGER, MAX_SAFE_INTEGER	반올림하지 않고 부동소수점으로 표현할 수 있는 '안전한' 정수 범위다.
MIN_VALUE, MAX_VALUE	모든 부동소수점 숫자의 범위다.

5.5 수학 관련 함수와 상수

Math 클래스는 수학 연산(로그^{logarithm}, 삼각법^{trigonometry} 등)에 필요한 다양한 함수와 상수를 정의한다. [표 5-2]는 Math 클래스에서 제공하는 모든 기능을 보여주며 대부분의 함수는 특별한 수학 연산을 수행한다.

표 5-2 Math 클래스의 함수와 상수

이름	설명
함수	
min(values...), max(values)	이들 개수를 함수의 인수로 사용할 수 있다.
abs(x), sign(x)	절댓값과 기호(1, 0, −1)다.

random()	0 ≤ r ⟨ 1 범위에서 임의의 숫자다.
round(x), trunc(x), floor(x), ceil(x)	가장 가까운 정수로 반올림, 소수부를 버린 정수, 다음으로 가장 작은 정수, 다음으로 큰 정수다.
fround(x), ftrunc(x), ffloor(x), fceil(x)	32비트 부동소수점 숫자로 반올림한다.
pow(x, y), exp(x), expm1(x), log(x), log2(x), log10(x), log1p(x)	x^y, e^x, $e^x - 1$, $\ln(x)$, $\log_2(x)$, $\log_{10}(x)$, $\ln(1 + x)$
sqrt(x), cbrt(x), hypot(x, y)	$\sqrt{x}$, $\sqrt[3]{x}$, $\sqrt{x^2 + y^2}$
sin(x), cos(x), tan(x), asin(x), acos(x), atan(x), atan2(y, x)	삼각함수
sinh(x), cosh(x), tanh(x), asinh(x), acosh(x), atanh(x)	쌍곡선 함수
상수	
E, PI, SQRT2, SQRT1_2, LN2, LN10, LOG2E, LOG10E	e, ϖ, $\sqrt{2}$, $\sqrt{1/2}$, $\ln(2)$, $\ln(10)$, $\log_2(e)$, $\log_{10}(e)$

자주 사용하는 수학 함수부터 살펴보자. max, min 함수는 인수로 주어진 숫자 중에 가장 큰 수와 작은 수를 반환한다.

```
Math.max(x, y)     // x, y 중 큰 수
Math.min(...values) // 배열 값 중 가장 작은 요소
```

Math.round 함수는 가장 가까운 정수로 숫자를 반올림(양수는 ≥ 0.5, 음수는 ⟩ 0.5 적용)한다. Math.trunc는 소수점 이하의 수를 제거한다.

```
Math.round(2.5)  // 3
Math.round(-2.5) // -2
Math.trunc(2.5)  // 2
```

Math.random() 메서드는 0(포함)과 1(미포함) 사이에서 임의의 부동소수점 숫자를 반환한다. 다음은 a(포함)에서 b(미포함) 사이의 임의의 부동소수점 숫자나 정수를 얻는 코드다.

```
const randomDouble = a + (b - a) * Math.random()
const randomInt = a + Math.trunc((b - a) * Math.random()) // a, b는 정수
```

5.6 큰 정수

큰 정수^{big integer}는 숫자의 개수에 제한이 없는 정수를 가리킨다. 8159152832478977343456
112695961158942720000000000n처럼 큰 정수는 n으로 끝난다. BigInt(expr)를 이용해
정숫값을 큰 정수로 바꿀 수 있다. 큰 숫자에 typeof 연산자를 적용하면 'bigint'가 반환
된다.

두 개의 큰 정수를 피연산자로 사용하는 산술 연산자의 결과는 큰 정수다.

```
let result = 8159152832478977343456112695961158942720000000000n * BigInt(41)
   // result는 334525266131638071081700620534407516651520000000000n
```

✎ **Warning**

산술 연산자에 큰 정수 그리고 큰 정수가 아닌 형식을 동시에 사용할 수 없다. 예를 들어 81591
52832478977343456112695961158942720000000000n * 41은 오류다.

두 개의 큰 정숫값을 계산할 때 / 연산자는 나머지를 버리고 큰 정수를 결과로 반환한다. 예
를 들어 100n / 3n은 33n이다.

BigInt는 다소 기술적인 두 개의 함수를 제공한다. BigInt.asIntN(bits, n)와 BigInt.
asUintN(bits, n)은 n 모듈로^{modulo} 2^{bits}를 $[-2^{bits-1} \dots 2^{bits-1} - 1]$ 또는 $[0 \dots 2^{bits} - 1]$
간격으로 감소시키다.

5.7 날짜 생성

자바스크립트 API가 제공하는 날짜 관련 API를 살펴보기 전에 인류가 시간을 측정하는 몇 가지 방식을 먼저 살펴보자.

역사적으로 가장 기초적인 시간 단위(초)는 지구의 자전축에서 유래했다. 즉 지구의 자전 주기는 24시간이므로 24 × 60 × 60 = 86,400초이며 이는 천문학적 측정 단위가 초임을 의미한다. 하지만 지구는 완전한 원이 아니므로 보다 정밀한 시간 단위가 필요하다. 1967년에 역사적 정의와 일치하는 새로운 초 정의를 세슘의 원자 특성을 이용해 고안했다. 이후로 공식 시간은 원자시계를 따르고 있다.

지금까지 여러 번 공식 시간은 지구의 자전과 절대 시간^{absolute time}을 동기화시켰다. 처음에는 공식 초를 여러 번 조정했고, 1972년부터는 필요에 따라 '윤초^{leap second}'를 추가하기 시작했다(이론상 초를 몇 번 삭제하는 것이 맞지만 아직 이런 일은 일어나지 않았다). 윤초 때문에 상황이 복잡해졌으며 많은 컴퓨터 시스템은 윤초가 일어나기 전에 인공적으로 시간을 느리게 하거나 빠르게 만드는 '스무딩^{smoothing}' 기법을 사용해 하루를 86,400초로 유지한다. 컴퓨터 지역의 시간이 크게 중요하지 않게 되었으며 외부 시간 서비스와 시간을 동기화해 시간을 유지할 수 있게 되었다.

사람들은 다른 시간대에 살고 있는 이들과 연락을 주고받는다. 그리고 서로 시간을 비교하려면 공통적으로 참조할 수 있는 기준이 필요하다. 결국 그리니치 천문대를 지나는 자오선을 기준으로 삼았다(서머타임은 적용하지 않음). 이 시간대를 '협정 세계시^{Coordinated Universal Time}' 또는 UTC라 부른다. 앞서 영어로 표현한 협정 세계시와 프랑스어로 표현한 'Temps Universel Coordnné'를 서로 보완해 UTC라는 줄임말이 탄생했다.

컴퓨터에서는 특정 시간을 기준으로 삼아 이후 또는 이전으로 시간을 표시한다. 이를 '에폭^{epoch}'이라 부르며 1970년 1월 1일 목요일 자정 UTC를 가리킨다.

자바스크립트는 에폭 기준 밀리초로 시간을 측정하며 유효 범위는 기준 시를 기점으로 ±100,000,000일이다. 자바스크립트는 표준 ISO 8601 포맷(YYYY-MM-DDTHH:mm:ss.sssZ)으로 특정 시점을 표현한다. 앞 네 개의 숫자는 연도, 숫자 두 개씩 각각 월, 일, 시간, 분, 초를, 마지막 세 자리 숫자로 밀리초를 표시한다. 문자 T로 날짜와 시간을 구분하며 뒤에 붙는 Z는 UTC로부터 오프셋이 0임을 의미한다.

표준 ISO 8601 포맷으로 에폭을 표현하면 다음과 같다.

```
1970-01-01T00:00:00.000Z
```

📖 **Note**

에폭에서 100,000,000일(274,000년)이 지난 시간은 어떻게 표현할까? 그리고 에폭 이전 시간은 어떻게 표현할까?

±YYYYYY처럼 여섯 개의 숫자와 기호로 날짜를 표시할 수 있다. 다음은 자바스크립트에서 가장 큰 날짜값이다.

```
+275760-09-13T00:00:00.000Z
```

0001년의 이전 연도는 0000이며 0000년의 이전은 −000001이다.

자바스크립트는 **Date** 클래스 인스턴스로 특정 시간을 표시한다. 아마 **Date**보다는 **Time**이라는 이름이 적절하지 않았을까 생각한다. 결과적으로 자바스크립트는 자바의 **Date** 클래스 이름과 몇 가지 결함을 그대로 가져온 다음, 자신만의 특성을 추가했다.

[표 5-3]은 **Date** 클래스에서 자주 사용하는 기능을 보여준다.

표 5-3 Date 클래스가 제공하는 유용한 생성자, 함수, 메서드

이름	설명
생성자	
new Date(iso8601String)	'1969-07-20T20:17:40.000Z' 같은 표준 ISO 8601 문자열을 이용해 Date를 생성한다.
new Date()	현재 시간으로 Date를 생성한다.
new Date(millisecondsFromEpoch)	에폭 기준으로 제공된 밀리초로 Date를 생성한다.
new Date(year, zeroBasedMonth, day, hours, minutes, seconds, milliseconds)	지역 시간대local time zone를 사용한다. 최소 두 개의 인수가 필요하다.

함수	
UTC(year, zeroBasedMonth, day, hours, minutes, seconds, milliseconds)	Date 객체가 아니라 에폭을 기준으로 밀리초를 반환한다.
메서드	
getUTCFullYear(), getUTCMonth(), getUTCDate(), getUTCHours(), getUTCMinutes(), getUTCSeconds(), getUTCMilliseconds()	0부터 11까지의 월, 1부터 31까지의 일, 0부터 23까지의 시간이다.
getUTCDay()	요일을 가리키는 0(일요일)부터 6(토요일)까지의 숫자다.
getTime()	에폭으로부터 밀리초다.
toISOString()	'1969-07-20T20:17:40.000Z'과 같은 ISO 8601 문자열이다.
toLocaleString(locale, options), toLocaleDateString(locale, options), toLocaleTimeString(locale, options)	사람이 읽을 수 있는 날짜, 시간, 날짜만, 시간만을 나타낸다. 로케일[locale]과 관련된 내용과 모든 옵션, 설명은 8장을 참고하자.

ISO 8601 문자열이나 에폭 기준 밀리초로 날짜 객체를 만들 수 있다.

```
const epoch = new Date('1970-01-01T00:00:00.000Z')
const oneYearLater = new Date(365 * 86400 * 1000) // 1971-01-01T00:00:00.000Z
```

인수를 제공하지 않으면 현재 시간으로 **Date**를 만든다.

```
const now = new Date()
```

new 없이 Date 함수를 호출하지 말자. 그렇지 않으면 인수를 무시할 뿐 아니라 Date 객체가 아 닌 현재 시간을 문자열로 반환한다(심지어 ISO 8601 형식도 아니다).

```
Date(365 * 86400 * 1000)
  // 인수를 무시하고 문자열 반환
  // 'Sat Apr 10 2021 10:31:13 GMT+0900 (대한민국 표준시)'
```

Date 객체를 수식 연산에 사용하면 자동으로 문자열이나 에폭 기준 밀리초 숫자로 변환된다.

```
oneYearLater + 1
  // 'Fri Jan 01 1971 09:00:00 GMT+0900 (대한민국 표준시)1'
oneYearLater * 1 // 31536000000
```

이 기능은 두 날짜 사이의 간격을 계산할 때만 유용하다.

```
const before = new Date()
// 작업 수행
const after = new Date()
const millisecondsElapsed = after - before
```

다음처럼 지역 시간대로 Date 객체를 만들 수 있다.

```
new Date(year, zeroBasedMonth, day, hours, minutes, seconds, milliseconds)
```

day를 포함한 이후 인수는 모두 선택형이다(여기서 new Date(millisecondsFromEpoch) 과 구분할 수 있도록 최소 두 개의 인수가 필요함). 월은 0부터 시작하지만 날짜는 1부터 시 작한다는 사실에 주의하자.

필자(그리니치 천문대에서 동쪽으로 한 시간 거리에 살고 있다)가 다음 코드를 실행했다.

```
new Date(1970, 0 /* January */, 1, 0, 0, 0, 0, 0) // 지역 시간대이므로 주의하자.
```

결과는 다음과 같았다.

```
1969-12-30T23:00:00.000Z
```

같은 코드지만 여러분이 거주하는 시간대에 따라 결과가 달라진다.

 Warning

zeroBasedMonth, day, hours 등에 유효하지 않은 값을 입력하면 날짜가 자동으로 조절된다.
예를 들어 new Date(2019, 13, -2)는 2020년 1월 29일이다.

5.8 Date 함수와 메서드

Date 클래스는 세 개의 정적 함수를 제공한다.

- Date.UTC(year, zeroBasedMonth, day, hours, minutes, seconds, milliseconds)
- Date.parse(dateString)
- Date.now()

UTC 함수는 여러 인수를 갖는 생성자와 비슷하지만 날짜를 UTC로 만든다. parse 함수는
ISO 8601 문자열을 파싱하며 구현에 따라 다양한 형식을 처리하기도 한다(5.10절 연습 문제 17번 참고). Date.now()는 현재 날짜와 시간을 반환한다.

 Warning

안타깝게도 위의 세 함수는 모두 Date 객체가 아니라 에폭 기준 밀리초를 반환한다. 다음은
UTC 컴포넌트로 날짜를 만드는 코드다.

```
const deadline = new Date(Date.UTC(2020, 0 /* January */, 31))
```

Date 클래스는 자바스크립트의 get/set 메서드가 아니라 자바 형식의 게터와 세터(예를 들어 getHours/setHours)를 제공한다.

getUTCFullYear, getUTCMonth(0부터 11), getUTCDate(1부터 31), getUTCHours(0부터 23), getUTCMinutes, getUTCSeconds, getUTCMilliseconds 등의 메서드를 호출해 Date 객체의 컴포넌트를 얻는다.

UTC가 붙지 않은 메서드(getFullYear, getMonth, getDate 등)는 지역 시간대로 값을 반환한다. 사용자에게 지역 시간을 보여줘야 하는 상황이 아니라면 보통 이들 메서드를 사용하지 않는다. 지역 시간을 표시하려면 5.9절의 날짜 포매팅 메서드를 사용하자.

getUTCDay 메서드는 0(일요일)에서 6(토요일)까지의 숫자 중 하나를 반환한다.

```
const epoch = new Date('1970-01-01T00:00:00.000Z')
epoch.getUTCDay() // 4 (목요일)
epoch.getDay()    // 메서드를 호출한 시간과 장소에 따라 3, 4, 5를 반환
```

📖 Note

지금은 사용하지 않는 getYear 메서드는 연도 두 자리를 반환한다. 자바스크립트가 1995년에 만들어졌을 때는 두 자릿수 년도가 문제가 될 것이라고 아무도 예상하지 못했다.

자바스크립트는 변경할 수 있는 자바 Date 객체의 문제점을 그대로 가져왔을 뿐더러 각 시간 단위에 세터를 제공해 문제를 더 악화시켰다(5장 연습 문제 16번 참고). 세터는 자동으로 유효한 다음 날짜로 값을 조절한다.

```
const appointment = new Date('2020-05-31T00:00:00.000Z')
appointment.setUTCMonth(5 /* June */) // appointment는 7월 1일
```

5.9 날짜 포매팅

toString, toDateString, toTimeString, toUTCString 메서드는 친화력은 부족하지만 '사람이 읽을 수 있는' 문자열을 반환한다.

```
'Sun Jul 20 1969 21:17:40 GMT+0900 (대한민국 표준시)'
'Sun Jul 20 1969'
'21:17:40 GMT+0900 (대한민국 표준시)'
'Sun, 20 Jul 1969 20:17:40 GMT'
```

사용자의 로케일에 특화된 정보(요일이나 월은 로케일을 무시함)가 표시된다는 사실에 주목하자.

toLocaleString, toLocaleDateString, toLocaleTimeString 메서드를 이용하면 사람에게 친숙한 날짜와 시간, 날짜, 시간을 표시할 수 있다. 이들 메서드는 현재 사용자의 로케일 또는 지정한 로케일에 따라 결과를 표시한다.

```
moonlanding.toLocaleDateString()        // 로케일이 한국인 경우 '1969. 7. 20.'
moonlanding.toLocaleDateString('en-US')
                               // '7/20/1969' 또는 '7/21/1969' 로케일에 따라 다름
```

기본 형식은 단순하지만 포맷 옵션을 이용하면 이를 바꿀 수 있다.

```
moonlanding.toLocaleDateString(
  'en-US', { year: 'numeric', month: 'long', day: 'numeric' })
  //'July 20, 1969'
```

8장에서는 로케일 개념과 관련 옵션을 더 자세히 설명한다. toISOString 메서드를 호출하면 기계가 인식하는 날짜인 ISO 8601 문자열이 출력된다.

```
moonlanding.toISOString() // '1969-07-20T20:17:40.000Z'
```

연습 문제

01 IEEE 754 표준에서는 0과 −0을 구별한다. x가 0이면 +1, x가 −0이면 −1, 그 밖은 0을 반환하는 plusMinusZero(x) 함수의 구현 방법을 최소 두 가지 이상 제시해보자(힌트: Object.is, 1/−0).

02 IEEE 754는 다음과 같은 세 가지 종류의 배정밀도 부동소수점값을 제공한다.

- '정규화된nomalized' 값은 ±1.m × 2e의 형식으로 구성되며 m은 52비트이고 e는 −1022에서 1023까지의 범위를 갖는다.
- ±0 그리고 ±0.m × 2^−1022 형식으로 구성된 '비정규화된denomalized' 값을 갖는데 여기서 m은 52비트다.
- ±∞, NaN 등 특별한special 값도 제공한다.

주어진 부동소수점 숫자를 받아 'normalized', 'denormalized', 'special' 중 하나를 반환하는 함수를 구현해보자.

03 숫자 x가 있으며, 이를 지수 형식으로 표현했을 때 지수부는 e다. 주어진 상황에서 고정된 형식의 부동소수점 숫자로 결과를 표현하는 x.toPrecision(p) 함수를 구현해보자.

04 printf 형식의 명세에 따라 숫잣값 형식을 조절하는 함수를 구현해보자. 예를 들어 format(42, "%04x")는 002A를 출력한다.

05 부동소수점 숫자의 지수부를 반환하는 함수, 즉 지수 표기법에서 e 뒤에 출력되는 값을 반환하는 함수를 구현해보자.

06 5.4절을 참조해 `Number.MAX_VALUE`, `Number.MIN_VALUE`, `Number.EPSILON`의 값을 각각 설명해보자.

07 주어진 정수 n이 있을 때 이를 표현할 수 있는 가장 작은 부동소수점 수를 계산하는 함수를 구현해보자(힌트: 숫자 1 다음에 표현할 수 있는 가장 작은 수는 무엇인가? 2 다음은? 3 다음은? 4 다음은? IEEE에서 부동소수점 표현을 설명하는 기사를 참고해보자. 임의의 숫자가 주어졌을 때 이 결과를 얻을 수 있으면 더욱 좋다).

08 3을 천 번 반복하는 큰 정수를 만드는 함수를 구현해보자. 단 루프나 재귀를 사용하지 않아야 하고 80문자 이내의 코드 한 줄로 이를 구현해야 한다.

09 `Date` 객체를 `year`, `month`, `day`, `weekday`, `hours`, `minutes`, `seconds`, `millis` 프로퍼티를 포함하는 객체로 변환하는 함수를 구현해보자.

10 사용자가 UTC로부터 몇 시간이나 떨어져 있는지 계산하는 함수를 구현해보자.

11 주어진 연도가 윤년인지 계산하는 함수를 두 가지 방법으로 구현해보자.

12 주어진 날짜가 있을 때 `Date.getUTCDay`/`getDay` 메서드를 사용하지 않고 요일을 계산하는 함수를 구현해보자(힌트: 에폭은 목요일이다).

13 연도와 월을 제공했을 때(이를 현재 연도와 월로 설정) 다음과 같이 해당하는 달의 달력을 출력하는 함수를 구현해보자.

```
        1  2  3  4  5
 6  7  8  9 10 11 12
13 14 15 16 17 18 19
20 21 22 23 24 25 26
27 28 29 30 31
```

14 두 개의 **Date**를 매개변수로 받아 두 객체 사이의 날짜 차이를 반환하는 함수를 구현해보자. 소수부는 날짜의 차이를 가리킨다.

15 두 개의 **Date**를 매개변수로 받아 두 객체 사이의 연도 차이를 숫자로 반환하는 함수를 구현해보자. 각 연도마다 날짜의 길이가 다르므로 이전 문제보다 더 복잡하다.

16 다음처럼 **deadline**이 주어졌을 때 이를 2월 1일로 바꿔야 한다고 가정하자.

```
const deadline = new Date(Date.UTC(2020, 0 /* 1월 */, 31))
```

다음 코드의 출력 결과는 무엇일까?

```
deadline.setUTCMonth(1 /* 2월 */)
deadline.setUTCDate(1)
```

setUTCMonth를 호출하기 전에 항상 setUTCDate를 먼저 호출해야 할까? 코드가 동작하지 않는 예를 제시해보자.

17 여러분이 즐겨 사용하는 자바스크립트 런타임을 이용해 Date.parse(date String)이나 new Date(dateString)이 인식하는 문자열이 무엇인지 다음 예제 문자열을 사용해 시험해보자.

```
Date()가 반환하는 문자열
'3/14/2020'
'March 14, 2020'
'14 March 2020'
'2020-03-14'
'2020-03-14 '
```

놀랍게도 Node.js 13.11.0 버전에서 마지막 두 문자열은 다른 날짜를 반환한다.

문자열과
정규 표현식

01 문자열과 코드 포인트 시퀀스 상호 변환

02 부분 문자열

03 기타 문자열 메서드

04 태그된 템플릿 리터럴

05 원시 템플릿 리터럴

06 정규 표현식

07 정규 표현식 리터럴

08 플래그

09 정규 표현식과 유니코드

10 RegExp 클래스의 메서드

11 그룹

12 String 메서드와 정규 표현식

13 정규 표현식의 replace 메서드

14 특이한 기능

| 연습 문제 |

Chapter 06 **문자열과 정규 표현식**

6장에서는 표준 라이브러리가 제공하는 문자열 처리 메서드를 배운다. 그리고 특정한 패턴과 일치하는 문자열을 찾을 때 사용하는 정규 표현식도 살펴본다. 정규 표현식 문법과 자바스크립트만의 독특한 특징을 알아본 다음, API를 사용해 특정 문자열을 찾고 교체하는 방법을 배운다.

6.1 문자열과 코드 포인트 시퀀스 상호 변환

문자열은 유니코드 코드 포인트의 시퀀스sequence로 구성된다. 각 코드 포인트는 0과 0x10FFFF 사이의 정수다. String 클래스의 fromCodePoint 함수는 코드 포인트 인수로 문자열을 만든다.

```
let str = String.fromCodePoint(0x48, 0x69, 0x20, 0x1F310, 0x21) // 'Hi 🌐!'
```

코드 포인트가 배열로 저장되어 있으면 스프레드 연산자를 사용한다.

```
let codePoints = [0x48, 0x69, 0x20, 0x1F310, 0x21]
str = String.fromCodePoint(...codePoints)
```

반대로 문자열을 코드 포인트 배열로 변환할 수 있다.

```
let characters = [...str] // [ 'H', 'i', ' ', '🌐', '!' ]
```

그 결과는 문자열의 배열이며 각 배열 요소는 한 개의 코드 포인트를 포함한다. 다음과 같이 코드 포인트를 정수로 변환한다.

```
codePoints = [...str].map(c => c.codePointAt(0))
```

자바스크립트는 문자열을 UTF-16 코드 유닛 시퀀스로 저장한다. 예를 들어 'Hi'.codePointAt(i)에서 오프셋은 UTF-16 인코딩을 참조한다. 이 예제에서 유효한 오프셋은 0, 1, 2, 3, 5뿐이다. 오프셋이 한 코드 포인트를 구성하는 한 쌍의 코드 유닛 사이를 가리킨다면 유효하지 않은 코드 포인트가 반환된다.

루프를 사용하면 문자열의 코드 포인트를 배열에 넣지 않고 탐색할 수 있다.

```
for (let i = 0; i < str.length; i++) {
  let cp = str.codePointAt(i)
  if (cp > 0xFFFF) i++
  ... // 코드 포인트 cp 처리
}
```

6.2 부분 문자열

indexOf 메서드는 부분 문자열substring이 발견된 첫 번째 인덱스를 반환한다.

```
let index = 'Hello yellow'.indexOf('el') // 1
```

lastIndexOf 메서드는 부분 문자열이 마지막으로 발견된 인덱스를 반환한다.

```
index = 'Hello yellow'.lastIndexOf('el') // 7
```

자바스크립트 문자열의 다른 모든 오프셋과 마찬가지로 이들 값도 UTF-16으로 인코딩된 오프셋이다.

```
index = 'I♥yellow'.indexOf('el') // 4
```

여기서 하트 이모티콘(♥)은 두 개의 UTF−16 코드 유닛으로 구성되므로 오프셋은 4다. 부분 문자열을 찾지 못하면 −1을 반환한다.

startsWith, endsWith, includes 메서드는 불리언을 결과로 반환한다.

```
let isHttps = url.startsWith('https://')
let isGif = url.endsWith('.gif')
let isQuery = url.includes('?')
```

substring 메서드는 UTF−16 코드 유닛에서 두 개의 주어진 오프셋을 이용해 부분 문자열을 추출한다. 추출된 부분 문자열은 첫 번째 오프셋 코드 유닛(포함)에서 두 번째 오프셋 코드 유닛(미포함)까지의 모든 문자를 포함한다.

```
let substring = 'I♥yellow'.substring(3, 7) // 'yell'
```

두 번째 오프셋을 생략하면 첫 번째 오프셋부터 이후의 모든 문자를 포함한다.

```
substring = 'I♥yellow'.substring(3) // 'yellow'
```

음수 오프셋은 문자열의 끝에서부터 계산한다는 점을 제외하면 slice 메서드는 substring 과 비슷하다. −1은 마지막 코드 유닛의 오프셋이며, −2는 마지막 두 번째 코드 유닛의 오프셋을 가리킨다. 문자열의 길이를 음의 오프셋으로 추가한 것과 같은 결과다.

```
'I♥yellow'.slice(-6, -2) // 'yell', slice(3, 7)과 같음
```

'I♥yellow'의 길이는 9(♥는 코드 유닛 두 개를 차지함)다. 오프셋 −6과 −2는 각각 3과 7로 변환된다.

substring, slice 메서드에 문자열 길이보다 긴 오프셋을 제공하면 이를 문자열 길이만큼 조절된다. 오프셋이 음수나 NaN으로 제공되면 0으로 오프셋을 설정한다(slice 메서드에서

는 음의 오프셋에 문자열 길이를 추가한 다음 이 과정을 수행함).

 Warning

substring의 첫 번째 인수가 두 번째 인수보다 크면 두 인수가 서로 바뀐다.

```
substring = 'I yellow'.substring(7, 3) // 'yell', substring(3, 7)과 같음
```

반대로 start ≥ end이면 str.slice(start, end)는 빈 문자열을 반환한다.

필자는 substring보다 slice 메서드를 선호한다. slice 메서드가 더 다양한 기능을 제공
하며, 동작이 명료하고, 이름도 간단하기 때문이다.

split 메서드로도 문자를 분리할 수 있다. split 메서드는 제공된 구분자[separator]를 기준으
로 문자를 분리하며, 부분 문자열 배열이 반환된다(결과에 구분자는 포함되지 않음).

```
let parts = 'Mary had a little lamb'.split(' ')
// ['Mary', 'had', 'a', 'little', 'lamb']
```

다음과 같이 분리할 문자열의 최대 개수를 제한할 수 있다.

```
parts = 'Mary had a little lamb'.split(' ', 4)
// ['Mary', 'had', 'a', 'little']
```

구분자로 정규 표현식을 사용할 수도 있다(6.12절 참고).

 Warning

str.split('')처럼 빈 문자열을 구분자로 split 메서드를 호출하면 16비트 코드 유닛을 포
함하는 각 문자열로 분리되는데, \u{FFFF}보다 상위의 문자를 포함하지 않는다면 크게 쓸모가
없다. 따라서 이런 상황에서는 [...str]을 사용하자.

6.3 기타 문자열 메서드

이번 절에서는 **String** 클래스의 기타 메서드를 살펴본다. 자바스크립트의 문자열은 바꿀 수 없으므로^{immutable} 이들 메서드가 주어진 문자열의 내용은 바꾸지 않는다. 대신 새로운 문자열을 결과로 반환한다.

repeat 메서드는 주어진 횟수만큼 문자열을 반복한다.

```
const repeated = 'ho '.repeat(3) // 'ho ho ho '
```

trim, trimStart, trimEnd 메서드는 문자열 앞뒤에 붙은 여백 문자를 제거하거나, 앞쪽 또는 뒤쪽의 문자를 제거한다. 여백 문자에는 공백, 줄 바꿈 없는 공백인 \u{00A0}, 개행 문자, 탭 그리고 유니코드 문자 프로퍼티인 **White_Space**가 있는 21개의 문자를 포함한다. **padStart, padEnd**는 trimStart, trimEnd와 정반대의 기능, 즉 문자열이 최소 길이에 도달할 때까지 공백 문자를 추가한다.

```
let padded = 'Hello'.padStart(10)
// '     Hello', Hello 앞에 공백 다섯 개를 추가함
```

다음과 같이 패딩 문자열을 지정할 수 있다.

```
padded = 'Hello'.padStart(10, '=-') // =-=-=Hello
```

> 📎 **Warning**
>
> 첫 번째 매개변수는 패딩으로 추가할 문자열의 바이트 길이를 가리킨다. 두 바이트로 구성된 문자를 패딩 문자열로 포함하면 유효하지 않은 문자열을 얻게 될 수 있다.
>
> ```
> padded = 'Hello'.padStart(10, '♥')
> // 하트 두 개가 추가되며 나머지는 일치하지 않는 코드 유닛을 포함한다.
> ```

toUpperCase, toLowerCase 메서드는 문자열 전체를 대문자 또는 소문자로 변환한다.

```
let uppercased = 'Straße›.toUpperCase() // 'STRASSE'
```

예제에서 볼 수 있듯이 toUpperCase 메서드는 독일 문자 'ß'를 'SS'로 인식한다. 하지만 toLowerCase를 적용한다 해도 원래 문자열로 돌아갈 수 없다.

```
let lowercased = uppercased.toLowerCase() // 'strasse'
```

> 📙 **Note**
>
> 대문자, 소문자 변환 기능은 사용자의 언어 설정에 따라 동작이 달라진다. 애플리케이션의 지역화에 사용되는 toLocaleUpperCase, toLocaleLowerCase, localeCompare, normalize 메서드는 8장을 참고하자.
>
> 정규 표현식을 사용하는 match, matchAll, search, replace 등의 문자열 메서드는 6.12절을 참고하자.

concat 메서드는 문자열로 변환되는 인수의 개수와 관계없이 이를 한 문자열로 연결한다.

```
const n = 7
let concatenated = 'agent'.concat(' ', n) // 'agent 7'
```

템플릿 문자열이나 Array 클래스의 join 메서드로도 같은 기능을 수행할 수 있다.

```
concatenated = `agent ${n}`
concatenated = ['agent', ' ', n].join('')
```

[표 6-1]은 String 클래스에서 가장 자주 사용하는 기능을 보여준다.

표 6-1 String 클래스가 제공하는 유용한 함수와 메서드

이름	설명
함수	
fromCodePoint(codePoints...)	주어진 코드 포인트를 포함하는 문자열을 반환한다.
메서드	
startsWith(s), endsWith(s), includes(s)	문자열이 s로 시작하거나 s가 부분 문자열에 포함하면 참을 반환한다.
indexOf(s, start), lastIndexOf(s, start)	start 인덱스에서 시작해 처음으로 s를 발견한 인덱스를 반환한다(기본값은 0).
slice(start, end)	start(포함)에서 end(미포함) 사이의 코드 유닛 부분 문자열이다. 음의 인덱스 값은 문자열의 끝에서부터 계산한다. end의 기본값은 문자열의 길이다. substring보다는 이 메서드를 활용하는 것이 좋다.
repeat(n)	문자열을 n번 반복한다.
trimStart(), trimEnd(), trim()	앞과 뒤에 붙은 공백을 제거한다.
padStart(minLength, padString), padEnd(minLength, padString)	minLength 만큼 padString을 문자열의 앞이나 뒤에 추가한다. padString 기본값은 ' '이다.
toLowerCase(), toUpperCase()	모든 문자를 소문자나 대문자로 변환한다.
split(separator, maxParts)	separator로 분리된 문자열 배열을 최대 maxParts만큼 반환한다.
search(target)	target을 처음 발견한 첫 번째 인덱스를 반환한다.
replace(target, replacement)	처음 발견한 target을 replacement로 교체한다. target이 전역 정규 표현식이면 모든 매치를 교체한다. 교체 패턴과 함수는 6.13절을 참고하자.
match(regex)	regex가 글로벌이면 매치된 결과 배열을, 매치에 실패하면 null, 그 밖의 상황엔 매치 결과를 반환한다. 매치 결과는 모든 그룹 매치 배열이며 프로퍼티 index(매치 인덱스)와 groups(객체 매핑 그룹명)를 포함한다.
matchAll(regex)	반복할 수 있는 매치 결과를 반환한다.

마지막으로 URL 컴포넌트와 전체를 인코딩하거나 URL(또는 **mailto**, **tel** 등의 스키마를 사용하는 URI)을 'URL로 인코딩된[URL encoded]' 형태로 변환하는 전역 함수가 있다. 인코딩된

문자열은 인터넷이 처음 탄생했을 때 '안전'하게 사용할 수 있는 문자만 포함한다. 한 구절의 언어를 다른 언어로 변환하는 질의를 만든다고 가정하자. 다음과 같이 URL을 만든다.

```
const phrase = 'à coté de'
const prefix = 'https://www.linguee.fr/anglais-francais/traduction'
const suffix = '.html'
const url = prefix + encodeURIComponent(phrase) + suffix
```

이때 구절을 UTF-8 문자열로 인코딩한 다음 각 바이트를 **%hh** 코드(두 자리 16진수 숫자)로 인코딩한 결과로 **'%C3%A0%20cot%C3%A9%20de'** 문자열이 만들어진다. 다음에 나열되어 있는 '안전한' 문자만 원래 형태를 유지한다.

```
A-Z a-z 0-9 ! ' ( ) * . _ ~ -
```

전체 URI를 인코딩해야 하는 상황에서는 encodeURI 함수를 사용한다. 이 함수도 URI에서 특별한 의미를 갖는 다음 문자만 원래 형태를 유지한다.

```
# $ & + , / : ; = ? @
```

6.4 태그된 템플릿 리터럴

1장에서 템플릿 리터럴(표현식을 포함하는 문자열)을 살펴봤다.

```
const person = { name: 'Harry', age: 42 }
message = `Next year, ${person.name} will be ${person.age + 1}.`
```

템플릿 리터럴은 내장된 표현식의 값을 템플릿 문자열로 추가한다. 이 예제에서 내장된 표현식 person.name과 person.age + 1을 평가하고 문자열로 변환한 다음, 주변의 문자열 조각fragment과 합친다. 다음은 결과 문자열이다.

```
'Next year, Harry will be 43.'
```

태그 함수를 이용해 템플릿 리터럴의 동작을 커스터마이즈할 수 있다. 예를 들어 태그 함수 strong은 내장된 값을 강조하는 HTML 문자열을 반환한다.

```
strong`Next year, ${person.name} will be ${person.age + 1}.`
```

다음은 위 코드를 실행한 HTML 결과 문자열이다.

```
'Next year, <strong>Harry</strong> will be <strong>43</strong>.'
```

삽입된 표현식을 감싸는 리터럴 문자열 조각과 표현식의 값에 태그 함수를 적용할 수 있다. 예제에서 문자열 'Next year, ', ' will be ', '.' 등은 문자열 조각이며 'Harry'와 43은 값이다. 태그 함수는 이들 조각을 합친다. 반환값이 문자열이 아니라면 문자열로 변환한다.

다음은 strong 태그 함수를 구현한 코드다.

```
const strong = (fragments, ...values) => {
  let result = fragments[0]
  for (let i = 0; i < values.length; i++)
    result += `<strong>${values[i]}</strong>${fragments[i + 1]}`
  return result
}
```

다음의 템플릿 문자열을 살펴보자.

```
strong`Next year, ${person.name} will be ${person.age + 1}.`
```

strong 함수는 다음과 같이 호출한다.

```
strong(['Next year, ', ' will be ', '.'], 'Harry', 43)
```

모든 문자열 조각은 배열로 모아지며 표현식값은 별개의 인수로 전달한다. `strong` 함수는 스프레드 연산자로 모든 인수를 두 번째 배열로 모은다. 첫 번째 인수를 제외한 나머지는 모두 표현식값이다.

이 기능은 상당히 유연하다. 이 기능을 이용해 HTML 템플릿을 만들거나, 숫자 포맷을 정하거나, 국제화 구현 등에 활용할 수 있다.

6.5 원시 템플릿 리터럴

템플릿 리터럴 앞에 `String.raw`를 붙이면 역슬래시를 이스케이프 문자로 취급하지 않는다.

```
path = String.raw`c:\users\nate`
```

여기서 \u는 유니코드 이스케이프를 의미하지 않으며 \n 역시 개행 문자로 해석하지 않는다.

> ✎ **Warning**
>
> 원시raw 모드라고 모든 문자열을 이스케이프 문자로 해석하지 않는 것은 아니다. 모든 ` 문자, { 앞의 $, ` 앞의 \, { 문자는 여전히 이스케이프 처리해야 한다.

이것만으로 `String.raw`가 어떻게 동작하는지 완전히 이해하긴 어렵다. 태그 함수는 템플릿 문자열 조각의 '원시적인' 형식에 접근할 수 있으며 이때 \u, \n의 특별한 의미가 사라진다.

그리스 문자를 포함하는 문자열을 처리한다고 가정하자. 이때 수학 공식용 LaTeX 마크업 언어 규약을 따른다. 이 언어에서는 기호 앞에 역슬래시가 붙는다. 원시 문자열을 이용하면 \\nu, \\upsilon 대신 \nu, \upsilon를 사용할 수 있으므로 편리하다. 다음과 같은 문자열을 처리한다고 가정하자.

```
greek`\nu=${factor}\upsilon`
```

다음은 태그된 템플릿 문자열을 처리하는 함수다.

```
const greek = (fragments, ...values) => {
  const substitutions = { alpha: 'α', ..., nu: 'v', ... }
  const substitute = (str) =>
    str.replace(/\\[a-z]+/g, (match) => substitutions[match.slice(1)])
  let result = substitute(fragments.raw[0])
  for (let i = 0; i < values.length; i++)
    result += values[i] + substitute(fragments.raw[i + 1])
  return result
}
```

태그 함수의 첫 번째 매개변수의 raw 프로퍼티로 원시 문자열 조각에 접근한다. fragments.raw의 값은 역슬래시를 처리하지 않은 상태의 문자열 조각 배열이다.

태그된 템플릿 리터럴 예제에서 fragements.raw는 두 문자열의 배열이다.

첫 번째 문자열은 \nu=, 두 번째 문자열은 \upsilon이며 세 개의 역슬래시를 포함한다.

```
\${\nu\upsilon{
```

다음을 참고하자.

- \nu의 \n은 개행 문자로 바뀌지 않는다.

- \upsilon에서 \u는 유니코드 이스케이프로 해석하지 않는다. 실제 이는 구문론적으로 올바르지 않다. 따라서 fragments[1]을 파싱할 수 없으므로 undfined로 설정된다.

- ${factor}는 내장된 표현식이다. 이 표현식의 값은 태그 함수로 전달된다.

greek 함수는 정규 표현식 교체(6.13절 참고) 기능을 사용한다. 역슬래시로 시작하는 식별자는 관련된 문자로 교체된다(예를 들어 \nu는 v로 교체된다).

6.6 정규 표현식

문자열 패턴으로 정규 표현식을 정의한다. 특정 패턴과 일치하는 문자열이 필요한 상황(예를 들어 HTML 파일에서 하이퍼링크 찾기)에서 정규 표현식을 사용한다. `<a href="...">` 패턴을 갖는 문자열로 하이퍼링크를 찾을 수 있다. 하지만 문자열에 공백이 포함되거나 작은따옴표로 URL을 감쌌을 수도 있다. 정규 표현식을 이용하면 특정 유형의 패턴과 일치하는 문자열을 정확하게 지정할 수 있다.

정규 표현식에서 다음의 예약 문자를 제외한 다른 문자는 자신을 가리킨다.

```
. * + ? { ¦ ( ) [ \ ^ $
```

예를 들어 정규 표현식 `href`는 정확하게 문자열 `href`를 찾는다. `.` 기호는 임의의 한 문자를 가리킨다. 예를 들어 `.r.f`는 `href`, `prof`와 모두 일치한다.

`*` 기호는 앞의 표현식이 0번 이상 반복될 수 있음을 가리키며, `+` 기호는 앞의 표현식이 1번 이상 반복됨을 의미한다. 앞에 추가한 `?`는 표현식이 선택형(0 또는 1회)임을 의미한다. 예를 들어 `be+s?`는 `be`, `bee`, `bees` 등을 가리킨다. `{ }`로 다른 복수형을 지정할 수 있다(표 6-2).

`¦`는 대안을 의미한다. 예를 들어 `.(oo+¦ee+)f`는 `beef`나 `woof`와 일치한다. 괄호가 없는 `.oo+¦ee+f`는 `.oo+`와 `ee+f` 중 하나를 가리킨다. 그룹을 만들 때도 괄호를 사용한다(6.11절 참고).

`[Jj]`, `[0-9]`, `[A-Za-z]`, `[^0-9]` 등 문자 클래스character class는 등 대괄호로 감싼 문자 집합을 가리킨다. 문자 클래스 안의 `-`는 범위(두 값 사이에 해당하는 유니코드 값을 갖는 모든 문자)를 의미한다. 하지만 문자 클래스의 처음이나 마지막으로 사용된 `-`는 자신을 가리킨다. 문자 클래스의 첫 번째 문자로 사용한 `^`는 보충 문자인 보어(지정된 문자를 제외한 나머지 문자)다. 예를 들어 `[^0-9]`는 숫자를 제외한 모든 문자를 가리킨다.

`\d`(숫자), `\s`(공백), `\w`(단어) 그리고 보어인 `\D`(숫자 아님), `\S`(공백 아님), `\W`(단어 아님) 등 미리 정의된 여섯 개의 문자 클래스가 있다.

`^`와 `$`는 입력의 처음과 끝을 찾는다. 예를 들어 `^[0-9]+$`는 오직 숫자로만 이루어진 문자

열을 찾는다. ^ 문자의 위치에 주의하자. 이 문자가 대괄호 안에서 첫 번째로 등장하면 이는 보어를 의미한다. **[^0-9]+$**는 입력의 끝이 숫자가 아닌 문자열을 찾는다.

> 📒 **Note**
>
> 필자는 ^는 시작, $는 끝임을 기억하기가 꽤 어려웠다. $는 start라는 의미이며 키보드에서 $는 ^보다 왼쪽에 있어 $가 시작이라고 계속 생각했지만 실제로는 정반대로 동작해 당황스러웠다. 이는 아마도 예전 QED 텍스트 편집기가 마지막 행을 $로 사용했기 때문일 것이다.

[표 6-2]는 자바스크립트 정규 표현식 문법을 요약한 표다.

. * + ? { ¦ ( ) [\ ^ $ 등의 리터럴을 포함할 때는 역슬래시를 앞에 붙여야 한다. 문자 클래스 안에서는]의 위치에 주의하면서 [와 \만 이스케이프하면 된다. 예를 들어 []^-]는 이 세 가지 모두를 포함하는 클래스다.

표 6-2 정규 표현식 문법

표현식	설명	예제
문자		
. * + ? { ¦ ( ) [\ ^ $ 이외의 문자	오직 주어진 문자만 매치	J
.	\n을 제외한 모든 문자 또는 dotAll 플래그를 설정했다면 모든 문자를 매치	
\u{hhhh}, \u{hhhhh}	주어진 16진숫값에당하는 유니코드 코드 포인트(unicode 플래그 필요)	\u{1F310}
\uhhhh, \xhh	주어진 16진숫값에 해당하는 UTF-16 코드 유닛	\xA0
\f, \n, \r, \t, \v	폼 피드(\x0C), 개행 문자 (\x0A), 캐리지 리턴 (\x0D), 탭 (\x09), 수직 탭 (\x0B)	\n
\cL, 여기서 L은 [A-Za-z] 중 하나	문자 L에 대응하는 제어 문자	\cH는 [Ctrl + H] 또는 백스페이스(\x08)

\c, 여기서 c는 [0-9BDPSWbcdfknprstv] 중 하나가 아님	문자 c	\\
문자 클래스		
$[C_1C_2\ldots]$, 여기서 C_i는 c-d 사이의 문자 또는 문자 클래스	C_1, C_2, … 등으로 표현되는 모든 문자	[0-9+-]
[^...]	문자 클래스의 보어	[^\d\s]
\p{BooleanProperty} \p{Property=Value} \P{...}	유니코드 프로퍼티(6.9절 참고). 보어(unicode 플래그 필요)	\p{L}은 유니코드 문자
\d, \D	[0-9] 숫자. 보어	\d+는 숫자 시퀀스
\w, \W	단어 문자 [a-zA-Z0-9_]. 보어	
\s, \S	[\t\n\v\f\r\xA0] 중 하나의 공백 또는 \p{White_Space}와 같은 18개의 추가 유니코드 공백 문자	\s*, \s*는 선택형 공백으로 감싸진 쉼표를 의미
시퀀스와 대안		
XY	X에 속하는 문자열 다음에 Y에 속하는 문자열이 나타남	[1-9][0-9]*는 0으로 시작하지 않는 양수
X¦Y	X 또는 Y에 속하는 아무 문자열	http¦ftp
그룹화		
(X)	X와 일치하는 결과를 그룹으로 캡처(6.11절 참고)	'([^']*)'는 인용된 텍스트 캡처
\n	n번째 그룹 매치	(['"]).*\1는 'Fred' 또는 "Fred"와 매치하지만 "Fred'는 매치하지 않음
(?<name>X)	주어진 name과 X를 매치	'(?<qty>[0-9]+)'는 qty라는 이름을 매치
\k<name>	주어진 name의 그룹	\k<qty>는 qty라는 이름의 그룹 매치

(?:X)	X를 캡처하지 않고 괄호 사용	(?:http¦ftp)://(.*)에서 :// 다음에는 \1을 매치
Other (?...)	6.14절 참고	

정량자(quantifier)

X?	선택형 X	\+?는 선택형 + 기호를 가리킴
X*, X+	0개 이상의 X, 한 개 이상의 X	[1-9][0-9]+는 10보다 크거나 같은 정수
X{n}, X{n,}, X{m,n}	n번의 X, 최소 n번의 X, m과 n 사이의 횟수만큼의 X	[0-9]{4,6}는 네 자리에서 여섯 자리의 숫자
X*? 또는 X+?	최소한의 정량자. 즉 매치 결과를 최소화함	.*(<.+?>).*는 홑화살괄호로 감싼 가장 짧은 시퀀스

경계 매치

^ $	입력의 시작과 끝(또는 multiline 플래그를 설정했다면 행의 시작과 끝)	^JavaScript$는 입력 또는 행 JavaScript와 매치함
\b, \B	단어 경계, 비단어 경계	\bJava\B는 JavaScript를 매치하지만 Java code는 매치하지 않음

6.7 정규 표현식 리터럴

정규 표현식 리터럴은 앞뒤의 슬래시로 구분된다.

```
const timeRegex = /^([1-9]¦1[0-2]):[0-9]{2} [ap]m$/
```

정규 표현식 리터럴은 RegExp 클래스의 인스턴스다. 정규 표현식에 typeof 연산자를 적용하면 'object'를 반환한다. 정규 표현식 리터럴 안에서 특별한 의미를 갖는 문자(예를 들어 ., + 등)를 이스케이프하려면 역슬래시를 사용한다.

```
const fractionalNumberRegex = /[0-9]+\.[0-9]*/
```

이스케이프된 `.`은 문자 그대로 마침표를 의미한다. 정규 표현식 리터럴에서는 슬래시를 이스케이프해야 리터럴의 끝으로 인식하지 않는다.

정규 표현식을 포함하는 문자열을 RegExp 객체로 바꿀 때는 RegExp 함수를 사용한다(new를 포함하거나 포함하지 않아도 된다).

```
const fractionalNumberRegex = new RegExp('[0-9]+\\.[0-9]*')
```

문자열의 역슬래시는 반드시 이스케이프해야 한다.

6.8 플래그

플래그flag는 정규 표현식의 동작을 바꾼다. 플래그의 예로 `i` 또는 `ignoreCase`가 있다.

```
/[A-Z]+\.com/i
```

위 정규 표현식은 `Horstmann.COM`과 일치한다. 생성자에서도 플래그를 설정할 수 있다.

```
const regex = new RegExp(/[A-Z]+\.com/, 'i')
```

`flags` 프로퍼티를 이용하면 RegExp 객체에 적용된 모든 플래그를 확인할 수 있다. 각 플래그에는 불리언 프로퍼티도 있다.

```
regex.flags      // 'i'
regex.ignoreCase // 참
```

[표 6–3]에서 확인할 수 있듯이 자바스크립트는 여섯 가지 플래그를 지원한다.

표 6-3 정규 표현식 플래그

한 철자	프로퍼티 이름	설명
i	ignoreCase	대소문자 구별 안함
m	multiline	^, $는 각 행의 시작과 끝을 매치
s	dotAll	.는 새로운 행을 매치
u	unicode	코드 유닛 대신 유니코드 문자를 매치(6.9절 참고)
g	global	모든 매치를 찾음(6.10절 참고)
y	sticky	반드시 regex.lastIndex에서 매치를 시작해야 함(6.10절 참고)

m 또는 multiline 플래그는 ^와 $의 동작을 바꾼다. 기본적으로 이들은 각각 전체 문자열의 시작과 끝을 찾는다. 멀티라인 모드에서는 행의 시작과 끝을 찾는다.

```
/^[0-9]+/m
```

예를 들어 위 정규 표현식은 숫자로 시작하는 행을 찾는다.

s 또는 dotAll 플래그에서 . 패턴은 개행 문자를 찾는다. 이 플래그를 사용하지 않으면 .은 개행 문자가 아닌 문자를 찾는다. 나머지 세 가지 플래그는 뒤에서 설명한다.

한 개 이상의 플래그를 동시에 사용할 수 있다. 다음 정규 표현식은 대문자나 소문자로 시작하는 행을 찾는다.

```
/^[A-Z]/im
```

6.9 정규 표현식과 유니코드

정규 표현식은 유니코드가 아닌 UTF-16 코드 유닛으로 동작한다. 예를 들어 . 패턴은 한 개의 UTF-16 코드 유닛을 찾는다.

```
'Hello 🌐'
```

예를 들어 위 문자열은 정규 표현식과 일치하지 않는다.

```
/Hello .$/
```

🌐 문자는 두 개의 코드 유닛으로 인코딩되어 있다. u 또는 unicode 플래그를 이용하면 문제가 해결된다.

```
/Hello .$/u
```

u 플래그를 사용했을 때 . 패턴은 UTF-16 인코딩 결과와 상관없이 한 개의 유니코드 문자를 찾는다.

소스 파일을 아스키^{ASCII} 형식으로 보존하려면 \u{ } 문법을 이용해 유니코드 코드 포인트를 정규 표현식으로 삽입할 수 있다.

```
/[A-Za-z]+ \u{1F310}/u
```

✎ **Warning**

u 플래그를 사용하지 않으면 /\u{1F310}/은 'u{1F310}'와 일치한다.

국제적인 텍스트를 사용하는 상황에서는 [A-Za-z] 패턴으로 문자를 확인하지 않도록 주의해야 한다. 비영어권 언어에는 이 패턴을 적용할 수 없기 때문이다. 이런 상황에서는 \p{Property}를 사용하자. 여기서 Property는 불리언 유니코드 프로퍼티의 이름이다. 예를 들어 \p{L}는 유니코드 문자를 가리킨다.

```
/Hello, \p{L}+!/u
```

위 정규 표현식은 다음과 일치한다.

```
'Hello, värld!'
```

그리고 다음과도 일치한다.

```
'Hello, 世界!'
```

[표 6-4]는 흔히 사용하는 불리언 프로퍼티 이름을 보여준다.

불리언이 아닌 값을 갖는 유니코드 프로퍼티에는 \p{**프로퍼티=값**} 문법을 적용한다.

```
/p{Script=Han}+/u
```

이 정규 표현식은 모든 한자와 일치한다.

대문자 \P는 보어를 의미한다. 즉 \P{L}는 철자가 아닌 모든 문자와 일치한다.

표 6-4 흔히 사용하는 불리언 유니코드 프로퍼티

이름	설명
L	문자
Lu	대문자
Ll	소문자
Nd	10진수
P	구두점
S	심벌
White_Space	공백, \s와 같음
Emoji	이모티콘 문자, 변경자 또는 컴포넌트

6.10 RegExp 클래스의 메서드

주어진 정규 표현식과 일치하는 문자열을 포함하고 있을 때 **test** 메서드는 참을 반환한다.

```
/[0-9]+/.test('agent 007') // 참
```

전체 문자열이 일치하는지 검사하려면 정규 표현식은 반드시 시작 앵커[anchor]와 끝 앵커를 포함해야 한다.

```
/^[0-9]+$/.test('agent 007') // 거짓
```

exec메서드는 처음으로 일치된 서브표현식[subexpression]을 포함하는 배열이나 일치하는 문자열이 없으면 null을 반환한다.

```
/[0-9]+/.exec('agents 007 and 008')
```

이 정규 표현식은 '007' 문자열을 포함하는 배열을 반환한다(다음 절에서 살펴보겠지만 배열은 그룹 매치도 포함할 수 있다).

exec가 반환하는 배열은 다음 두 프로퍼티도 포함한다.

- index: 서브표현식의 인덱스
- input: exec로 전달한 인수

다음은 exec를 호출한 결과다.

```
['007', index: 7, input: 'agents 007 and 008']
```

여러 서브표현식을 찾으려면 g 또는 global 플래그를 사용한다.

```
let digits = /[0-9]+/g
```

이제 exec를 호출할 때마다 새로운 매치가 반환된다.

```
result = digits.exec('agents 007 and 008') // ['007', index: 7, ...]
result = digits.exec('agents 007 and 008') // ['008', index: 15, ...]
result = digits.exec('agents 007 and 008') // null
```

RegExp 객체는 lastindex(성공적으로 exec를 호출했을 때 일치한 첫 번째 인덱스로 설정) 프로퍼티를 포함한다. 그리고 다음 exec 호출은 lastindex에서 탐색을 시작한다. 정규 표현식을 만들었을 때 또는 탐색에 실패했을 때 lastindex 프로퍼티는 0으로 설정된다.

lastIndex 프로퍼티를 이용해 문자열의 일부를 생략할 수 있다. y 또는 sticky 플래그를 이용하면 정확하게 lastindex부터 탐색을 시작해야 한다.

```
digits = /[0-9]+/y
digits.lastIndex = 5
result = digits.exec('agents 007 and 008') // null
digits.lastIndex = 8
result = digits.exec('agents 007 and 008') // ['07', index: 8, ...]
```

> 📖 **Note**
>
> 단순하게 일치하는 모든 부분 문자열 배열이 필요한 상황이라면 exec를 여러 번 호출하는 것보다는 String 클래스의 match 메서드를 사용하는 것이 좋다(6.12절 참고).
>
> ```
> let results = 'agents 007 and 008'.match(/[0-9]+/g) // ['007', '008']
> ```

6.11 그룹

그룹을 이용해 탐색 대상의 컴포넌트를 추출한다. 예를 들어 다음 정규 표현식은 각 컴포넌트의 그룹별로 시간을 파싱한다.

```
let time = /([1-9]¦1[0-2]):([0-5][0-9])([ap]m)/
```

exec 호출 시 탐색된 그룹은 배열로 저장된다.

```
let result = time.exec('Lunch at 12:15pm')
// ['12:15pm', '12', '15', 'pm', index: 9, ...]
```

이전 절에서 살펴본 것과 마찬가지로 result[0]은 매치된 전체 문자열을 포함한다. i > 0
일 때 result[i]는 i번째 그룹을 가리킨다.

여는 괄호로 그룹의 숫자가 정해진다. 특히 중첩된 괄호를 사용할 때 이 사실이 중요하다.
다음 예를 살펴보자. 다음과 같은 청구서 항목을 분석한다고 가정하자.

```
Blackwell Toaster USD29.95
```

다음은 각 컴포넌트를 그룹화하는 정규 표현식이다.

```
/(\p{L}+(\s+\p{L}+)*)\s+([A-Z]{3})([0-9.]*)/u
```

이 예제에서 그룹 1은 (\p{L}+(\s+\p{L}+)*) 표현식(첫 번째 괄호 쌍)으로 매칭된
'Blackwell Toaster'다. 여기서 (\s+\p{L}+)으로 매칭된 부분 문자열 'Toaster'가
그룹 2다. 그룹 3과 그룹 4는 각각 'USD'와 '29.95'다.

그룹 2는 단지 반복되는 문자열의 일부이므로 크게 중요한 내용이 없다. 여는 괄호 뒤에 ?:
를 추가해 관심이 없는 그룹을 생략할 수 있다.

```
/(\p{L}+(?:\s+\p{L}+)*)\s+([A-Z]{3})([0-9.]*)/u
```

이제 'USD'가 그룹 2고 '29.95'가 그룹 3이다.

위 예제처럼 (\s+\p{L}+)* 같은 반복이 그룹에 포함될 때 해당 그룹은 모든 매치가 아니라 마지막 매치 결과만 포함한다. 반복이 0이라면 그룹은 undefined로 설정된다.

캡처한 그룹의 내용을 대상으로 다시 탐색을 수행할 수 있다. 예를 들어 다음 정규 표현식을 살펴보자.

```
/(['"]).*\1/
```

(['"]) 그룹은 작은따옴표나 큰따옴표를 캡처한다. 패턴 \1은 캡처된 문자열을 가리키므로 "Fred"와 'Fred'는 이 정규 표현식과 매치되지만 "Fred'는 매치되지 않는다.

엄격 모드에서는 금지되어 있지만 몇몇 자바스크립트 엔진에서는 여전히 8진수 문자 이스케이프를 지원한다. 예를 들어 \11은 \t를 가리킨다(코드 포인트 9의 문자). 하지만 정규 표현식이 11개 이상의 캡처 그룹을 포함할 때 \11은 11번째 그룹을 가리킨다.

그룹화된 번호는 잘못되기 쉬우므로 그룹 이름을 사용하는 것이 좋다.

```
let lineItem = /(?<item>\p{L}+(\s+\p{L}+)*)\s+(?<currency>[A-Z]{3})
(?<price>[0-9.]*)/u
```

정규 표현식이 한 개 이상의 그룹명을 포함할 때 exec가 반환하는 배열은 groups라는 프로퍼티를 포함하며 이는 그룹명과 매치 결과를 포함한다.

```
let result = lineItem.exec('Blackwell Toaster USD29.95')
let groupMatches = result.groups
// { item: 'Blackwell Toaster', currency: 'USD', price: '29.95' }
```

\k<name> 표현식은 이름으로 캡처된 그룹을 매치한다.

```
/(?<quote>['"]).*\k<quote>/
```

여기서 quote 이름의 그룹은 작은따옴표나 큰따옴표로 시작하는 문자열을 매치한다. 이 문자열은 시작한 따옴표와 같은 문자로 끝나야 한다. 예를 들어 "Fred"와 'Fred'는 이 정규 표현식과 매치되지만 "Fred'는 매치되지 않는다.

[표 6-5]는 RegExp의 기능을 보여준다.

표 6-5 RegExp 클래스의 기능

이름	설명
생성자	
new RegExp(regex, flags)	주어진 regex()와 플래그로 정규 표현식 생성
프로퍼티	
flags	모든 플래그 문자열
ignoreCase, multiline, dotAll, unicode, global, sticky	모든 플래그 형식의 불리언 프로퍼티
메서드	
test(str)	str이 정규 표현식과 일치하는 문자열을 포함하면 참
exec(str)	str 안에서 정규 표현식과 매치(자세한 내용은 6.10절 참고). String 클래스의 match와 matchAll 메서드는 이 메서드보다 간편하다.

6.12 String 메서드와 정규 표현식

6.10절에서 살펴본 것처럼 RegExp 클래스의 exec 메서드가 거의 모든 일을 처리한다. 하지만 이 API는 세련되지 못한 편이다. String 클래스는 정규 표현식을 처리하는 여러 메서드를 제공하며 결과도 더 쉽게 활용할 수 있다.

전역 플래그를 설정하지 않은 상태에서 str.match(regex) 호출 결과는 regex.exec(str) 과 같다.

```
'agents 007 and 008'.match(/[0-9]+/) // ['007', index: 7, ...]
```

전역 플래그를 설정한 상태에서 match는 단순히 매치 결과 배열을 반환한다.

```
'agents 007 and 008'.match(/[0-9]+/g) // ['007', '008']
```

매치 결과가 없으면 String.match 메서드는 null을 반환한다.

📃 Note

RegExp.exec와 String.match는 ECMAScript 표준 라이브러리에서 결과가 없을 때 null을 반환하는 유일한 메서드다.

전역 검색을 통해 exec를 반복 호출하지 않고 모든 매치 결과를 찾을 때는 String 클래스의 matchAll 메서드[1]를 사용하면 편리하다. 정규 표현식과 일치하는 모든 결과를 찾는다고 가정하자.

```
let time = /([1-9]|1[0-2]):([0-5][0-9])([ap]m)/g
```

```
for (const [, hours, minutes, period] of input.matchAll(time)) {
  ...
}
```

위 루프는 모든 매치 결과를 반복하면서 비구조화를 이용해 hours, minutes, period 그룹으로 매치한다. 첫 쉼표는 매치된 전체 표현식을 무시한다.

---

[1] **옮긴이_** 번역 시점에서 이 기능은 2020년 정식으로 승인되었다.

`matchAll` 메서드는 매치 결과를 게으르게 반환한다. 따라서 여러 건의 매치가 있지만 그중 일부 결과만 확인하는 상황에서 특히 효율적이다.

`search` 메서드는 첫 번째 매치 인덱스 또는 매치 결과가 없을 땐 –1을 반환한다.

```
let index = 'agents 007 and 008'.search(/[0-9]+/) // 인덱스 7 반환
```

`replace` 메서드는 정규 표현식과 처음 일치하는 문자열을 제공된 문자열로 바꾼다. 정규 표현식과 일치하는 모든 문자열을 바꾸려면 전역 플래그를 설정한다.

```
let replacement = 'agents 007 and 008'.replace(/[0-9]/g, '?')
// 'agents ??? and ???'
```

📖 **Note**

다음처럼 `split` 메서드는 정규 표현식을 인수로 받을 수 있다.

```
str.split(/\s*,\s*/)
```

위 코드는 `str`을 쉼표(쉼표 앞뒤로 공백이 붙을 수 있음)를 기준으로 분리한다.

6.13 정규 표현식의 replace 메서드

이번 절에서는 `String` 클래스의 `replace` 메서드를 더 자세히 살펴본다. 문자열 교체 매개 변수는 $로 시작하는 패턴을 포함할 수 있다(표 6–6).

표 6–6 교체 문자열 패턴

패턴	설명
$\`, $'	매치된 문자열의 앞부분 또는 뒷부분
$&	매치된 문자열

$n	n번째 그룹
$<이름>	주어진 이름의 그룹
$$	달러 기호

예를 들어 다음은 각 모음을 세 번 반복하도록 교체하는 코드다.

```
'hello'.replace(/[aeiou]/g, '$&$&$&') // 'heeellooo'
```

그룹 패턴은 가장 유용한 기능 중 하나다. 다음은 그룹을 이용해 각 행에서 사람의 이름과 성을 찾은 다음, 이를 서로 뒤바꾸는 코드다.

```
let names = 'Harry Smith\nSally Lin'
let flipped = names.replace(
  /^([A-Z][a-z]+) ([A-Z][a-z]+)/gm, "$2, $1")
  // 'Smith, Harry\nLin, Sally'
```

$ 기호 뒤의 숫자가 정규 표현식의 그룹 번호보다 크면 그 문자를 그대로 사용한다.

```
let replacement = 'Blackwell Toaster $29.95'.replace('\$29', '$19')
  //'Blackwell Toaster $19.95', 그룹 19는 존재하지 않음
```

다음과 같이 그룹에 이름을 붙일 수 있다.

```
flipped = names.replace(/^(?<first>[A-Z][a-z]+) (?<last>[A-Z][a-z]+)$/gm,
  "ast>, $<first>")
```

문자열 대신 함수를 제공해 조금 더 복잡한 문자열 교체 작업을 수행할 수 있다. 함수는 다음을 인수로 받는다.

- 정규 표현식과 매치된 문자열

- 모든 그룹의 매치

- 매치의 오프셋

- 전체 문자열

다음 예제에서는 그룹 매치만 처리한다.

```
flipped = names.replace(/^([A-Z][a-z]+) ([A-Z][a-z]+)/gm,
  (match, first, last) => `${last}, ${first[0]}.`)
  // 'Smith, H.\nLin, S.'
```

Note

문자열에도 replace 메서드를 적용할 수 있으며 이때는 첫 번째 매치를 제공된 문자열로 바꾼다.

```
let replacement = 'Blackwell Toaster $29.95'.replace('$', 'USD')
  // $를 USD로 바꿈
```

여기서 $는 끝 앵커로 해석되지 않는다.

Warning

문자열에 search 메서드를 호출하면 이는 정규 표현식으로 변환된다.

```
let index = 'Blackwell Toaster $29.95'.search('$')
  // $의 인덱스가 아닌 문자열의 끝을 가리키는 24 반환
```

일반적인 문자열을 검색하려면 indexOf를 사용한다.

6.14 특이한 기능

이번 절에서는 조금 더 복잡하고 특이한 정규 표현식 기능을 살펴본다.

+, * 반복 연산자는 탐욕스럽게(가장 긴 문자열을 매치함) 동작하며 대부분의 상황에서 유용하게 활용할 수 있다. 예를 들어 /[0-9]+/로 숫자 하나가 아니라 모든 숫자를 매치하는 것이 더 편리하다.

다음 예를 살펴보자.

```
'"Hi" and "Bye"'.match(/".*"/g)
```

다음은 위 코드를 실행한 결과다.

```
'"Hi" and "Bye"'
```

.*는 탐욕스럽게 마지막 "가 나타날 때까지 모든 것을 매치한다. 인용된 부분 문자열을 매치할 때는 이 기능이 도움되지 않는다.

반복에서 따옴표를 요구하지 않도록 하면 문제를 해결할 수 있다.

```
'"Hi" and "Bye"'.match(/"[^"]*"/g)
```

또는 *? 연산자를 이용해 소극적 매치를 지정하는 방법도 있다.

```
'"Hi" and "Bye"'.match(/".*?"/g)
```

어떤 방법을 사용하든 인용된 각 문자열은 다음과 같이 따로 매치된다.

```
['"Hi"', '"Bye"']
```

소극적 버전인 +?는 최소 한 번의 반복을 요구한다.

미리보기^{lookahead} 연산자 p(?=q)는 p 그리고 q가 이어서 등장할 때 p를 매치하며 q는 포함하지 않는다. 예를 들어 다음은 시간 뒤에 콜론이 등장할 때 시간을 찾는 코드다.

```
let hours = '10:30 - 12:00'.match(/[0-9]+(?=:)/g) // ['10', 12']
```

역전된 미리보기 연산자 p(?!q)는 p가 등장하지만 q가 뒤따르지 않을 때 p를 매치한다.

```
let minutes = '10:30 - 12:00'.match(/[0-9][0-9](?!:)/g) // ['30, 00']
```

뒤돌아보기^{lookbehind} 연산자 (?<=p)q는 p가 앞서 등장할 때 q를 매치한다.

```
minutes = '10:30 - 12:00'.match(/(?<=[0-9]+:)[0-9]+/g) // ['30', '00']
```

(?<=[0-9]+:) 안의 인수 자체가 정규 표현식이다. 마지막으로 역전된 뒤돌아보기 연산자 (?<!p)q는 p가 앞서 등장하지 않을 때 q를 매치한다.

```
hours = '10:30 - 12:00'.match(/(?<![0-9:])[0-9]+/g)
```

제이미 자윈스키^{Jamie Zawinski}의 명언 '어떤 사람들은 문제에 직면했을 때 정규 표현식으로 문제를 해결하면 된다고 생각한다. 이제 이들은 두 가지 문제를 갖게 된다'는 이런 정규 표현식을 두고 하는 말일 수 있다.

연습 문제

01 제공된 문자열이 있을 때 ' 문자로 이스케이프된 문자열을 반환하는 함수를 구현해보자. 아스키 유니코드가 아닌 모든 문자열을 \u{...}로 변환한다. 이스케이프 \b, \f, \n, \r, \t, \v, \', \\를 만든다.

02 문자열을 주어진 유니코드 문자 개수만큼 맞추는 함수를 구현해보자. 문자열이 너무 길면 일부를 잘라내고 …(\u{2026})를 추가한다. 두 개의 UTF-16 코드 유닛으로 인코딩된 문자들을 적절히 처리해야 한다.

03 substring과 slice 메서드는 옳지 않은 인수를 아주 잘 처리하는 편이다. 올바르지 않은 인수가 제공되면 오류를 발생시키도록 만들 수 있을까? 문자열, 객체, 배열은 사용하지만 인수는 사용하지 않고 이를 시도해보자.

04 문자열을 받아 모든 부분 문자열을 포함하는 배열을 반환하는 함수를 구현해보자. 두 개의 UTF-16 코드 유닛으로 구성된 문자를 주의해서 처리해야 한다.

05 모든 String 메서드의 오프셋이 UTF-16 코드 유닛 대신 유니코드 문자를 기준으로 한다면 좋을 것이다. 어떤 String 메서드가 영향을 받을까? indexOf(str, sub), slice(str, start, end) 등 영향을 받는 함수를 생각해보자.

06 정수, 부동소수점 수, 문자열을 포매팅하는 태그된 템플릿 함수 printf(삽입된 표현식에 기존 printf 포매팅 기능 지원)를 구현해보자.

```
const formatted = printf`${item}%-40s ¦ ${quantity}%6d ¦ ${price}%10.2f`
```

07 원시 문자열과 '가공된' 문자열 조각, 삽입된 표현식값을 모두 출력하는 태그된 템플릿 함수 spy를 구현해보자. 가공하지 않은 문자열에서 백틱(`), 달러($), 역슬래시(\)를 제거하자.

08 빈 문자열만을 매치하는 가능한 정규 표현식을 모두 나열해보자.

09 m/multiline은 실제로도 유용한 플래그일까? 단순하게 \n를 사용하면 어떨까? multiline 플래그를 사용하지 않고 숫자만 포함하는 모든 행을 찾는 정규 표현식을 만들어보자. 마지막 행은 어떻게 처리할까?

10 이메일 주소와 URL을 매치하는 정규 표현식을 만들어보자.

11 미국 전화번호와 국제 전화번호를 매치하는 정규 표현식을 만들어보자.

12 정규 표현식 교체replace 기능으로 전화번호와 신용카드 번호를 정리해보자.

13 인용된 문자열을 처리하는 정규 표현식을 만들어보자(작은따옴표, 큰따옴표, 둥근 따옴표(" ")를 인식해야 한다).

14 HTML 문서에서 이미지 URL을 인식하는 정규 표현식을 만들어보자.

15 정규 표현식을 이용해 문자열에서 모든 정수(음수 제외)를 배열로 추출해보자.

16 정규 표현식을 이용해 부분 문자열뿐 아니라 매치를 완벽하게 수행하고 싶다. 이를 ^와 &로 감싸려 하지만 쉽지 않다. 이들 앵커를 추가하기 전에 정규 표현식을 적절하게 이스케이프해야 한다. 정규 표현식을 인수로 받아 앵커가 추가된 정규 표현식을 반환하는 함수를 구현해보자.

17 String 클래스의 replace 메서드와 함수 인수를 이용해 문자열의 모든 °F를 °C로 변환해보자.

18 6.5절의 greek 함수 기능을 이스케이프된 역슬래시와 $ 심벌을 처리하도록 개선해보자. 또한 역슬래시로 시작하는 심벌이 치환을 포함하는지 확인해보자. 치환을 포함하지 않으면 문자를 그대로 포함한다.

19 위 연습 문제의 greek 함수를 subst(dictionary)`templateString`처럼 호출할 수 있도록 범용 치환 함수로 일반화해보자.

CHAPTER

07

배열과 컬렉션 ▲

01 배열 생성

02 length와 인덱스 프로퍼티

03 요소 삭제 및 추가

04 배열 변경자

05 요소 생성

06 요소 검색

07 모든 요소 방문

08 희소 배열 ★

09 리듀스 ★

10 맵

11 세트

12 위크맵과 위크셋 ★

13 형식화 배열 ★

14 ArrayBuffer ★

| 연습 문제 |

Chapter 07 **배열과 컬렉션**

데이터 저장은 프로그래밍 언어 종류와 관계없이 꼭 필요한 기능이다. 순차 데이터[sequential] data는 보통 전통적인 자료구조인 배열에 저장한다. 7장에서는 자바스크립트 API가 제공하는 다양한 배열 메서드를 배운다. 그리고 형식화 배열[typed array]과 **ArrayBuffer**(바이너리 데이터 블록을 효과적으로 처리할 수 있는 고급 구조)를 살펴본다. 자바나 C++과 달리 자바스크립트는 풍부한 자료구조를 제공하지 않지만 이 장의 마지막 부분에서 간단한 맵[map]과 세트[set](집합) 클래스를 살펴본다.

7.1 배열 생성

리터럴로 일련의 요소를 포함하는 배열을 만드는 방법은 이미 살펴봤다.

```
const names = ['Peter', 'Paul', 'Mary']
```

다음은 undefined로 초기화된 1만 개의 요소를 갖는 빈 배열을 만드는 코드다.

```
const bigEmptyArray = []
bigEmptyArray.length = 10000
```

배열 리터럴에 반복 가능한[iterable](이터러블) 항목의 스프레드를 추가할 수 있다. 배열과 문자열, 뒤에서 살펴볼 맵과 세트, **NodeList**, DOM API의 **HTMLCollection**은 모두 반복 가능한 자료구조다. 다음은 반복 가능한 두 개의 자료구조 a, b의 요소를 포함하는 배열을 만드는 예다.

```
const elements = [...a, ...b]
```

9장에서 살펴보겠지만 이터러블 객체는 약간 복잡한 구조를 갖는다. `Array.from` 메서드는 간단한 유사 배열^{array-like} 객체에서 요소를 수집한다. 유사 배열 객체란 프로퍼티가 `'length'`라는 이름의 정숫값을 갖거나 `'0'`, `'1'`, `'2'` 등의 이름을 갖는 객체를 가리킨다. 물론 배열도 유사 배열 객체라 할 수 있다. 하지만 DOM API의 일부 메서드는 배열이나 이터러블 객체가 아닌 유사 배열 객체를 반환한다. 이런 상황에서는 `Array.from(arrayLike)`를 사용해 요소를 배열로 만들 수 있다.

```
const arrayLike = { length: 3 , '0': 'Peter', '1': 'Paul', '2': 'Mary'}
const elements = Array.from(arrayLike)
  // 요소는 배열 ['Peter', 'Paul', 'Mary']다.
  // Array.isArray(arrayLike)는 거짓이며 Array.isArray(elements)는 참이다.
```

`Array.from` 메서드는 두 번째 선택형 인수(0에서 `length - 1`까지 모든 인덱스 값에 호출하는 함수)를 받으며 요소(요소가 없을 때는 `undefined`)와 인덱스를 전달한다. 함수 실행 결과는 배열로 수집된다. 다음은 함수를 호출하는 예제다.

```
const squares = Array.from({ length: 5 }, (element, index) => index * index)
  // [0, 1, 4, 9, 16]
```

📋 Note

팩토리 함수 Array.of에서는 Array 생성자 문제가 발생하지 않는다.

```
names = Array.of('Peter', 'Paul', 'Mary')
littleArray = Array.of(10000) // 길이가 1인 배열 [10000]과 같음
```

하지만 배열 리터럴에 비해 큰 장점이 있는 건 아니다(7장 연습 문제 2번에서는 사소하면서 약간 특이한 of 메서드 사용 사례를 보여준다).

요소를 배열로 만드는 생성자는 다음과 같이 new를 사용하거나 new 없이 호출할 수 있다.

```
names = new Array('Peter', 'Paul', 'Mary')
names = Array('Peter', 'Paul', 'Mary')
```

하지만 문제가 있다. 한 개의 숫자 요소를 new Array나 Array로 호출하면 완전히 다른 결과가
나타난다. 한 개의 인수는 배열의 길이를 가리키기 때문이다.

```
numbers = new Array(10000)
```

위 코드의 결과로 요소가 없고 길이가 10,000인 배열이 만들어진다! 필자는 Array 생성자 대
신 배열 리터럴을 사용할 것을 권장한다.

```
names = ['Peter', 'Paul', 'Mary']
numbers = [10000]
```

7.2 length와 인덱스 프로퍼티

모든 배열은 0부터 $2^{32} - 1$ 사이의 정숫값을 갖는 'length' 프로퍼티를 갖는다. 음이 아닌 숫
잣값을 갖는 프로퍼티를 인덱스 프로퍼티index property라 한다. 다음 배열을 살펴보자.

```
const names = ['Peter', 'Paul', 'Mary']
```

이 배열은 'length' 프로퍼티(값은 3이다)와 인덱스 프로퍼티 '0', '1', '2'를 갖는 객체
다. 프로퍼티 키는 항상 문자열이라는 사실을 기억하자.

length는 항상 가장 높은 인덱스 값보다 1만큼 크다.

```
const someNames = [ , 'Smith', , 'Jones'] // someNumbers.length는 4
```

index 프로퍼티에 값을 할당하면 length가 달라진다.

```
someNames[5] = 'Miller' // 이제 someNames의 length는 6
```

직접 length를 바꿀 수 있다.

```
someNames.length = 100
```

length를 감소시키면 새로운 length 값과 같거나 큰 인덱스의 모든 요소가 삭제된다.

```
someNames.length = 4 // someNames[4]와 그 이후는 삭제됨
```

배열이 0과 length − 1 사이의 모든 인덱스 값을 가질 필요는 없다. ECMAScript 표준에서는 인덱스 시퀀스 사이에 누락된 부분을 빠진 요소$^{missing element}$라 부른다.

in 연산자를 이용해 요소가 빠졌는지 확인할 수 있다.

```
'2' in someNames // 프로퍼티 '2'가 없으므로 거짓
3 in someNames   // 프로퍼티 '3'이 있으므로 참
// 왼쪽 피연산자는 문자열로 변환됨
```

📃 Note

배열은 인덱스 프로퍼티가 아닌 프로퍼티를 가질 수 있다. 배열에 다른 정보를 추가할 때 이를 종종 사용한다. 예를 들어 RegExp 클래스의 exec 메서드는 매치 결과 배열을 반환하는데, 이때 index, input 프로퍼티를 추가로 포함한다.

```
/([1-9]¦1[0-2]):([0-5][0-9])([ap]m)/.exec('12:15pm')
  // ['12:15pm', '12', '15', 'pm', index: 0, input: '12:15pm']
```

'-1'처럼 음수를 포함하는 문자열은 유효한 프로퍼티지만 인덱스 프로퍼티는 아니다.

```
const squares = [0, 1, 4, 9]
squares[-1] = 1 // [ 0, 1, 4, 9, '-1': 1 ]
```

7.3 요소 삭제 및 추가

배열의 끝에 요소를 추가하거나 끝의 요소를 삭제하는 메서드는 배열의 길이를 바꾼다.

```
let arr = [0, 1, 4, 9, 16, 25]
const deletedElement = arr.pop() // 현재 arr는 [0, 1, 4, 9, 16]
const newLength = arr.push(x)    // 현재 arr는 [0, 1, 4, 9, 16, x]
```

Note

push, pop 대신 다음처럼 코드를 호출할 수 있다.

```
arr.length--
arr[arr.length] = x
```

필자는 의미를 더 잘 표현하는push, pop을 선호한다.

다음과 같이 첫 번째 요소를 삭제하거나, 배열의 앞에 요소를 추가할 수 있다.

```
arr = [0, 1, 4, 9, 16, 25]
const deletedElement = arr.shift() // 현재 arr는 [1, 4, 9, 16, 25]
const newLength = arr.unshift(x)   // 현재 arr는 [x, 1, 4, 9, 16, 25]
```

push, unshift 메서드로 여러 요소를 한 번에 추가할 수 있다.

```
arr = [9]
arr.push(16, 25)      // 16, 25가 추가됨. 현재 arr는 [9, 16, 25]
arr.unshift(0, 1, 4)  // 0, 1, 4가 앞에 추가됨. 현재 arr는 [0, 1, 4, 9, 16, 25]
```

splice 메서드로 중간에 있는 요소를 삭제하거나 추가할 수 있다.

```
const deletedElements = arr.splice(start, deleteCount, x1, x2, ...)
```

먼저 start 오프셋부터 deleteCount만큼의 요소를 삭제한다. 그리고 제공된 요소를 start에 삽입한다.

```
arr = [0, 1, 12, 24, 36]
const start = 2
// arr[start]와 arr[start + 1]의 요소를 제공된 숫자로 바꿈
arr.splice(start, 2, 16, 25) // 현재 arr는 [0, 1, 16, 25, 36]
// start 인덱스에 요소 추가함
arr.splice(start, 0, 4, 9)   // 현재 arr는 [0, 1, 4, 9, 16, 25, 36]
// start와 start + 1 인덱스의 요소 삭제함
arr.splice(start, 2)         // 현재 arr는 [0, 1, 16, 25, 36]
// 인덱스 start부터 이후의 모든 요소 삭제함
arr.splice(start)            // 현재 arr는 [0, 1]
```

start가 음수면 배열의 끝에서부터 계산한다(arr.length를 더해서 보정하는 것과 같은 효과).

```
arr = [0, 1, 4, 16]
arr.splice(-1, 1, 9) // 현재 arr는 [0, 1, 4, 9]
```

splice 메서드는 삭제된 요소를 포함하는 배열을 반환한다.

```
arr = [1, 4, 9, 16]
const spliced = arr.splice(1, 2) // spliced는 [4, 9], arr는 [1, 16]
```

7.4 배열 변경자

이번 절에서는 요소를 삭제하거나 추가하는 기능 이외의 작업을 수행하는 Array 클래스의 변경자mutator 메서드를 살펴본다.

fill 메서드는 기존 요소를 새로운 값으로 덮어 쓴다.

```
arr.fill(value, start, end)
```

copyWithin 메서드는 같은 배열의 다른 요소로 기존 요소를 덮어 쓴다.

```
arr.copyWithin(targetIndex, start, end)
```

두 메서드에서 start의 기본값은 0, end의 기본값은 arr.length다. start, end, target Index가 음수면 배열의 끝에서부터 계산한다.

다음 예를 살펴보자.

```
let arr = [0, 1, 4, 9, 16, 25]
arr.copyWithin(0, 1) // arr는 [1, 4, 9, 16, 25, 25]
arr.copyWithin(1)    // arr는 [1, 1, 4, 9, 16, 25]
arr.fill(7, 3, -1)   // arr는 [1, 1, 4, 7, 7, 25]
```

arr.reverse()는 arr 요소의 순서를 뒤집는다.

```
arr = [0, 1, 4, 9, 16, 25]
arr.reverse() // arr는 [25, 16, 9, 4, 1, 0]
```

다음 코드는 arr의 요소를 정렬한다.

```
arr.sort(comparisonFunction)
```

비교 함수는 x, y 두 요소를 비교한 결과를 다음과 같이 반환한다.

- 음수는 x가 y의 앞에 와야 함을 의미
- 양수는 x가 y의 뒤에 와야 함을 의미
- 구별할 수 없으면 0

다음은 숫자 배열을 정렬하는 예다.

```
arr = [0, 1, 16, 25, 4, 9]
arr.sort((x, y) => x - y) // 현재 arr는 [0, 1, 4, 9, 16, 25]
```

📎 **Warning**

비교 함수를 제공하지 않으면 sort 메서드는 요소를 문자열로 변환하고 나서 이들을 비교한다
(7장 연습 문제 5번 참고). 숫자를 포함하는 배열이라면 원하지 않는 결과가 나온다.

```
arr = [0, 1, 4, 9, 16, 25]
arr.sort() // 현재 arr는 [0, 1, 16, 25, 4, 9]
```

[표 7–1]은 Array 클래스가 제공하는 유용한 메서드를 보여준다.

표 7–1 Array 클래스가 제공하는 유용한 함수와 메서드

이름	설명
함수	
from(arraylike, f)	'length', '0', '1' 등의 프로퍼티명을 갖는 객체들로부터 배열을 생성한다.
요소를 바꾸는 메서드	
pop(), shift()	마지막 요소를 제거한 배열을 반환한다.
push(value), unshift(value)	value를 배열에 추가한 다음 새 길이 반환

fill(value, start, end)	주어진 범위의 요솟값을 value로 덮어 쓴다. 이 메서드와 copyWithin 메서드는 기본적으로 다음을 적용한다. start나 end가 음수면 배열 끝에서부터 계산한다. start는 범위에 포함되며 end는 포함되지 않는다. start, end의 기본값은 각각 0과 배열 길이다. 메서드는 이 배열을 반환한다.
copyWithin(targetIndex, start, end)	주어진 범위를 대상 인덱스로 복사한다.
reverse()	배열의 요소를 역전시킨다.
sort(comparisonFunction)	배열의 요소를 정렬한다.
splice(start, deleteCount, values...)	start 인덱스에서 요소를 deleteCount만큼 삭제한 배열을 반환한 다음, values를 start에 삽입한다.
요소를 바꾸지 않는 메서드	
slice(start, end)	주어진 범위의 요소를 반환한다.
includes(target, start), firstIndex(target, start), lastIndex(target, start)	배열이 start 인덱스 또는 그 이후에 target을 포함하면 참, 그렇지 않으면 인덱스를 반환한다. 그 밖의 상황에서는 거짓이나 -1을 반환한다.
flat(k)	차원이 k보다 작거나 같은 모든 배열을 요소로 교체하고 요소를 포함하는 배열 반환한다. k의 기본값은 1이다.
map(f), flatMap(f), forEach(f)	주어진 함수를 각 요소에 적용하면서 결과 배열 또는 평탄화된flatten 결과 또는 undefined를 반환한다.
filter(f)	f를 참으로 만족하는 모든 요소를 반환한다.
findIndex(f), find(f)	f를 만족하는 첫 번째 요소의 인덱스나 값을 반환한다. f는 인수, 인덱스, 배열 세 인수를 받는다
every(f), some(f)	f가 모든 요소나, 최소 한 개의 요소에 참이면 참을 반환한다.
join(separator)	모든 요소를 문자열로 바꾼 다음, 주어진 구분자(기본값은 ',')로 분리한 결과를 반환한다.

사람이 사용하는 문자열을 정렬할 때는 localeCompare 메서드가 유용하다.

```
const titles = ...
titles.sort((s, t) => s.localeCompare(t))
```

8장에서는 로케일 기반 비교와 관련된 자세한 내용을 살펴본다.

> 🗐 **Note**
>
> 2019년부터 sort 메서드 기능이 안정^{stable}되었다. 즉 순서를 구별할 수 없는 요소도 문제없이 처리한다. 예를 들어 날짜별로 정렬한 일련의 메시지가 있다고 가정하자. 이를 발신자 기준으로 정렬하면 발신자가 같은 메시지는 날짜별로 정렬된다.

7.5 요소 생성

지금부터 설명하는 모든 메서드는 배열의 내용을 바꾸지 않는다. 다음 메서드는 기존 배열에 어떤 연산을 적용한 결과로 새로운 배열을 만든다.

```
arr.slice(start, end)
```

위 코드는 주어진 영역에 해당하는 요소를 포함하는 배열을 반환한다. start 인덱스의 기본값은 0, end의 기본값은 arr.length다. arr.slice()는 [...arr]와 같다.

flat 메서드는 다차원 배열을 평탄화^{flatten}한다. 기본적으로 배열을 일차원으로 평탄화한다.

```
[[1, 2], [3, 4]].flat()
```

다음은 위 코드의 호출 결과다.

```
[1, 2, 3, 4]
```

흔한 상황은 아니지만 세 개 이상의 차원이 한 배열에 존재할 때는 얼마나 많은 수준을 평탄화할지 지정할 수 있다. 다음은 3차원을 1차원으로 평탄화하는 예다.

```
[[[1, 2], [3, 4]], [[5, 6], [7, 8]]].flat(2) // [1, 2, 3, 4, 5, 6, 7, 8]
```

다음 코드를 호출하면 arr에 인수를 추가한 배열을 반환한다.

```
arr.concat(arg1, arg2, ...)
```

이때 추가로 인수를 평탄화하는 부작용이 발생한다.

```
const arr = [1, 2]
const arr2 = [5, 6]
const result = arr.concat(3, 4, arr2) // 결과는 [1, 2, 3, 4, 5, 6]
```

이제 배열 리터럴에 스프레드를 사용할 수 있게 되었으므로 concat 메서드의 역할이 예전
보다 줄어들었다. 즉 concat를 사용하지 않고 다음과 같은 결과를 만들 수 있다.

```
const result = [...arr, 3, 4, ...arr2]
```

concat 메서드의 고유 기능은 알 수 없는 형식을 갖는 일련의 항목을 배열로 평탄화해 연결
하는 역할 딱 하나뿐이다.

📋 Note

isConcatSpreadable 심벌(자세한 내용은 8장 참조)로 평탄화하는 작업을 제어할 수 있다. 심
벌이 false면 배열을 평탄화하지 않는다.

```
arr = [17, 29]
arr[Symbol.isConcatSpreadable] = false
[].concat(arr) // 한 개의 요소를 갖는 배열 [17, 29]
```

심벌이 참이면 배열과 비슷한 객체를 평탄화한다.

```
[].concat({ length: 2, [Symbol.isConcatSpreadable]: true,
  '0': 17, '1': 29 }) // 17, 29 두 요소를 갖는 배열
```

7.6 요소 검색

다음은 배열에 특정한 값이 있는지 확인하는 코드다.

```
const found = arr.includes(target, start)        // 참이나 거짓
const firstIndex = arr.indexOf(target, start)     // 첫 인덱스나 -1
const lastIndex = arr.lastIndexOf(target, start)  // 마지막 인덱스나 -1
```

===로 값을 비교하므로 대상은 제공된 요소와 정확하게 일치해야 한다. start 위치부터 검색한다. start가 0보다 작으면 배열의 끝에서부터 계산하며 Start이 생략되었다면 기본값인 0부터 계산된다.

다음 중 하나를 이용해 조건을 만족하는 값을 찾는다.

```
const firstIndex = arr.findIndex(conditionFunction)
const firstElement = arr.find(conditionFunction)
```

다음은 배열에서 첫 번째 음수를 찾는 코드다.

```
const firstNegative = arr.find(x => x < 0)
```

이 메서드를 포함해 앞으로 소개하는 메서드의 조건 함수는 다음과 같은 세 개의 인수를 받는다.

- 배열 요소
- 인덱스
- 전체 배열

```
arr.every(conditionFunction)
arr.some(conditionFunction)
```

every 함수는 conditionFunction(element, index, arr)를 모든 요소에 적용했을 때 참이면 참을 반환하고 some 함수는 한 요소라도 참이면 참을 반환한다.

다음은 some 함수를 사용하는 예다.

```
const atLeastOneNegative = arr.some(x => x < 0)
```

filter 메서드는 조건을 만족하는 모든 값을 반환한다.

```
const negatives = [-1, 7, 2, -9].filter(x => x < 0) // [-1, -9]
```

7.7 모든 요소 방문

for of 루프를 이용해 배열의 모든 요소를 순차적으로 방문하거나 for in 루프로 모든 인덱스 값을 방문할 수 있다.

```
for (const e of arr) {
  // 요소 e로 작업 수행
}
for (const i in arr) {
  // 인덱스 i와 요소 arr[i]로 작업 수행
}
```

📖 Note

for of 루프는 0과 length − 1 사이의 모든 인덱스 값을 방문하며 빠진 요소에는 undefined 를 반환한다. 반면 for in 루프는 존재하는 키 값만 방문한다.

즉 for in 루프는 배열을 객체처럼 취급하며 for of 루프는 배열을 이터러블(반복할 수 있는 대상)로 취급한다(이터러블은 빈 공간이 없는 일련의 값이며, 12장에서 소개한다).

entries 메서드가 반환하는 반복자^{iterator}로 인덱스 값과 요소를 모두 방문할 수 있다. 이 메서드는 인덱스와 요소를 포함하는 배열을 반환한다. 이 코드는 entries 메서드와 for of 루프 그리고 비구조화^{destructuring}를 이용한다.

```
for (const [index, element] of arr.entries())
  console.log(index, element)
```

📋 **Note**

배열을 포함해 모든 자바스크립트 자료구조는 entries 메서드를 정의한다. 컬렉션의 키와 배열 반복자를 반환하는 keys, values 메서드도 있다. 배열에는 이런 메서드를 사용할 필요가 없다.

arr.forEach(f) 메서드는 각 요소에 f(element, index, arr)를 호출한다(빠진 요소는 생략한다).

```
arr.forEach((element, index) => console.log(index, element))
```

위 코드는 다음과 같은 동작을 수행한다.

```
for (const index in arr) console.log(index, arr[index])
```

각 요소에 적용할 액션을 지정하는 대신 요소를 변환하고 결과를 합치는 것이 유용할 때가 많다. arr.map(f)는 f(arr[index], index, arr)의 결괏값을 포함하는 배열을 반환한다.

```
[1, 7, 2, 9].map(x => x * x)        // [1, 49, 4, 81]
[1, 7, 2, 9].map((x, i) => x * 10 ** i) // [1, 70, 200, 9000]
```

다음 함수는 값을 포함하는 배열을 반환한다.

```
function roots(x) {
  if (x < 0) {
    return []                        // 루트가 없음
  } else if (x === 0) {
    return [0]                       // 한 개의 루트
  } else {
    return [Math.sqrt(x), -Math.sqrt(x)]  // 두 개의 루트
  }
}
```

이 함수를 배열의 입력에 매핑하면 배열로 이루어진 값을 포함하는 배열을 받는다.

```
[-1, 0, 1, 4].map(roots) // [[], [0], [1, -1], [2, -2]]
```

map 다음에 flat을 호출하거나 더 간편하게 flatMap으로 결과를 평탄화할 수 있다.

```
[-1, 0, 1, 4].flatMap(roots) // [0, 1, -1, 2, -2]
```

마지막으로 arr.join(separator)는 모든 요소를 문자열로 바꾼 다음, 제공된 구분자로 이들을 연결한다. 기본 구분자는 ','다.

```
[1,2,3,[4,5]].join(' and ') // '1 and 2 and 3 and 4,5'
```

forEach, map, filter, find, findIndex, some, every 메서드(sort나 reduce는 제외)와 from 함수는 함수 인수 뒤에 선택형 인수를 받는다.

```
arr.forEach(f, thisArg)
```

thisArg 인수는 f의 this 매개변수가 된다.

```
thisArg.f(arr[index], index, arr)
```

각 index로 위 함수를 호출한다. 함수 대신 메서드를 전달할 때만 thisArg 인수가 필요하다. 7장 연습 문제 4번에서 이 상황을 피하는 방법을 보여준다.

7.8 희소 배열

한 개 이상의 요소가 빠진 배열을 희소 배열sparse array이라 부른다. 다음과 같은 네 가지 상황에서 희소 배열이 만들어진다.

1. 배열 리터럴에 요소가 빠짐

```
const someNumbers = [ , 2, , 9] // 0, 2번 인덱스에 요소가 없음
```

2. length 너머로 배열을 추가함

```
someNumbers[100] = 0 // 4에서 99번까지 인덱스에 요소가 없음
```

3. length를 증가시킴

```
const bigEmptyArray = []
bigEmptyArray.length = 10000 // 요소가 없음
```

4. 요소를 삭제함

```
delete someNumbers[1] // 1번 인덱스에 요소가 없음
```

배열 API의 메서드 대부분은 희소 배열에서 빠진 요소를 생략한다. 예를 들어 [, 2, , 9].forEach(f)는 f를 두 번만 호출한다. 인덱스 0, 2번의 요소가 없으므로 f를 호출하지 않는다.

7.1절에서 살펴봤듯이 Array.from(arrayLike, f)는 예외이며 모든 요소에 f를 호출한다. Array.from을 이용해 빠진 요소를 undefined로 대체할 수 있다.

```
Array.from([ , 2, , 9]) // [undefined, 2, undefined, 9]
```

join 메서드는 빠진 요소와 undefined 요소를 빈 문자열로 바꾼다.

```
[ , 2, undefined, 9].join(' and ') // ' and 2 and  and 9'
```

배열을 제공했을 때 새로운 배열을 반환하는 대부분의 메서드는 빠진 요소를 그대로 유지한다. 예를 들어 [, 2, , 9].map(x => x * x)는 [, 4, , 81]을 반환한다.

하지만 sort 메서드는 빠진 요소를 뒤로 배치한다.

```
let someNumbers = [ , 2, , 9]
someNumbers.sort((x, y) => y - x) // 현재 someNumbers는 [9, 2, , , ]
```

매의 눈을 가진 독자라면 위 코드에 쉼표가 네 개 있다는 걸 발견했을 것이다. 마지막 쉼표는 자동으로 추가되는 후행 쉼표trailing comma다. 이 후행 쉼표가 없다면 앞의 쉼표가 마지막 쉼표가 되며 배열은 오직 한 개의 undefined 요소만 갖게 된다.

filter, flat, flatMap은 빠진 요소를 생략한다. 모든 요소를 받는 filter 함수를 이용하면 배열에서 빠진 요소를 쉽게 제거할 수 있다.

```
[ , 2, , 9].filter(x => true) // [2, 9]
```

7.9 리듀스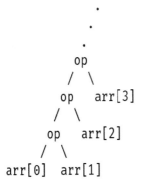

이번 절에서는 배열의 요소를 한 개의 값으로 계산하는 기법을 설명한다. 이 기법은 세련된 편이지만 단순 루프로도 같은 기능을 수행할 수 있으므로 꼭 필요한 기능은 아니다. 따라서 이번 절이 흥미롭지 않은 독자라면 생략해도 좋다.

map 메서드는 컬렉션의 모든 요소에 인수가 한 개인 단항 함수$^{unary\ function}$를 적용한다. 이번 절에서 설명하는 reduce와 reduceRight 메서드는 이항 연산자$^{binary\ operator}$를 이용해 두 개의 요소를 합친다. arr.reduce(op) 코드는 다음과 같이 op를 다음 요소에 적용한다.

```
              .
             .
            .
           op
          / \
        op    arr[3]
       / \
     op    arr[2]
    / \
 arr[0]  arr[1]
```

예를 들어 다음은 배열 요소의 합을 구하는 코드다.

```
const arr = [1, 7, 2, 9]
const result = arr.reduce((x, y) => x + y) // ((1 + 7) + 2) + 9
```

다음은 숫자를 포함하는 배열을 10진숫값으로 리듀스^{reduce}(축소)하는 예제다.

```
[1, 7, 2, 9].reduce((x, y) => 10 * x + y) // 1729
```

다음 트리 다이어그램은 중간 결과를 보여준다.

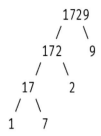

```
      1729
      /  \
    172   9
    /  \
  17    2
  / \
 1   7
```

대부분의 경우, 배열의 첫 요소가 아닌 초깃값으로 계산을 시작하는 방법이 유용하다. 다음은 `arr.reduce(op, init)`의 계산 절차다.

```
          .
          .
          .
         op
        /  \
      op    arr[2]
     /  \
   op    arr[1]
  /  \
init   arr[0]
```

초깃값이 없는 reduce의 트리 다이어그램과 비교하면 이 다이어그램이 더 규칙적이다.

```
[1, 7, 2, 9].reduce((accum, current) => accum - current, 0)
```

예를 들어 위 코드의 결과는 다음과 같다.

```
0 - 1 - 7 - 2 - 9 = -19
```

초깃값이 없으면 결과는 1 - 7 - 2 - 9이며 이는 모든 요소의 차를 포함하지 않는다. 배열이 비었다면 초깃값을 반환한다.

```
const sum = arr => arr.reduce((accum, current) => accum + current, 0)
```

위 코드에서 빈 배열의 합은 0이다. 초깃값이 없는 상태에서 빈 배열을 리듀스하면 예외가 발생한다.

콜백 함수는 실제로 다음 네 개의 인수를 받는다.

- 누적된 값
- 현재 배열 요소
- 현재 배열 요소의 인덱스
- 전체 배열

다음 코드는 조건을 만족하는 모든 요소의 위치를 수집한다.

```
function findAll(arr, condition) {
  return arr.reduce(
    (accum, current, currentIndex) =>
      condition(current) ? [...accum, currentIndex] : accum,
    []
  )
}
const odds = findAll([1, 7, 2, 9], x => x % 2 !== 0)
// [0, 1, 3], 모든 홀수의 위치
```

```
        op
       /  \
      .    arr[0]
       .
        .
       /
     op
    /  \
  op    arr[n-2]
 /  \
init   arr[n-1]
```

reduceRight 메서드는 배열의 끝에서 시작해 역순으로 요소를 방문한다.

```
[1, 2, 3, 4].reduceRight((x, y) => [x, y], [])
```

예를 들어 위 코드의 결과는 다음과 같다.

```
[[[[], 4], 3], 2], 1]
```

📖 Note

자바스크립트의 reduceRight은 리스프LISP와 같은 언어의 foldRight과 비슷하지만 피연산자 순서가 반대다.

루프 대신 리듀스를 활용할 수 있다. 예를 들어 문자열에서 각 철자의 등장 횟수를 계산한다고 가정하자. 다음은 문자열의 각 철자를 방문하면서 객체를 갱신하는 방법으로 이를 구현했다.

```
const freq = {}
for (const c of 'Mississippi') {
  if (c in freq) {
    freq[c]++
  } else {
    freq[c] = 1
  }
}
```

다른 방식으로 문제를 해결할 수 있다. 매 과정에서 빈도 맵과 새로 방문한 문자를 합쳐 새로운 빈도 맵을 만든다. 이것이 리듀스다.

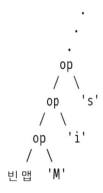

```
          .
         .
        .
       op
      /  \
    op   's'
   /  \
  op   'i'
 /  \
빈 맵  'M'
```

그렇다면 여기서 op는 뭘까? 왼쪽 피연산자의 일부는 빈도 맵을, 오른쪽 피연산자는 새로운 철자를 저장한다. 최종 맵이 결과가 된다. 이 결과는 다시 다음 op 호출의 입력으로 사용되며 최종적으로 모든 횟수를 포함하는 맵이 완성된다. 다음 코드를 확인하자.

```
[...'Mississippi'].reduce(
  (freq, c) => ({ ...freq, [c]: (c in freq ? freq[c] + 1 : 1) }),
  {})
```

리듀스 함수에서 freq 객체를 복사할 때 새로운 객체를 만든다. c 키와 관련된 값은 기존값이 있으면 값을 증가시키고 기존값이 없으면 1로 설정한다. 이 과정에서 상태는 바뀌지 않는다. 각 과정마다 새로운 객체로 연산을 수행한다.

모든 루프 코드는 reduce로 바꿀 수 있다. 루프에서 갱신하는 모든 변수를 객체 안으로 추가하고, 매 루프에서 수행하는 동작을 정의해 갱신된 변수를 포함하는 새로운 객체를 만든다. 루프 대신 reduce를 사용하는 것이 항상 좋다는 얘기는 아니지만 루프를 reduce로 바꿔보는 재미를 느낄 수 있을 것이다.

7.10 맵

자바스크립트 API는 고전적인 맵 자료구조인 키-값 쌍key-value pair의 컬렉션을 구현하는 Map 클래스를 제공한다.

물론 모든 자바스크립트 객체가 맵이지만 Map 클래스를 직접 사용하면 다음과 같은 장점이 있다.

- 객체 키는 반드시 문자열이나 심벌이어야 하지만 Map 키는 형식에 제한을 받지 않는다.
- Map 인스턴스는 요소를 추가한 순서를 기억한다.
- 객체와 달리 맵은 프로토타입 체인을 갖지 않는다.
- size 프로퍼티로 항목의 수를 확인할 수 있다.

다음과 같이 [key, value] 쌍을 이터러블로 제공해 맵을 만든다.

```
const weekdays = new Map(
  [["Mon", 0], ["Tue", 1], ["Wed", 2], ["Thu", 3], ["Fri", 4], ["Sat", 5],
["Sun", 6], ])
```

또는 빈 맵을 만든 다음 항목을 추가할 수 있다. 생성자에는 **new**를 사용해야 한다.

```
const emptyMap = new Map()
```

API 사용 방법은 다음과 같이 간단하다.

```
map.set(key, value)
```

위 코드는 항목이 추가된 맵을 반환하므로 다음처럼 연쇄적으로 호출할 수 있다.

```
map.set(key1, value1).set(key2, value2)
```

다음은 항목을 삭제하는 코드다.

```
map.delete(key) // 키가 존재하면 true 아니면 false 반환
```

clear 메서드는 모든 항목을 삭제한다.

다음 코드로 키가 존재하는지 확인한다.

```
if (map.has(key)) ...
```

다음은 키의 값을 얻는 코드다.

```
const value = map.get(key) // 키가 존재하지 않으면 undefined 반환
```

맵은 [key, value] 쌍을 반복할 수 있는 자료구조다. 따라서 for of 루프로 모든 항목을 쉽게 방문할 수 있다.

```
for (const [key, value] of map) {
  console.log(key, value)
}
```

또는 forEach 메서드를 사용할 수 있다.

```
map.forEach((value, key) => {
  console.log(key, value)
})
```

항목을 삽입한 순서대로 항목을 탐색한다. 다음 맵을 살펴보자.

```
const weekdays = new Map([['Mon', 0], ['Tue', 1], ..., ['Sun', 6]])
```

for of 루프와 forEach 메서드 모두 요소를 삽입한 순서대로 요소를 탐색한다.

자바에서 요소를 삽입한 순서대로 요소를 방문하려면 LinkedHashMap을 사용해야 한다. 하지만 자바스크립트에서는 자동으로 삽입 순서를 이용한다.

맵과 같은 모든 자바스크립트 컬렉션은 keys, values, entries 메서드를 제공하며 각각 키, 값, 키-값 쌍의 반복자를 반환한다.

다음과 같이 루프로 키를 반복할 수 있다.

```
for (const key of map.keys()) ...
```

자바와 C++ 같은 프로그래밍 언어에서는 해시 맵[hash map] 또는 트리 맵[tree map] 중 하나를 선택할 수 있으며 선택에 따라 해시 함수나 비교 함수가 필요하다. 자바스크립트에서는 항상 해시 맵을 사용하며 해시 함수를 바꿀 수 없다.

자바스크립트 맵의 해시 함수는 키가 같은지를 비교하는 ===와 같다(모든 NaN은 같다는 점은 제외함). 해시 값은 기본형의 값이나 객체 참조에서 도출된다.

키가 문자열 혹은 숫자이거나, 아이덴티티[identity]로 키를 비교한다면 이는 문제가 되지 않는다. 예를 들어 맵으로 값을 DOM 노드와 연결할 수 있다. 이는 노드 객체에 직접 프로퍼티를 추가하는 것보다 바람직하다.

다른 객체를 키로 사용할 때는 주의를 기울여야 한다. 다른 객체는 값이 같더라도 다른 키로 간주된다.

```
const map = new Map()
const key1 = new Date('1970-01-01T00:00:00.000Z')
const key2 = new Date('1970-01-01T00:00:00.000Z')
map.set(key1, 'Hello')
map.set(key2, 'Epoch') // map은 두 개의 항목을 포함함
```

위 예제의 날짜 문자열을 키로 사용하면 이런 문제를 피할 수 있다.

7.11 세트

세트set는 중복을 허용하지 않는 요소들의 집합 자료구조다.

```
const emptySet = new Set()
const setWithElements = new Set(iterable)
```

iterable은 요소를 제공한다. 맵과 마찬가지로 세트의 size 프로퍼티는 요소의 개수를 반환한다.

세트 API는 맵보다 단순하다.

```
set.add(x)
// x가 없으면 x를 추가하고 세트를 반환
set.delete(x)
// x가 존재하면 x를 삭제하고 참을 반환, 그렇지 않으면 거짓을 반환
set.has(x)  // x가 존재하면 참을 반환
set.clear() // 모든 요소 삭제
```

for of 루프로 세트의 모든 요소를 방문한다.

```
for (const value of set) {
  console.log(value)
}
```

또는 forEach 메서드를 사용한다.

```
set.forEach(value => {
  console.log(value)
})
```

맵처럼 세트도 삽입 순서를 기억한다. 예를 들어 다음과 같이 요일을 추가한다고 가정하자.

```
const weekdays = new Set(['Mon', 'Tue', 'Wed', 'Thu', 'Fri', 'Sat', 'Sun'])
```

for of 루프와 forEach 메서드는 이 순서대로 요소를 반복한다.

> 📖 **Note**
>
> 세트는 [value, value] 쌍의 맵과 같다. keys, values 메서드 모두 값 반복자를 반환하며
> entries 메서드는 [value, value] 쌍의 반복자를 반환한다. 알려진 집합을 처리할 때는 이
> 들 메서드가 필요 없다. 이들 메서드는 제네릭^{generic} 컬렉션을 처리하도록 고안되었기 때문이다.

맵처럼 세트도 지정된 해시 함수로 해시 테이블을 구현한다. 세트 요소가 같은 기본형의 값
이나 객체 참조^{object reference}를 가져야 동일한 요소로 간주된다. 또한 NaN 값은 서로 같다.

7.12 위크맵과 위크셋

자바스크립트에서 DOM 노드에 프로퍼티를 추가할 때는 맵과 세트를 주로 사용한다. 어떤
작업의 결과를 성공, 진행, 오류 중 하나로 분류한다고 가정하자. 다음과 같이 프로퍼티를
노드에 직접 추가할 수 있다.

```
node.outcome = 'success'
```

원하는 바를 달성할 수 있지만 튼튼한 코드는 아니다. DOM 노드는 많은 프로퍼티를 갖고
있으며 다른 누군가 혹은 DOM API의 향후 버전이 동일한 프로퍼티를 사용하게 되면 문제
가 생길 수 있다. 따라서 맵을 사용하는 편이 바람직하다.

```
const outcome = new Map()
...
outcome.set(node, 'success')
```

DOM 노드는 나타났다 사라진다. 어떤 노드가 더 이상 쓸모없어지면 가비지 컬렉터^{garbage collector}로 메모리를 회수해야 한다. 하지만 노드 참조가 outcome 맵에 저장되어 있으면 노드 객체도 계속 유지된다.

이럴 때 위크맵^{WeakMap}을 사용해 문제를 해결한다. WeakMap의 키가 특정 객체의 유일한 참조라면 이 객체는 가비지 컬렉터에 의해 회수된다.

WeakMap에 프로퍼티를 저장하면 나머지는 알아서 처리된다.

```
const outcome = new WeakMap()
```

WeakMap은 탐색 메서드를 제공하지 않으며 맵 객체는 반복할 수 없다. WeakMap은 set, delete, has, get 메서드만 제공한다. 이 메서드를 이용해 객체에 프로퍼티를 설정하거나 확인할 수 있다.

확인하려는 프로퍼티가 바이너리면 WeakMap 대신 WeakSet을 이용할 수 있다. 위크셋^{WeakSet}은 set, delete, has 메서드를 제공한다. 기본형의 값이 아닌 객체만 WeakMap의 키, WeakSet의 요소로 설정할 수 있다.

7.13 형식화 배열

자바스크립트 배열은 빠진 요소를 포함해 모든 종류의 요소를 저장한다. 일련의 숫자나 이미지의 원시 바이트^{raw byte}를 저장할 때 제네릭 배열은 효율성이 떨어진다.

같은 형식으로 구성된 일련의 숫자를 효율적으로 저장하려면 형식화 배열^{typed array}을 이용한다. 자바스크립트에서 지원하는 배열의 형식은 다음과 같다.

```
Int8Array
Uint8Array
Uint8ClampedArray
Int16Array
Uint16Array
Int32Array
```

```
Uint32Array
Float32Array
Float64Array
```

모든 요소는 특정 형식을 따른다. 예를 들어 `Int16Array`는 –32768에서 32767 사이의 16
비트 정수를 저장한다. 앞에 붙은 `Uint`는 비부호형 정수다. `Uint16Array`는 0에서 65535
까지의 정수를 저장한다.

길이를 지정해서 배열을 만들었다면 나중에 길이를 바꿀 수 없다.

```
const iarr = new Int32Array(1024)
```

배열을 만들면 모든 요소는 `0`으로 초기화된다.

형식화 배열 리터럴은 없지만 형식화 배열 클래스에서 제공하는 `of` 함수로 해당 형식의 배
열 인스턴스를 만들 수 있다.

```
const farr = Float32Array.of(1, 0.5, 0.25, 0.125, 0.0625, 0.03125, 0.015625)
```

배열처럼 이터러블에서 요소를 취할 수 있는 `from` 함수도 있으며 선택적으로 매핑 함수를
추가할 수 있다.

```
const uarr = Uint32Array.from(farr, x => 1 / x)
// [1, 2, 4, 8, 16, 32, 64] 요소를 갖는 Uint32Array
```

`0`부터 `length - 1` 사이가 아닌 정수를 배열 인덱스로 사용하면 아무 일도 일어나지 않는
다. 하지만 일반 배열처럼 다른 프로퍼티를 설정할 수 있다.

```
farr[-1] = 2        // 효과 없음
farr[0.5] = 1.414214 // 효과 없음
farr.lucky = true   // lucky 프로퍼티 설정
```

정수 배열 요소로 숫자를 할당할 때는 소수부는 폐기하고 정수 범위의 숫자로 조절한다. 다음 예를 살펴보자.

```
iarr[0] = 40000.25 // iarr[0]을 -25536로 설정
```

오직 정수 부분만 사용한다. 40000은 32비트 정수 범위에 넣기에 너무 크므로 마지막 32비트만 취하고 -25536을 결과로 저장한다. Uint8ClampedArray는 예외적으로 범위 밖의 수를 0이나 255로 저장하며 정수가 아닌 값은 가장 가까운 정수로 저장한다.

Uint8ClampedArray 형식은 HTML 캔버스^{canvas} 이미지에 사용한다. canvas 컨텍스트에 getImageData 메서드는 사각형 캔버스의 RGBA 값을 포함하는 data 프로퍼티(Uint8ClampedArray)를 반환한다.

```
const canvas = document.getElementById('canvas')
const ctx = canvas.getContext('2d')
ctx.drawImage(img, 0, 0)
let imgdata = ctx.getImageData(0, 0, canvas.width, canvas.height)
let rgba = imgdata.data // Uint8ClampedArray
```

그림 7-1 클릭하면 캔버스 콘텐츠를 음수로 변환

이 책에서 제공하는 코드는 [그림 7-1]과 같이 클릭했을 때 캔버스 콘텐츠가 음수로 변환된다.

```
canvas.addEventListener('click', event => {
    for (let i = 0; i < rgba.length; i++) {
        if (i % 4 != 3) rgba[i] = 255 - rgba[i]
    }
    ctx.putImageData(imgdata, 0, 0)
})
```

형식화 배열은 표준 배열이 제공하는 모든 메서드를 제공하지만 다음 메서드는 예외다.

- push, pop, shift, unshift: 형식화 배열의 크기를 바꿀 수 없다.
- flat, flatMap: 형식화 배열은 배열을 포함할 수 없다.
- concat: concat 대신 set을 사용한다.

일반 배열이 지원하지 않는 두 메서드도 있다. set 메서드는 배열 또는 형식화 배열의 offset에서 값을 복제한다.

```
targetTypedArray.set(source, offset)
```

offset의 기본값은 0이다. source는 대상의 크기와 맞아야 한다. offset과 source 길이가 대상의 길이를 초과하면 RangeError가 발생한다(즉 이 메서드로 형식화 배열의 요소를 바꿀 수 없음).

subarray 메서드는 특정 범위의 요소 그룹을 반환한다.

```
const sub = iarr.subarray(16, 32)
```

끝 인덱스를 생략하면 배열의 길이로 설정되며 시작 요소를 생략하면 0으로 설정된다. 이는 slice 메서드의 동작과 비슷하지만 분명히 다른 점이 있다. 배열과 subarray는 같은 요소를 공유한다. 둘 중 하나를 바꾸면 서로 영향을 미친다.

```
sub[0] = 1024 // 현재 iarr[16]도 1024다.
```

7.14 ArrayBuffer

ArrayBuffer는 파일, 데이터 스트림, 이미지 등을 포함하는 연속적인 바이트 시퀀스를 가리킨다. 형식화 배열의 데이터도 ArrayBuffer에 저장한다.

다양한 웹 API(File API, XMLHttpRequest, 웹소켓^WebSocket 포함)가 ArrayBuffer를 반환한다. 정해진 일련의 바이트로 ArrayBuffer를 만드는 방법도 있다.

```
const buf = new ArrayBuffer(1024 * 2)
```

일반적으로 ArrayBuffer의 이진 데이터는 이미지, 소리 파일 등 복잡한 구조로 구성된다. 다음과 같이 DataView로 데이터를 들여다볼 수 있다.

```
const view = new DataView(buf)
```

DataView가 제공하는 getInt8, getInt16, getInt32, getUInt8, getUInt16, getUInt32, getFloat32, getFloat64 등의 메서드에 오프셋을 제공해 값을 읽는다.

```
const littleEndian = true // 거짓 또는 빅 엔디언 바이트 순서 시 생략
const value = view.getUint32(offset, littleEndian)
```

set 메서드로 데이터를 기록한다.

```
view.setUint32(offset, newValue, littleEndian)
```

이진 데이터는 '빅 엔디언^{big-endian}' 또는 '리틀 엔디언^{little-endian}' 둘 중 하나의 방식으로 저장한다. 16비트 값 0x2122를 예로 살펴보자. 빅 엔디언 방식에서는 더 중요한 바이트 0x21이 먼저, 0x22는 나중에 온다. 반대로 리틀 엔디언 방식은 0x22 0x21이 된다.

대부분의 최신 프로세서는 리틀 엔디언을 따르지만 PNG, JPEG 등 유명한 파일 형식은 빅 엔디언을 사용한다.

'빅 엔디언'과 '리틀 엔디언'이라는 용어는 『걸리버 여행기』에서 유래했으며 문자 그대로의 의미를 전달한다.

형식화 배열의 버퍼는 항상 호스트 플랫폼의 엔디언을 따른다. 전체 버퍼 데이터가 배열이며 호스트 플랫폼의 엔디언을 따르고 있음을 알고 있다면 버퍼 콘텐츠로 형식화 배열을 만들 수 있다.

```
const arr = new Uint16Array(buf) // buf로 만들어진 1024개의 Uint16 배열
```

연습 문제

01 Array 클래스의 from 함수와 똑같이 동작하는 함수를 직접 구현해보자. 빠진 요소 처리에 주의한다. length 프로퍼티보다 크거나 같은 수의 키 값을 가진다면 객체에는 어떤 일이 일어날까? 인덱스 프로퍼티가 아닌 프로퍼티에는 어떤 일이 일어날까?

02 Array.of 메서드는 특정한 용도를 위해 만들어졌다. 즉 함수에 '컬렉터'를 전달하는 데 사용되며, 이 함수는 일련의 값을 생산해 특정 대상(예를 들어 출력, 총합 계산, 배열로 수집 등)으로 전달한다. 다음 함수를 구현해보자.

```
mapCollect(values, f, collector)
```

이 함수는 모든 값에 f를 적용한 다음, 결과를 컬렉터(가변 인수를 갖는 함수)로 전달한다. 그리고 컬렉터의 결과를 반환한다.

이때 Array(예를 들어 (...elements) => new Array(...elements))를 사용하는 것에 비해 Array.of를 사용했을 때 얻는 장점을 설명해보자.

03 배열은 '-1'과 같은 음수를 저장하는 프로퍼티를 가질 수 있다. 이들은 길이에 영향을 미칠까? 순서대로 이들을 반복하려면 어떻게 해야 할까?

04 구글에 'JavaScript forEach thisArg'를 검색해서 forEach 메서드의 thisArg 매개변수를 설명하는 블로그 글을 찾아보자. thisArg 매개변수를 사용하지 않고 예제를 다시 구현해보자.

예를 들어 arr.forEach(function() { ... this.something() ... }, thisArg)과 같은 코드가 있다면 thisArg는 this다. 이 함수를 화살표 함수로

바꿔보자. 또는 내부의 this를 thisArg 값으로 바꿔보자. 함수를 arr.for Each(method, thisArg)처럼 호출한다고 가정할 때 thisArg.method(...)를 호출하는 화살표 함수를 사용한다. thisArg가 꼭 필요한 상황은 언제일까?

05 Array 클래스의 sort 메서드에 비교 함수를 제공하지 않으면 모든 요소를 문자열로 바꾼 다음, UTF-16 코드 유닛 기반 사전 순서로 이들을 비교한다. 그러면 어떤 문제가 발생할까? 정수 배열이나 객체 배열에서 이 방식으로 정렬한 결과가 쓸모없어지는 예를 설명해보자. \u{FFFF} 위의 문자열은 어떻게 될까?

06 메시지를 구현한 객체가 있다고 가정하자. 이 객체는 날짜와 발신자를 저장하는 프로퍼티를 갖는다. 메시지 배열을 날짜별로 정렬한 다음 발신자별로 정렬하자. sort 메서드가 안정적인지 확인해보자. 즉, 발신자가 동일한 메시지는 날짜별로 정렬되어 있어야 한다.

07 사람을 대표하는 객체는 이름과 성을 저장하는 프로퍼티를 갖는다. 성을 비교한 다음, 성이 같다면 이름을 비교하는 함수를 구현해보자.

08 UTF-16 코드 유닛 대신 유니코드 코드 포인트로 두 문자열을 비교하는 함수를 구현해보자.

09 배열에서 대상값의 모든 위치를 반환하는 함수를 구현해보자. 예를 들어 indexOf(arr, 0)은 arr[i]가 0인 모든 i 인덱스 값의 배열을 반환한다. map과 filter를 이용하자.

10 주어진 함수가 참이 되는 위치를 모두 반환하는 함수를 구현해보자. 예를 들어 indexOf(arr, x => x > 0)은 arr[i]가 양수인 모든 i 인덱스 값의 배열을 반환한다.

11 reduce를 이용해 배열 스프레드를 계산해보자(즉 최댓값과 최솟값의 차).

12 $[f_1, f_2, \ldots, f_n]$이라는 함수 배열이 있을 때 reduceRight를 이용해 x => $f_1(f_2(\ldots (f_n(x)) \ldots))$라는 함수를 도출해보자.

13 세트의 map, filter, forEach, some, every 함수를 구현해보자.

14 제공된 인수를 변경하지 않는 합집합, 교집합, 차집합 함수 union(set1, set2), intersection(set1, set2), difference(set1, set2)를 구현해보자.

15 toMap({ Monday: 1, Tuesday: 2, ... })와 같이 쉽게 맵을 만들 수 있도록 객체로부터 맵을 만드는 함수를 구현해보자.

16 키가 { x:..., y:... } 형식의 객체를 가리키는 맵이 있다고 가정하자. map.get({x: 0, y: 0 }) 같은 쿼리를 사용했을 때 어떤 부작용이 발생할 수 있을까? 이 문제를 어떻게 해결해야 할까?

17 WeakMap이 예상대로 동작하는지 확인해보자. --expose-gc 플래그를 적용해 Node.js를 시작한다. process.memoryUsage()를 호출해 얼마나 많은 힙 메모리를 사용했는지 확인한다. 다음과 같이 객체를 만들어 할당한다.

```
let fred = { name: 'Fred', image: new Int8Array(1024*1024) }
```

힙 사용량이 약 1메가바이트 정도 증가했는지 확인한다. fred를 null로 설정한 다음 global.gc()를 호출해 가비지 컬렉터를 실행하고 해당 객체의 메모리가 회수되었는지 확인한다. 이제 객체를 WeakSet에 반복적으로 삽입해 WeakSet에 삽입된 객체를 가비지 컬렉터가 회수하는지 확인한다. 일반적인 세트에 이 과정을 반복하면서 일반 세트에 삽입된 객체는 가비지 컬렉터가 회수하지 않는다는 사실을 확인해보자.

18 호스트 플랫폼의 엔디언 기법을 확인하는 함수를 구현해보자. ArrayBuffer를 통해 DataView와 형식화 배열인지 확인한다.

CHAPTER

08

국제화 ▲

01 로케일 개념

02 로케일 지정

03 숫자 포매팅

04 날짜와 시간 지역화

05 대조

06 로케일을 인식하는 기타 String 메서드

07 복수 규칙과 목록 ★

08 기타 로케일 기능 ★

| 연습 문제 |

Chapter 08 국제화

세상은 넓고, 전 세계 사람들이 여러분이 개발한 소프트웨어를 사용하고 싶어할 것이다. 많은 프로그래머가 자신의 애플리케이션이 유니코드를 지원하고 사용자의 인터페이스로 적절하게 전환되도록 국제화internationalization를 지원해야 한다고 생각한다. 하지만 저마다 날짜, 시간, 통화, 숫자 형식 등이 다르기 때문에 프로그램을 국제화하려면 상당한 노력이 필요하다. 8장에서는 자바스크립트의 국제화 기능을 활용해 사용자에게 알맞은 방식으로 정보를 제공하는 프로그램을 구현하는 방법을 살펴본다.

8.1 로케일 개념

국제적으로 배포되는 앱이라면 우선 다양한 언어를 지원해야 한다. 하지만 언어 외에도 다음과 같은 숫자 형식도 신경 써야 한다.

```
123,456.78
```

예를 들어 독일에서는 위 숫자를 아래처럼 표시한다.

```
123.456,78
```

즉 소수점과 쉼표 구분자의 역할이 반대다. 로케일locale이 달라지면 선호하는 숫자 표기 방식도 달라진다. 예를 들어 위 숫자를 태국 숫자로 표현하면 다음과 같다.

๑๒๓, ๔๕๖.๗๘

날짜도 마찬가지다. 미국에서는 월/일/연도 형식으로 날짜를 표시한다. 독일에서는 일/월/연도, 중국에서는 연도/월/일 형식을 사용한다. 다음은 미국식으로 날짜를 표시한 예다.

```
3/22/61
```

독일 사용자에게는 다음과 같이 표시해야 한다.

```
22.03.1961
```

다음과 같이 미국식 표기에 해당 월을 영문으로 표시하면 차이가 더 두드러진다.

```
March 22, 1961
```

독일식 표기법은 다음과 같이 달라진다.

```
22. März 1961
```

중국식으로는 다음과 같이 표시한다.

```
1961年 3月 22日
```

로케일은 사용자의 언어와 위치를 가리키므로 로케일로 사용자가 선호하는 표기 방식을 알 수 있다. 다음 절에서는 자바스크립트 프로그램에서 로케일을 지정하고 로케일 설정을 제어하는 법을 살펴본다.

8.2 로케일 지정

로케일은 최대 다섯 가지 요소를 갖는다.

1. 언어: en(영어), de(독일어), ko(한국어) 등 두 글자나 세 글자의 소문자로 표현한다. [표 8-1]에서 자주 사용하는 언어 코드를 확인할 수 있다.

표 8-1 자주 사용하는 언어 코드

언어	코드	언어	코드
중국어	zh	일본어	ja
덴마크어	da	한국어	ko
독일어	du	노르웨이어	no
영어	en	포르투갈어	pt
프랑스어	fr	스페인어	es
핀란드어	fi	스웨덴어	sv
이탈리아어	it	터키어	tr

2. 문자(선택 사항): Latn(라틴어), Cyrl(키릴 문자), Hans(간체자) 등 첫 글자는 대문자로 표시한다. 라틴어와 키릴 문자를 사용하는 세르비아어 또는 간체자와 번체자를 사용하는 중국어 등에서 유용하게 사용할 수 있다.

3. 국가 또는 지역(선택 사항): US(미국), CH(스위스) 등 대문자 두 개로 표시한다. [표 8-2]는 자주 사용하는 국가 코드를 보여준다.

표 8-2 자주 사용하는 국가 코드

국가	코드	국가	코드
오스트리아	AT	일본	JP
벨기에	BE	한국	KR
캐나다	CA	네덜란드	NL
중국	CN	노르웨이	NO
덴마크	DK	포르투갈	PT
핀란드	FI	스페인	ES
독일	DE	스웨덴	SE
영국	GB	스위스	CH
그리스	GR	대만	TW
아일랜드	IE	터키	TR
이탈리아	IT	미국	US

4. **방언(선택 사항)**: 요즘에는 방언을 사용하는 경우가 드물다. 기존에 '뉘노르스크^{Nynorsk}'는 노르웨이어의 방언을 의미했지만 지금은 nn이라는 별도의 언어 코드로 분류해 사용한다. 일본의 연호와 태국의 숫자도 요즘은 방언 대신 확장으로 표현한다.

5. **확장(선택 사항)**: 일본의 연호나 태국 숫자를 사용하려면 확장으로 설정한다. 유니코드 표준은 이들 확장 일부를 지정한다. 유니코드에서는 u-로 시작하고 달력(ca), 숫자(nu) 등을 가리키는 두 자리 코드를 사용한다. 예를 들어 확장 u-nu-thai는 태국 숫자를 가리킨다. 다른 확장은 x-로 시작하며 x-java와 같이 임의로 정의한다.

국제 인터넷 표준화 기구^{Internet Engineering Task Force}(IETF)[1]에서 제공하는 '최신 모범 사례^{Best Current Practices}' 메모는 로케일 규칙을 잘 설명한다. 이를 요약한 정보는 **www.w3.org/International/articles/language-tags**에서 확인할 수 있다.

로케일은 'en-US' 처럼 하이픈으로 연결한 태그로 정의한다.

독일에서는 'de-DE' 라는 로케일을 사용한다. 스위스는 네 개의 공식 언어(독일어, 프랑스어, 이탈리아어, 레토로망스어)를 사용한다. 스위스에서 독일어를 사용하는 사람이라면 'de-CH' 로케일에 해당한다. 이 로케일은 독일어를 정의하지만 통화는 유로가 아니라 스위스 프랑을 사용한다.

다음 예제처럼 로케일을 인수로 받는 함수에 로케일 태그를 전달한다.

```
const newYearsEve = new Date(1999, 11, 31, 23, 59)
newYearsEve.toLocaleString('de') // 문자열 '31.12.1999 23:59:00' 반환
```

---

1 https://tools.ietf.org/html/bcp47

['de-CH', 'de', 'en']처럼 배열을 이용해 여러 로케일 태그를 우선순위 순서에 맞춰 전달할 수 있다. 로케일 태그 배열을 사용하면 앞선 로케일을 지원하지 않을 경우 다음에 정의된 로케일이 차례로 적용된다.

다음과 같이 로케일 태그 다음에 등장하는 객체로 옵션을 설정할 수 있다.

```
newYearsEve.toLocaleString('de', { timeZone: 'Asia/Tokyo' })
// '1.1.2000, 07:59:00'처럼 주어진 시간대를 기준으로 날짜를 표시한다.
```

로케일과 옵션을 생략하면 옵션이 없는 기본 로케일을 사용한다. 다음처럼 빈 로케일 태그 배열을 이용해 기본 로케일에 옵션을 제공할 수 있다.

```
newYearsEve.toLocaleString([], { timeZone: 'Asia/Tokyo' })
```

> 📋 **Note**
>
> Object 클래스는 toLocaleString 메서드를 제공한다. 다른 클래스에서 이 메서드를 오버라이드할 수 있다(8장 연습 문제 1번 참고).

8.3 숫자 포매팅

Number 클래스의 toLocaleString 메서드에 로케일 태그를 인수로 전달해 숫자 형식을 변환한다.

```
let number =  123456.78
let result = number.toLocaleString('de') // '123.456,78'
```

또는 Intl.NumberFormat 클래스의 인스턴스를 만든 다음 format 메서드를 사용한다.

```
let formatter = new Intl.NumberFormat('de')
result = formatter.format(number) // '123.456,78'
```

자주 사용하는 기능은 아니지만 **formatToParts** 메서드(배열 반환)로 변환 결과를 더 자세히 분석할 수 있다. 다음은 `formatter.formatToParts(number)`의 결과다.

```
[ { type: 'integer', value: '123' },
  { type: 'group', value: ',' },
  { type: 'integer', value: '456' },
  { type: 'decimal', value: ',' },
  { type: 'fraction', value: '78' } ]
```

로케일 지정 메서드가 지원하는 로케일 태그 확장과 옵션은 [표 8–3]에서 확인할 수 있다. Number 클래스의 `toLocalString` 메서드와 `Intl.NumberFormat` 클래스의 `format` 메서드의 정보를 살펴보자.

표 8–3 Number 클래스의 toLocaleString과 Intl.NumberFormat 생성자 설정

이름	값
로케일 태그 확장	
nu(번호 매기기)	latn, arab, thai, …
옵션	
style	decimal(기본값), currency, precent
currency	USD, EUR 등 ISO 4217의 통화 코드. 통화 형식에 필요함
currencyDisplay	symbol(€, 기본값), code(EUR), name(Euro)
useGrouping	true(기본값). 그룹화 구분자를 사용함
minimumIntegerDigits, minimumFractionDigits, maximumFractionDigits, minimumSignificantDigits, maximumSignificantDigits	소수점 구분자 전후의 경계 또는 전체 숫자 개수의 경계 설정

로케일 태그 확장은 u로 시작한다는 사실을 기억하자. `format` 메서드는 다음과 같이 u-nu 확장을 인식한다.

```
number.toLocaleString('th-u-nu-thai')
new Intl.NumberFormat('th-u-nu-thai').format(number)
// 둘 다 '๑๒๓,๔๕๖.๗๘๙' 반환
```

로케일 태그 다음의 두 번째 인수로 옵션을 제공한다.

```
number.toLocaleString('de', { style: 'currency', currency: 'EUR' })
formatter = new Intl.NumberFormat('de', { style: 'currency', currency: 'EUR' })
formatter.format(number)
// 둘 다 '123.456,78 €' 반환
```

반복적으로 복잡합 포매팅을 수행해야 하는 상황이라면 포매터formatter 객체를 만드는 것이 좋다. 8장 연습 문제 2번에서 다양한 옵션을 확인할 수 있다.

> 📋 **Note**
>
> 3 단계에 올라와 있는 제안에는 측정 단위('299,792,458 m/s'), 과학적 표기법('6.022E23'), 10진수 간단 표기('8.1 billion') 등 더 다양한 포매팅 옵션을 추가하고 있다.

> ✎ **Warning**
>
> 안타깝게도 현재는 그룹 구분자나 0~9 이외의 숫자로 지역화된 숫자를 파싱하는 표준화된 방법이 없다.

8.4 날짜와 시간 지역화

날짜와 시간을 지역화할 때는 다음과 같은 로케일 이슈를 고려해야 한다.

- 월과 요일명을 지역 언어로 표시한다.

- 연도, 월, 일의 순서가 지역에 따라 다르다.

- 일부 지역에서는 그레고리력을 사용하지 않는다.

- 해당하는 위치의 시간대를 고려한다.

다음 절에서 Date 객체와 날짜 범위, 상대적 날짜(예를 들어 '3일 후')를 지역화하는 방법을 알아보자.

8.4.1 Date 객체 포매팅

Date 객체의 날짜, 시간을 각각 또는 동시에 지역화할 수 있다.

```
const newYearsEve = new Date(1999, 11, 31, 23, 59)
newYearsEve.toLocaleDateString('de') // '31.12.1999'
newYearsEve.toLocaleTimeString('de') // '23:59:00'
newYearsEve.toLocaleString('de')     // '31.12.1999, 23:59:00'
```

숫자 포매팅과 마찬가지로 주어진 로케일로 포매터를 만들고 format 메서드를 호출할 수 있다.

```
const germanDateTimeFormatter = new Intl.DateTimeFormat('de')
germanDateTimeFormatter.format(newYearsEve) // '31.12.1999'
```

각 부분의 형식을 어떻게 설정할지 선택할 수 있다.

```
newYearsEve.toLocaleDateString('en', {
  year: 'numeric',
  month: 'short',
```

```
    day: 'numeric',
}) // 'Dec 31, 1999'

new Intl.DateTimeFormat('de', {
  hour: 'numeric',
  minute: '2-digit',
}).format(newYearsEve) // '23:59'
```

하지만 이 방식은 조금 귀찮으며 합리적이지 않다. 결국 지역에 따라 각 부분의 형식과 포함해야 할 부분이 달라진다. ECMAScript 명세에서는 특정 로케일에 특화된 형식을 미리 정의하며, 규격 명세 알고리즘을 사용할지 아니면 다른 알고리즘을 선택할지 결정할 수 있도록 `formatMatcher` 옵션도 제공한다.

다만 이런 복잡성 때문에 뭔가 잘못되었음을 알아차렸고 이 문제를 해결하려는 제안이 3단계에 올라온 상태다. 날짜, 시간 부분을 각각 어떤 형식(`full`, `long`, `medium`, `short` 중 하나)으로 표시할지 지정해야 한다. 포매터는 로케일에 알맞은 필드와 형식을 선택한다.

```
newYearsEve.toLocaleDateString('en', { dateStyle: 'medium' })
// 'Dec 31, 1999'
newYearsEve.toLocaleDateString('de', { dateStyle: 'medium' })
// '31.12.1999'
```

[표 8-4]에서 모든 로케일 태그 확장과 옵션을 확인해보자.

표 8-4 Date의 포매팅 옵션

이름	값
로케일 태그 확장	
nu(번호 매기기)	latn, arab, thai
ca(캘린더)	gregory, hebrew, buddhist, ...
hc(시간 사이클)	h11, h12, h23, h24
옵션	
timeZone	UTC, Europe/Berlin, ... (기본값: 지역 시간)

dateStyle, timeStyle(3 단계[2])	full, long, medium, short. 이 옵션을 사용할 수 있다면 아래 옵션들은 사용하지 않는 편이 좋다.
hour12	true, false(12시간 단위를 사용할지 설정. 기본값은 지역 설정을 따름)
hourCycle	h11, h12, h23, h24
month	2-digit(09), numeric(9), narrow(S), short(Sep), long(September)
year, day, hour, minute, second	2-digit, numeric
weekday, era	long, short, narrow
timeZoneName	short(GMT+9), long(일본 표준시)
formatMatcher	basic(로케일에서 제공한 형식과 요청 형식을 매칭하는 표준 알고리즘), best fit(기본값, 자바스크립트 런타임이 구현했으므로 더 좋은 구현을 제공할 가능성이 큼)

8.4.2 범위

Intl.DateTimeFormat 클래스의 formatRange 메서드는 두 날짜 사이의 범위를 가능한 한 정확하게 표현한다.

```
const christmas = new Date(1999, 11, 24)
const newYearsDay = new Date(2000, 0, 1)
const formatter = new Intl.DateTimeFormat('en', { dateStyle: 'long' })
formatter.formatRange(christmas, newYearsEve)   // 'December 24 - 31, 1999'
formatter.formatRange(newYearsEve, newYearsDay)
  // 'December 31, 1999 - January 1, 2000'
```

8.4.3 상대적 시간

Intl.RelativeTimeFormat 클래스는 '어제[yesterday]' 또는 '3시간 후[in 3 hours]'와 같은 표현을 반환한다.

---

2 **옮긴이_** 이 기능은 4단계 최종 승인된 상태다.

```
new Intl.RelativeTimeFormat('kr', { numeric: 'auto'}).format(-1, 'day') // '어제'
new Intl.RelativeTimeFormat('fr').format(3, 'hours') // 'dans 3 heures'
```

format 메서드는 수량과 단위, 두 개의 인수를 받는다. 단위는 year, quarter, month, week, day, hour, minute, second 중 하나다. years와 같은 복수형도 지원한다.

다음과 같은 옵션도 지정할 수 있다.

- numeric: always(기본값: 하루 전), auto(어제)
- style: long, short, narrow

8.4.4 부분 포매팅

숫자 포매터처럼 Intl.DateTimeFormat과 Intl.RelativeTimeFormat 클래스는 포매팅된 결과의 각 부분을 배열 객체로 반환하는 formatToParts 메서드를 제공한다.

```
new Intl.RelativeTimeFormat('fr').formatToParts(3, 'hours')
```

위 코드를 호출하면 다음과 같은 배열을 반환한다.

```
[
  { type: 'literal', value: 'dans ' },
  { type: 'integer', value: '3', unit: 'hour' },
  { type: 'literal', value: ' heures' }
]
```

```
Intl.DateTimeFormat('en', {
  dateStyle: 'long',
  timeStyle: 'short'
}).formatToParts(newYearsEve)
```

위 코드를 호출하면 'December 31, 1999 at 11:59 PM' 문자열의 각 부분을 묘사하는 일곱 개 항목의 배열을 반환한다.

```
{ type: 'month', value: 'December' },
{ type: 'literal', value: ' ' },
{ type: 'day', value: '31' },
...
```

8.5 대조

자바스크립트에서는 <, <=, >, >= 연산자로 문자열을 비교한다. 안타깝게도 실생활에서는 이런 연산자는 직관적이지 않다. 심지어 영어를 비교할 때도 예상치 못한 결과가 나타난다. 다음은 < 연산자로 다섯 개의 문자열을 정렬한 예다.

```
Athens
Zulu
able
zebra
Ångström
```

단어를 사전 순서대로 정렬할 때는 대소문자나 발음은 구별하지 않는다. 하지만 영어를 사용하는 사람이라면 다음과 같이 정렬되어야 맞는다고 생각하기 마련이다.

```
able
Ångström
Athens
zebra
Zulu
```

하지만 스웨덴어 사용자는 위 순서가 올바르지 않다고 생각한다. 스웨덴어에서 Å는 A와 다르며 알파벳 순서로 따지면 Z 다음에 등장하기 때문이다. 즉 스웨덴어 사용자는 다음과 같이 정렬되어야 맞는다고 생각할 것이다.

```
able
Athens
zebra
Zulu
Ångström
```

사람이 제공한 문자열을 정렬할 때는 항상 로케일을 적용해 비교 동작을 수행해야 한다.

가장 간단한 방법은 String 클래스의 localeCompare 메서드를 사용하는 것이다. 이 메서드의 두 번째 인수에 로케일을 전달한다.

```
const words = ['Alpha', 'Ångström', 'Zulu', 'able', 'zebra']
words.sort((x, y) => x.localeCompare(y, 'en'))
// words는 ['able', 'Alpha', 'Ångström', 'zebra', 'Zulu']
```

또는 비교 객체를 만들 수 있다.

```
const swedishCollator = new Intl.Collator('sv')
```

그리고 비교 객체의 compare 함수를 Array.sort 메서드로 전달한다.

```
words.sort(swedishCollator.compare)
// words는 ['able', 'Alpha', 'zebra', 'Zulu', 'Ångström']
```

[표 8-5]는 localeCompare 메서드와 Intl.Collator 생성자가 지원하는 확장과 옵션을 보여준다.

숫자 정렬은 숫자 부분 문자열을 오름차순으로 정렬하는 아주 유용한 확장이다.

```
const parts = ['part1', 'part10', 'part2', 'part9']
parts.sort((x, y) => x.localeCompare(y, 'en-u-kn-true'))
// parts는 ['part1', 'part2', 'part9', 'part10']
```

다만 생성자의 활용은 제한적이다. 예를 들어 독일어 전화번호부에서 Ö는 Oe와 똑같이 취급한다(사전과 다름). 다음 호출은 주어진 배열을 바꾸지 않는다.

```
['Österreich', 'Offenbach'].sort((x, y) => x.localeCompare(y, 'de-u-co-phonebk'))
```

표 8-5 localeCompare과 Intl.Collator 생성자를 이용한 문자열 비교

이름	값
로케일 태그 확장	
co(대조)	phonebook, phonetic, reformed, pinyin, ...
kn(숫자 대조)	true('1' 〈 '2' 〈 '10'), false(기본값)
kf(대소문자 우선)	upper, lower, false(기본값)
옵션	
sensitivity	base(a = A = Å), accent(a = A ≠ Å), case(a ≠ A = Å), variant(기본값이며, a, A, Å 모두 다름)
ignorePunctuation	true, false(기본값)
numeric, caseFirst	true, false(기본값), kn, kf 참고
usage	sort(기본값이며 정렬에 사용함), search(검색에 사용함, 값이 같은지만 중요할 경우)

8.6 로케일을 인식하는 기타 String 메서드

String 클래스는 로케일을 인식하는 여러 메서드를 제공한다. 이미 localeCompare 메서드는 살펴봤다. toLocaleUpperCase와 toLocaleLowerCase 메서드는 언어 규칙을 고려한다. 예를 들어 독일어에서 '더블 s' 문자인 ß를 대문자로 바꾸면 두 개의 S가 된다.

```
'Großhändler'.toLocaleUpperCase('de') // 'GROSSHÄNDLER'
```

localeCompare 메서드는 이전 절에 살펴본 Intl.Collator 생성자와 같은 옵션을 사용한다.

```
'part10'.localeCompare('part2', 'en', { numeric: true })
```

예를 들어 위 코드에서 'part10'은 'part2'보다 크므로 숫자 비교 결과로 양수를 반환한다.

때로 문자나 문자열을 두 가지 이상의 유니코드로 표시할 수 있다. 예를 들어 Å(\u{00C5})는 A (\u{0041})와 ̊(\u{030A})을 합쳐 표시할 수 있다.

문자열을 저장하거나 다른 프로그램과 통신할 때는 해당 문자열을 정규화 형식으로 변환해야 한다. 유니코드 표준은 네 가지 정규화 형식(C, D, KC, KD)을 지원한다.[3] 정규화 형식 C에서는 문자를 합쳐 강조된 문자를 표시한다. 예를 들어 A와 ̊을 합쳐 한 개의 문자 Å로 표현한다. 형식 D에서는 기본 글자와 강조 글자를 따로 표시한다. 즉 Å를 A와 ̊로 표시한다. 형식 KC, KD에서 상표 기호인 ™(\u{2122})은 분해해 표시한다. W3C는 인터넷으로 데이터를 전송할 때 형식 C를 사용하는 걸 권장한다.

String 클래스의 normalize 메서드로 형식을 변환할 수 있다. 이 메서드로 네 가지 모드를 확인해보자. 다음 코드는 각 모드에 normalize를 적용한 결과를 스프레드로 표시한다.

```
const str = 'Å™'
['NFC', 'NFD', 'NFKC', 'NFKD'].map(mode => [...str.normalize(mode)])
// 결과는 ['Å', '™'], ['A', '°', '™'], ['Å', 'T', 'M'], ['A', '°', 'T', 'M']
```

8.7 복수 규칙과 목록

수량을 셀 때 언어별로 특별한 형식을 지원하는 경우가 많다. 예를 들어 영어로 달러를 셀 때는 0 dollars, 1 dollar, 2 dollars, 3 dollars로 표시한다. 여기서 수량이 한 개일 경우 특별한 형식을 갖는다.

러시아 루블에서는 규칙이 더 복잡하다. 한 개 그리고 몇 개[a few]는 다음과 같이 표현한다.

---

3 https://www.unicode.org/unicode/reports/tr15/tr15-23.html

- 0 рублей, 1 рубль, 2, 3, 4 рубля

다섯 개 이상부터는 처음 단위인 **рублей**를 사용한다.

'n번 발견됨' 같은 문자를 지정하려면 이런 규칙을 알아야 한다.

`Intl.PluralRules` 클래스를 사용하면 이 문제를 쉽게 해결할 수 있다. `select` 메서드는 주어진 수량에 맞는 형식 문자열을 반환한다. 다음은 각각 영어와 러시아어를 적용한 예다.

```
[0, 1, 2, 3, 4, 5].map(i => (new Intl.PluralRules('en').select(i)))
// ['other', 'one', 'other', 'other', 'other', 'other']
[0, 1, 2, 3, 4, 5].map(i => (new Intl.PluralRules('ru').select(i)))
// ['many', 'one', 'few', 'few', 'few', 'many']
```

`PluralRules` 클래스는 영어 형식명만 반환하므로 이 결과에 지역화를 적용해야 한다. 우선 다음과 같이 각 언어용 맵을 만든다.

```
dollars = { one: 'dollar', other: 'dollars' }
rubles = { one: 'рубль', few: 'рубля', many: 'рублей' }
```

그리고 다음처럼 코드를 호출한다.

```
dollars[new Intl.PluralRules('en').select(i)]
rubles[new Intl.PluralRules('ru').select(i)]
```

`select` 메서드는 한 가지 옵션을 포함한다.

- type: 기수를 의미하는 cardinal(기본값) 또는 서수를 가리키는 ordinal

영어 서수를 적용해보자.

```
const rules = new Intl.PluralRules('en', { type: 'ordinal' })
[0, 1, 2, 3, 4, 5].map(i => rules.select(i))
// ['other', 'one', 'two', 'few', 'other', 'other']
```

무슨 일이 일어난 걸까? 사실 영어는 러시아어보다 복잡하다. 영어에서 서수는 0th, 1st, 2nd, 3rd, 4th, 5th 같은 형식을 갖는다.

`Intl.ListFormat` 클래스를 이용하면 목록값의 형식을 쉽게 조절할 수 있다. 다음 예제를 살펴보자.

```
let list = ['Goethe', 'Schiller', 'Lessing']
new Intl.ListFormat('en', { type: 'conjunction' }).format(list)
// 'Goethe, Schiller, and Lessing'
```

`format` 메서드는 접속사 'and'와 옥스퍼드 쉼표를 인식한다.

단어 형식이 `'disjunction'`이면 'or'으로 연결한다. 독일어 예제를 살펴보자.

```
new Intl.ListFormat('de', { type: 'disjunction' }).format(list)
// 'Goethe, Schiller oder Lessing'
```

`format` 메서드는 다음 옵션을 제공한다.

- type: conjunction(기본값), disjunction, unit
- style: long(기본값), short, narrow(unit 형식에서만 사용할 수 있음)

'7 pounds 11 ounces'와 같은 유닛을 가리킬 때 unit 형식을 사용한다. `'long'`, `'short'` 스타일을 영어에 적용하면 쉼표가 추가된다.

```
list = ['7 pounds', '11 ounces']
new Intl.ListFormat('en', { type: 'unit', style: 'long' }).format(list)
// '7 pounds, 11 ounces'
```

안타깝게도 이 표기법은 미국의 대표적인 시카고 스타일 가이드나 AP 스타일 가이드에 부합하지는 않는다.

8.8 기타 로케일 기능

최신 브라우저의 `navigator.languages` 프로퍼티는 사용자가 선호하는 순서대로 정렬된 로케일 태그 배열을 포함한다. `navigator.language`는 가장 선호하는 로케일 태그이며 `navigator.languages[0]`과 같다. 일반적으로 브라우저는 사용자가 언어를 따로 설정하지 않았다면 호스트 운영체제의 로케일을 사용한다.

지금까지 살펴본 로케일을 인식하는 메서드와 생성자에 `navigator.languages`를 사용할 수 있다. `Intl.getCanonicalLocales`는 로케일 태그나 로케일 태그 배열을 인수로 받고, 중복을 제거한 정리된 태그 배열을 반환한다.

지금까지 설명한 모든 포매터 클래스는 `supportedLocalesOf` 메서드를 포함하며 이들 메서드에 로케일 태그나 로케일 태그 배열을 전달할 수 있다. 지원하지 않는 태그는 무시하며 지원하는 태그만 정규화한다. 예를 들어 브라우저의 `Intl.NumberFormat` 클래스가 웨일스어를 지원하지 않는다면 다음 코드는 `['en-UK']`를 반환한다.

```
Intl.NumberFormat.supportedLocalesOf(['cy', 'en-uk'])
```

로케일을 인식하는 메서드에 로케일 배열을 전달하면 브라우저가 가장 적절한 로케일을 찾는다. 로케일을 인식하는 모든 함수는 매칭 알고리즘을 설정할 수 있도록 `localeMatcher` 옵션을 제공한다. 옵션은 다음 두 값을 포함한다.

- lookup: ECMA-402에서 지정한 표준 알고리즘을 사용한다.
- best fit(기본값): 자바스크립트 런타임이 매칭 결과를 최적화하도록 허용한다.

일반적으로 자바스크립트 런타임은 표준 알고리즘을 사용하므로 옵션은 크게 신경 쓰지 않아도 된다.

사용자가 로케일을 선택할 수 있는 기능을 제공하려면 사용자가 이해할 수 있는 방식으로 언어 목록을 표시해야 한다. `Intl.DisplayNames`[4]는 이를 쉽게 구현할 수 있는 기능을 포함한다. 다음은 `Intl.DisplayNames`를 활용하는 몇 가지 예다.

```
const regionNames = new Intl.DisplayNames(['fr'], { type: 'region' })
const languageNames = new Intl.DisplayNames(['fr'], { type: 'language' })
const currencyNames = new Intl.DisplayNames(['zh-Hans'], { type: 'currency' })
regionNames.of('US')    // 'États-Unis'
languageNames.of('fr')  // 'Français'
currencyNames.of('USD') // '世界'
```

`resolvedOptions` 메서드를 호출해 국제화 객체 프로퍼티의 정보를 자세히 확인할 수 있다. 다음 **collator** 객체가 있다고 가정하자.

```
const collator = new Intl.Collator('en-US-u-kn-true', { sensitivity: 'base' })
```

이때 다음 메서드를 호출한다.

```
collator.resolvedOptions()
```

그러면 다음 객체가 반환된다.

4　**옮긴이_** 이 기능은 2020년 9월에 최종 승인되었다.

```
{
    locale: 'en-US',
    usage: 'sort',
    sensitivity: 'base',
    ignorePunctuation: false,
    numeric: true,
    caseFirst: 'false',
    collation: 'default'
}
```

📋 **Note**

Intl.Locale 클래스는 로케일에 특정 옵션을 지정하는 기능을 제공한다. language, script, region, calendar, collation, hourCycle, caseFirst, numeric, numberingSystem 등의 옵션을 지정할 수 있다.

```
const usMilitaryTime = new Intl.Locale('en-US', { hourCycle: 'h23' })
```

연습 문제

01 이름과 성, 성별, 결혼 여부 등의 인스턴스 필드를 포함하는 `Person` 클래스를 구현해보자. `'Ms. Smith'`, `'Frau Smith'`, `'Mme Smith'` 등으로 이름을 변환하는 `toLocaleString` 메서드도 구현해보자. Ms, Mrs, Miss와 같이 일부 언어에서 지원하는 다양한 존칭도 찾아보자.

02 값을 숫자, 퍼센트, 달러로 변환하는 프로그램을 구현해보자. 모든 통화의 표시 방법을 확인해보고, 그룹화를 켜거나 끄면서 숫자의 다양한 경계를 관찰해보자.

03 어떤 숫자를 영어, 아랍어, 태국어 숫자로 표시하면 어떻게 달라지는지 살펴보자. 이 밖에 표현할 수 있는 다른 종류의 숫자는 무엇일까?

04 날짜와 시간을 각각 프랑스, 중국, 이집트, 태국(태국 숫자로 표시) 형식으로 보여주는 프로그램을 구현해보자.

05 모든 두 글자 언어 코드(ISO 639-1)를 포함하는 배열을 만들자. 각 언어 코드로 날짜와 시간을 표시한다면 형식은 총 몇 가지일까?

06 KC나 KD 정규화 형식에서 두 개 이상의 아스키 문자로 확장된 모든 유니코드 문자를 나열하는 프로그램을 구현해보자.

07 대조에서 사용할 수 있는 다양한 조건을 보여주는 예시를 제시해보자.

08 터키 로케일에서 `'i'`의 대문자 또는 `'I'`의 소문자를 확인하면 어떤 결과가 나올까? HTTP 헤더 `If-Modified-Since`를 확인하는 프로그램을 구현했다고 가정하자. HTTP 헤더는 대소문자를 구별하지 않는다. 터키를 포함해 모든 곳에서 프로그램이 동작하도록 만들려면 헤더를 어떻게 처리해야 할까?

09 자바 라이브러리는 로케일(특정 로케일이 지원되지 않으면 차선을 선택함)에 따라 지역화된 메시지를 찾는 '메시지 번들^{message bundle}' 개념을 제공한다. 자바스크립트로 이와 비슷한 기능을 구현해보자. 각 로케일은 키와 변환된 메시지를 값으로 포함하는 맵을 포함한다.

```
{ de: { greeting: 'Hallo', farewell: 'Auf Wiedersehen' },
  'de-CH' : { greeting: 'Grüezi' },
  fr: { greeting: 'Bonjour', farewell: 'Au revoir' },
  ...
}
```

메시지를 검색할 때 먼저 지정된 로케일을 찾아보고, 일치하는 결과를 찾지 못하면 조금 더 범용적인 로케일로 시도한다. 지정된 로케일로 오버라이드할 수 있어야 한다. 예를 들어 `'greeting'`이라는 키에 `'de-CH'` 로케일을 적용하면 `'Grüezi'`을 찾지만 `'farewell'`에는 `'de'`가 적용된다.

10 자바 라이브러리는 로케일에 따라 메시지의 형식을 변환하는 유용한 클래스를 제공한다. `'{0} has {1} messages'` 같은 템플릿이 있다고 가정하자. 프랑스어로 바꾸면 `'Il y a {1} messages pour {0}'`이 된다. 메시지의 형식을 변환할 때는 변환하려는 언어에 필요한 순서와 관련 없이 고정된 순서대로 항목을 제공해야 한다. 템플릿 문자열과 가변 개수의 항목을 받는 `messageFormat` 함수를 구현해보자. 문자열을 치환할 수 있는 기법도 구현해보자.

11 주어진 로케일에 따른 치수 단위와 기본 종이 크기를 이용해 로케일에 따라 종이 크기를 표시하는 클래스를 구현해보자. 미국과 캐나다를 제외한 모든 국가는 ISO 216 종이 크기를 사용한다. 전 세계에서 오직 세 국가(라이베리아, 미얀마(버마), 미국)만 미터법을 공식적으로 채택하지 않았다.

CHAPTER

09

비동기
프로그래밍 ▲

01 자바스크립트의 동시 작업

02 프라미스 생성

03 즉시 종료되는 프라미스

04 프라미스 결과

05 프라미스 체이닝

06 거부 처리 핸들러

07 여러 프라미스 실행

08 여러 프라미스의 경쟁

09 async 함수

10 async 반환값

11 동시 await

12 async 함수의 예외

| 연습 문제 |

Chapter 09 비동기 프로그래밍

이번 장에서는 반드시 미래의 어느 시점에서 실행되어야 하는 태스크task를 활용하는 방법을 배운다. 먼저 프라미스promise 개념을 자세히 살펴본다. 프라미스란 단어 자체가 암시하듯이 미래 어느 시점에서 결과를 생산할 것임을 약속하는 액션을 말한다(단 예외로 죽지 않는다면). 순차적 또는 병렬로 프라미스를 실행할 수 있다.

프라미스를 합치려면 메서드를 호출해야 한다는 점이 단점이다. async/await 기능은 코드를 조금 더 쉽게 구현하도록 돕는다. async/await를 이용해 평소처럼 코드를 구현하면 컴파일러가 자동으로 이를 일련의 프라미스로 변환한다.

프라미스 대신 async/await를 사용할 수 있으므로 프라미스를 무시할 수도 있다. 하지만 async/await의 내부 작동 방식에 대한 이해가 없다면 이 문법의 복잡성과 한계를 이해하기가 어려울 것이다.

이 장의 마지막에서 비동기 제너레이터generator와 반복자iterator를 살펴본다. 자바스크립트 중급 개발자라면 이 장의 마지막 절은 반드시 읽어야 한다. 웹 애플리케이션에서는 비동기 처리를 자주 사용하기 때문이다.

9.1 자바스크립트의 동시 작업

여러 동작이 중복된 시간대에 일어나는 상황을 '동시concurrent'라고 표현한다. 자바나 C++에서는 여러 스레드로 동시 프로그램을 구현한다. 프로세서가 두 개 이상의 코어를 갖고 있으면 스레드는 병렬로 실행된다. 하지만 개발자라면 이런 상황에서 데이터를 보호하는 데 주의해야 한다. 동시에 다른 스레드가 값을 갱신하면 데이터의 무결성이 훼손되기 때문이다.

반대로 자바스크립트 프로그램은 한 스레드에서 실행된다. 일단 한 함수가 시작되면 프로그램의 다른 부분은 기존 함수가 실행을 끝낼 때까지 기다려야 한다. 덕분에 여러분의 함수가 사용하는 데이터를 다른 누군가가 훼손할 염려는 덜 수 있다. 함수 안에서 프로그램의 변수를 바꾸고, 함수를 반환하기 전에만 마무리하면 된다. 상호 배제mutex나 교착 상태deadlock 등은 걱정할 필요가 없다.

단일 스레드의 한계는 명백하다. 프로그램에서 어떤 동작이 끝나기를 오래 기다려야 한다면 (예를 들어 인터넷으로 데이터 접근) 그동안 다른 작업은 할 수가 없다. 따라서 자바스크립트에서 시간이 걸리는 작업은 항상 비동기^{asynchronous}로 처리한다. 수행할 작업을 지정하고, 데이터를 이용할 수 있거나 오류가 발생했을 때 실행할 콜백 함수를 제공한다. 그동안 현재 함수는 다음 코드를 이어서 실행한다.

이미지를 로딩하는 간단한 예를 살펴보자. 다음은 주어진 URL에서 이미지를 로드해 지정된 DOM 요소로 추가하는 예다.

```
const addImage = (url, element) => {
    const request = new XMLHttpRequest()
    request.open('GET', url)
    request.responseType = 'blob'
    request.addEventListener('load', () => {
        if (request.status == 200) {
            const blob = new Blob([request.response], { type: 'image/png' })
            const img = document.createElement('img')
            img.src = URL.createObjectURL(blob)
            element.appendChild(img)
        } else {
            console.log(`${request.status}: ${request.statusText}`)
        }
    })
    request.addEventListener('error', event => console.log('Network error'));
    request.send()
}
```

XMLHttpRequest API의 세부 구현은 중요하지 않지만 이미지 데이터는 콜백(load 이벤트의 리스너)에서 처리한다는 사실은 알고 있어야 한다. addImage를 호출하면 바로 반환된다. 나중에 데이터를 로드하면 그때 DOM 요소로 이미지를 추가한다.

네 개의 이미지(화투를 설명하는 위키백과[1]의 카드 덱에서 가져옴)를 로드하는 다음 예제를
살펴보자.

```
const imgdiv = document.getElementById('images')
addImage('hanafuda/1-1.png', imgdiv)
addImage('hanafuda/1-2.png', imgdiv)
addImage('hanafuda/1-3.png', imgdiv)
addImage('hanafuda/1-4.png', imgdiv)
```

addImage를 호출하면 즉시 반환된다. 이미지 데이터를 획득할 때마다 콜백이 호출되며 이
미지를 추가한다. 콜백이 동시에 발생해도 데이터가 깨질 염려는 없다. 콜백끼리는 엇갈리
지 않기 때문이다. 즉 자바스크립트의 한 스레드에서 차례로 콜백을 호출하지만 호출 순서
는 보장되지 않는다. 이 프로그램으로 웹 페이지를 여러 번 로딩해보면 이미지 순서가 매번
달라진다는 사실을 알 수 있다(그림 9-1).

그림 9-1 이미지 로딩 순서가 매번 다름

---

1 https://en.wikipedia.org/wiki/Hanafuda

이 장의 모든 예제 프로그램은 웹 브라우저에서 실행할 수 있다. 예제 코드는 브라우저로 로드할 수 있는 웹 페이지와 개발자 도구 콘솔로 복사 붙여넣기할 수 있는 코드도 제공한다.

여러분의 컴퓨터로 코드 파일을 실행해보려면 로컬 웹 서버가 필요하다. 다음 명령어로 light-server를 설치할 수 있다.

```
npm install -g light-server
```

제공하려는 파일을 포함하는 디렉터리로 이동한 다음 아래 명령을 실행한다.

```
light-server -s .
```

그리고 브라우저에 `http://localhost:4000/images.html`과 같은 URL을 입력한다.

이미지 로딩 순서를 바로잡는 것은 어렵지 않다(9장 연습 문제 1번 참고). 하지만 조금 더 복잡한 상황을 생각해보자. 원격으로 데이터를 읽는 상황에서 데이터가 도착할 경우, 추가로 데이터를 읽는다고 가정하자. 예를 들어 웹 페이지는 이미지의 URL을 포함하고 있으며 이 URL로 이미지를 로드해야 한다.

웹 페이지를 비동기로 읽으면서 콜백을 이용해 이미지 URL을 확인한다. 이때 이미지 역시 비동기로 읽으면서 콜백을 이용해 원하는 위치로 이미지를 추가한다. 비동기 작업을 수행할 때 오류를 처리해야 하므로 또 다른 콜백이 필요하다. 이렇게 중첩된 작업을 처리하다 보면 프로그램이 '콜백 지옥^{callback hell}'(성공과 실패 경로를 파악하기 어려울 정도로 많은 콜백이 중첩된 상황)으로 변한다.

다음 절에서는 프라미스를 이용해 중첩된 콜백 없이 비동기 작업을 구현하는 방법을 알아본다.

프라미스는 나중에 결과를 가져올 것임을 의미하는 객체다. 따라서 당장 결과를 내진 않지만 나중에 데이터가 생겼을 때 결과가 도출되거나 오류가 발생하면 아예 결과가 나오지 않는다.

별로 놀라운 점이 없다고 생각할 수 있겠지만 실제 뚜껑을 열어보면 콜백에 비해 프라미스가 결과와 오류 처리를 얼마나 쉽게 연계하는지를 알 수 있을 것이다.

9.2 프라미스 생성

이번 절과 다음 절에서는 프라미스를 만드는 방법을 살펴본다. 이 과정은 상당히 기술적인 내용을 포함하지만, 실제로는 직접 프라미스를 만들 필요가 거의 없다. 보통 유명한 라이브러리를 이용해 프라미스를 반환하는 함수를 호출해 사용하기 때문이다. 실제로 프라미스를 구현해야 하는 상황이 아니라면 이번 절을 생략해도 좋다.

📗 Note

최신 브라우저에서 지원하는 Fetch API는 프라미스를 만드는 대표적인 API 예제다.

```
fetch('https://horstmann.com/javascript-impatient/hanafuda/index.html')
```

위 코드는 HTTP 요청 결과가 준비되었을 때 응답을 제공할 프라미스를 반환한다.

Promise 생성자는 두 개의 인수(각각 성공, 실패를 처리할 코드)를 받는 함수를 한 개의 인수로 받는다. 이 함수를 '실행자 함수executor function'라 부른다.

```
const myPromise = new Promise((resolve, reject) => {
  // 실행자 함수 본문
})
```

실행자 함수의 본문에서 원하는 결과를 반환하는 태스크를 시작한다. 결과가 준비되면 이를 resolve 핸들러로 전달한다. 또는 결과를 얻을 수 없다면 실패 이유를 reject 핸들러로 전달한다. 작업이 비동기로 끝나면 특정한 콜백에서 이들 핸들러를 호출한다.

다음 코드는 프라미스 실행 순서를 보여준다.

```
const myPromise = new Promise((resolve, reject) => {
  const callback = (args) => {
    ...
    if (success) resolve(result) else reject(reason)
  }
```

```
    invokeTask(callback)
  })
```

잠시 뒤에 결과를 반환하는 가장 단순한 상황에 이를 적용해보자. 이 함수는 프라미스를 반환한다.

```
const produceAfterDelay = (result, delay) => {
  return new Promise((resolve, reject) => {
    const callback = () => resolve(result)
    setTimeout(callback, delay)
  })
}
```

생성자로 넘겨진 실행자 함수에서는 setTimeout에 콜백과 지연을 인수로 제공하면서 setTimeout을 호출한다. 지정된 시간이 지나면 이 콜백이 호출된다. 콜백에서는 resolve 핸들러로 결과를 전달한다. 이 예제에서는 오류가 발생하지 않으므로 reject 핸들러는 사용하지 않는다.

결과가 이미지인 프라미스를 반환하는 조금 더 복잡한 함수를 살펴보자.

```
const loadImage = (url) => {
  return new Promise((resolve, reject) => {
    const request = new XMLHttpRequest()
    const callback = () => {
      if (request.status == 200) {
        const blob = new Blob([request.response], { type: 'image/png' })
        const img = document.createElement('img')
        img.src = URL.createObjectURL(blob)
        resolve(img)
      } else {
        reject(Error(`${request.status}: ${request.statusText}`))
      }
    }
    request.open('GET', url)
    request.responseType = 'blob'
```

```
      request.addEventListener('load', callback)
      request.addEventListener('error', (event) =>
        reject(Error('Network error'))
      );
      request.send()
   })
}
```

실행자 함수는 **XMLHttpRequest** 객체를 설정해 전송한다. 응답을 받으면 콜백이 이미지를 만들어 **resolve** 핸들러에 이를 전달한다. 오류가 발생하면 **reject** 핸들러로 전달한다.

프라미스의 동작 과정을 조금 더 천천히 살펴보자.

1. Promise 생성자를 호출한다.

2. 실행자 함수를 호출한다.

3. 실행자 함수가 한 개 이상의 콜백을 이용해 비동기 작업을 시작한다.

4. 실행자 함수를 반환한다.

5. 생성자 함수를 반환한다. 프라미스는 '대기pending' 상태로 바뀐다.

6. 생성자 함수 코드 실행이 끝난다.

7. 비동기 작업이 끝난다.

8. 콜백을 호출한다.

9. 콜백은 resolve나 reject 핸들러를 호출하며 프라미스는 '성공fulfilled' 또는 '실패rejected(거부 혹은 거절)' 상태로 바뀐다. 이렇게 프라미스의 역할이 완료settled된다.

📖 **Note**

마지막 부분의 흐름을 조금 변형할 수 있다. resolve에 다른 프라미스를 전달해 호출하면 현재 프라미스는 해결되지만 완료되진 않는다. 현재 프라미스는 이후 프라미스가 완료될 때까지 대기 상태로 남는다. 따라서 **fulfill**이 아니라 **resolve** 핸들러 함수를 호출한다.

태스크 콜백에서 항상 **resolve**나 **reject**를 호출해야 하며 그렇지 않으면 프라미스는 절대

끝나지 않는 대기 상태가 된다.

태스크 콜백에서 예외가 발생했다면 특히 주의해야 한다. resolve나 reject가 아니라 예외 발생으로 인해 태스크 콜백이 종료되면 프라미스는 완료되지 않는다. loadImage 예제에서는 예외가 던져지지 않도록 주의하며 코드를 구현했다. 대개는 콜백 코드를 try/catch 문으로 감싸서 예외가 발생하면 이를 reject 핸들러로 전달한다.

하지만 실행자 함수에서 발생한 예외는 꼭 잡을 필요가 없다. 생성자는 단순히 거절된 프라미스를 반환한다.

9.3 즉시 종료되는 프라미스

Promise.resolve(value)를 호출하면 주어진 값으로 프라미스 실행이 바로 완료된다. 상황에 따라 결과를 즉시 확인할 수 있는 프라미스를 반환하는 메서드에 이를 활용할 수 있다.

```
const loadImage = url => {
  if (url === undefined) return Promise.resolve(brokenImage)

    ...
}
```

결괏값이 프라미스나 일반값 모두를 반환할 수 있는 상황이라면 Promise.resolve(value)의 결과는 항상 프라미스로 변환된다. 값이 이미 프라미스면 그대로 프라미스를 반환한다.

📋 **Note**

Promise.resolve 메서드는 기존 표준 ECMAScript 프라미스와의 호환성을 유지할 수 있도록 then 메서드를 제공하는 thenable 객체에 특별한 기능을 추가한다. then 메서드는 resolve 나 reject 핸들러에서 호출되며 결과를 포함하는 프라미스를 반환한다(9장 연습 문제 6번 참고).

Promise.reject(error)는 주어진 오류와 함께 즉시 실패를 가리키는 프라미스를 반환한다.

프라미스를 반환하는 함수에 문제가 생겼을 때 이 메서드를 사용한다.

```
const loadImage = (url) => {
  if (url === undefined) {
    return Promise.reject(Error('No URL'))
  } else {
    return new Promise(...)
  }
}
```

9.4 프라미스 결과

프라미스를 만드는 방법을 알았으니 이제 결과를 얻는 방법을 살펴보자. 프라미스가 완료될 때까지 기다릴 필요가 없으며 대신 프라미스가 완료될 때 결과 또는 오류를 처리할 액션을 제공한다. 이들 액션을 추가한 함수가 끝나고 난 뒤, 때가 되면 추가한 액션 함수가 실행된다.

then 메서드로 액션을 지정하면 프라미스가 해석된 다음 액션이 실행된다. 액션은 결과를 소비하는 함수다.

```
const promise1 = produceAfterDelay(42, 1000)
promise1.then(console.log)                   // 값이 준비되면 값을 기록함
const promise2 = loadImage('hanafuda/1-1.png')
promise2.then(img => imgdiv.appendChild(img)) // 이미지를 얻었으면 추가함
```

📖 Note

then 메서드는 프라미스의 결과를 얻는 여러 방법 중 하나다.

9.6절에서 거절된 프라미스를 처리하는 방법을 살펴본다.

다양한 URL로 loadImage나 fetch 함수를 실험할 때 '교차 출처cross-origin' 오류를 종종 보게 된다. 브라우저 안의 자바스크립트 엔진은 이들 호스트가 접근을 동의하고 헤더 응답을 설정하지 않으면 서드파티 호스트로부터의 웹 요청 결과를 자바스크립트 코드가 볼 수 없도록 설정하기 때문이다. 안타깝게도 몇몇 사이트에서는 이와 관련된 문제가 발생한다. https://horstmann. com/javascript-impatient, https://developer.mozilla.org, https://aws.random. cat/meow URL로 fetch 함수를 실험할 수 있다. 다른 사이트에서 기능을 시험하려면 CORS 프록시나 브라우저 플러그인으로 문제를 해결해야 한다.

9.5 프라미스 체이닝

프라미스 결과를 얻는 방법을 살펴봤으니 이번에는 프라미스 결과를 다른 비동기 작업으로 전달하는 더 흥미로운 상황을 살펴보자.

then으로 전달한 액션이 또 다른 프라미스를 반환해야 한다면 프라미스가 결과로 반환된다. 다시 한번 then 메서드를 호출해 이 결과를 처리한다.

다음은 이미지를 연속적으로 로드하는 체이닝chaining 예다.

```
const promise1 = loadImage('hanafuda/1-1.png')
const promise2 = promise1.then(img => {
    imgdiv.appendChild(img)
    return loadImage('hanafuda/1-2.png') // 또 다른 프라미스
})
promise2.then(img => {
    imgdiv.appendChild(img)
})
```

각 프라미스를 별도의 변수로 저장할 필요는 없다. 하지만 보통 프라미스를 '파이프라인'으로 연결해 하나의 작업을 처리한다.

```
loadImage('hanafuda/1-1.png')
    .then(img => {
        imgdiv.appendChild(img)
        return loadImage('hanafuda/1-2.png')
    })
    .then(img => imgdiv.appendChild(img))
```

📋 **Note**

Fetch API를 이용해 웹 페이지 컨텐츠를 읽을 때는 프라미스를 서로 연결해야 한다.

```
fetch('https://developer.mozilla.org')
    .then(response => response.text())
    .then(console.log)
```

fetch 함수는 응답을 포함하는 프라미스를 반환하며 text 메서드는 페이지의 텍스트 컨텐츠를 포함하는 또 하나의 프라미스를 반환한다.

다음과 같이 동기 작업과 비동기 작업을 혼용할 수도 있다.

```
loadImage('hanafuda/1-1.png')
    .then(img => imgdiv.appendChild(img))        // 동기
    .then(() => loadImage('hanafuda/1-2.png'))   // 비동기
    .then(img => imgdiv.appendChild(img))        // 동기
```

보통 then 액션이 프라미스 이외의 값을 반환하면 즉시 실행 완료된 프라미스를 반환한다. 따라서 반환된 프라미스를 이용해 다른 then 메서드와 연결할 수 있다.

Tip

즉시 실행이 완료되는 작업을 먼저 추가하면 프라미스 파이프라인의 대칭을 유지할 수 있다.

```
Promise.resolve()
  .then(() => loadImage('hanafuda/1-1.png'))
  .then((img) => imgdiv.appendChild(img))
  .then(() => loadImage('hanafuda/1-2.png'))
  .then((img) => imgdiv.appendChild(img))
```

이전 예제는 고정된 수의 태스크를 조합하는 방법이었다. 다음과 같이 루프를 이용하면 임의의 수의 태스크를 포함하는 긴 파이프라인을 만들 수 있다.

```
let p = Promise.resolve()
for (let i = 1; i <= n; i++) {
  p = p
    .then(() => loadImage(`hanafuda/1-${i}.png`))
    .then((img) => imgdiv.appendChild(img))
}
```

Warning

then 메서드의 인수가 함수가 아니면 인수는 삭제된다. 다음은 잘못된 예다.

```
loadImage('hanafuda/1-1.png')
  .then((img) => imgdiv.appendChild(img))
  .then(loadImage('hanafuda/1-2.png'))
  // then의 인수가 함수가 아니므로 오류 발생
  .then((img) => imgdiv.appendChild(img))
```

이 예제에서 loadImage의 반환값 즉, 프라미스에 then을 호출했다. p.then(arg)를 호출할 때 인수가 함수가 아니어도 오류 메시지가 발생하지 않는다. 이런 상황에서 인수를 활용하지 않으면 then 메서드는 p와 같은 프라미스를 그대로 반환한다. 두 번째 loadImage 호출은 첫 번째 호출의 프라미스가 완료될 때까지 기다리지 않고 바로 호출된다.

9.6 거부 처리 핸들러

9.5절에서는 여러 비동기 태스크를 한 번에 처리하는 방법을 살펴봤다. 지금까지는 모든 작업이 '성공적으로 끝나는 상황'만 살펴봤다. 오류 처리를 추가하다 보면 프로그램 로직이 상당히 복잡해진다. 프라미스를 이용하면 태스크 파이프라인에서 쉽게 오류를 전파할 수 있다.

then 메서드를 호출할 때 거부 처리 핸들러를 제공한다.

```
loadImage(url).then(
  (img) => {
    // 프라미스 완료됨
    imgdiv.appendChild(img)
  },
  (reason) => {
    // 프라미스 실패함
    console.log({ reason })
    imgdiv.appendChild(brokenImage)
  }
)
```

하지만 보통 catch 메서드를 사용하는 것이 좋다.

```
loadImage(url)
  .then((img) => {
    // 프라미스 완료됨
    imgdiv.appendChild(img)
  })
  .catch((reason) => {
    // 기존 프라미스가 실패함
    console.log({ reason })
    imgdiv.appendChild(brokenImage)
  })
```

이런 방식으로 resolve 핸들러에서 발생한 오류도 잡을 수 있다.

catch 메서드는 반환값(반환된 프라미스) 또는 핸들러 인수로 전달된 예외를 이용해 새 프라미스를 반환한다. 핸들러가 오류를 던지지 않고 반환하면 결과 프라미스가 해결되며 파이프라인을 계속 실행할 수 있다.

보통 파이프라인은 자신에 속한 태스크에서 문제가 발생했을 때 호출되는 한 개의 거절 핸들러를 포함한다.

```
Promise.resolve()
  .then(() => loadImage('hanafuda/1-1.png'))
  .then((img) => imgdiv.appendChild(img))
  .then(() => loadImage('hanafuda/1-2.png'))
  .then((img) => imgdiv.appendChild(img))
  .catch((reason) => console.log({ reason }))
```

then 액션이 예외를 던지면 거절된 프라미스를 반환한다. 거절된 프라미스에 연결된 then은 단순히 거절된 프라미스를 전파하는 역할을 한다. 따라서 파이프라인의 중간에 발생한 모든 문제는 마지막에 등장하는 catch 핸들러가 처리한다.

finally 메서드는 프라미스 완료 여부와 관계없이 항상 실행된다. finally 메서드는 마무리 작업을 수행하는 용도이므로 인수가 없으며 프라미스 결과를 분석하는 일도 하지 않는다. finally 메서드는 자신을 호출한 프라미스를 그대로 반환하므로 파이프라인 어디에나 위치할 수 있다.

```
Promise.resolve()
  .then(() => loadImage('hanafuda/1-1.png'))
  .then((img) => imgdiv.appendChild(img))
  .finally(() => {
    doCleanup(...)
  })
  .catch((reason) => console.log({ reason }))
```

9.7 여러 프라미스 실행

프라미스가 여러 개 있고 이들 모두를 해결해야 한다면 배열 또는 이터러블에 저장한 다음 Promise.all(iterable)을 호출한다. 그러면 이터러블의 모든 프라미스가 해결되고 결과는 기존 프라미스가 저장된 순서와 같은 순서로 이터러블에 저장된다.

다음과 같이 손쉽게 여러 이미지를 로드해 순서대로 추가할 수 있다.

```
const promises = [
  loadImage('hanafuda/1-1.png'),
  loadImage('hanafuda/1-2.png'),
  loadImage('hanafuda/1-3.png'),
  loadImage('hanafuda/1-4.png')
]
Promise.all(promises).then((images) => {
  for (const img of images) imgdiv.appendChild(img)
})
```

Promise.all은 모든 태스크를 병렬로 실행하지 않으며 한 스레드에서 순차적으로 실행한다. 하지만 작업 순서는 예상할 수 없다. 예를 들어 이미지 로딩 예제에서 어떤 데이터를 먼저 획득할지 알 수 없다.

앞서 설명했듯이 Promise.all은 이터러블 프라미스를 반환한다. 이 이터러블은 실제 데이터 획득 순서와 관계없이 개별 프라미스의 결과를 원래 프라미스와 같은 순서로 저장한다. 이전 예제 코드에서 모든 이미지를 로딩하면 then 메서드를 호출해 images 이터러블에 저장된 이미지를 올바른 순서대로 추가했다.

Promise.all에 전달한 이터러블에 포함된 프라미스 이외의 값은 결과 이터러블에 그대로 저장된다. 프라미스 중 하나라도 거절되면 Promise.all은 처음으로 거절된 프라미스를 거절된 프라미스로 반환한다.

거절된 프라미스를 조금 더 적절하게 처리하려면 Promise.allSettled 메서드를 사용하자. Promise.allSettled 메서드는 다음과 같은 식의 객체를 포함하는 이터러블 프라미스를 반환한다.

```
{ status: 'fulfilled', value: 결과 }
```

또는 다음과 같다.

```
{ status: 'rejected', reason: 예외 }
```

9장 연습 문제 8번에서 결과를 처리하는 방법을 살펴본다.

9.8 여러 프라미스의 경쟁

병렬로 작업을 수행하는 상황에서 한 작업이 끝나면 모두 종료시켜야 한다고 가정하자. 첫 번째 검색 결과가 필요한 전형적인 검색 작업이 여기에 해당한다. Promise.race(iterable)은 한 프라미스가 완료될 때까지 이터러블의 프라미스를 실행한다. 처음으로 완료된 프라미스가 결과를 좌우한다.

> ✎ **Warning**
>
> 이터러블이 프라미스 이외의 값을 포함하면 이 값이 경쟁race의 결괏값이 된다. 이터러블이 비었다면 Promise.race(iterable)은 완료되지 않는다.

거절된 프라미스가 경쟁에서 이기는 경우도 있다. 모든 프라미스가 폐기된 상황에서 결과가 하나라도 주어진 경우가 여기에 해당한다. 더 유용한 메서드 Promise.any는 현재 3 단계 후보 단계에 있다.[2]

Promise.any 메서드는 한 태스크의 상태가 해결resolved로 바뀔 때까지 계속 실행된다. 모든 프라미스가 거절된 상황에서는 거절 이유를 모든 AggregateError와 함께 거부된 프라미스를 반환한다.

---

2 **옮긴이_** 2020년에 최종 승인되었으며, 일부 자바스크립트 엔진에서 이 기능을 지원한다.

```
Promise.any(promises)
  .then((result) => ...)  // 첫 번째 완료된 프라미스의 결과 처리
  .catch((error) => ...)  // 어떤 프라미스도 완료되지 않음
```

9.9 async 함수

then, catch 메서드로 프라미스 파이프라인을 만드는 방법과 Promise.all, Promise.
any를 이용해 일련의 프라미스를 동시에 실행하는 방법을 살펴봤다. 하지만 이런 프로그래
밍 기법은 그다지 유용하지 않다. 일반적인 프로그래밍 코드가 아닌 메서드 호출로 파이프
라인을 구성하기 때문이다.

await/async 문법은 프라미스를 더 자연스럽게 만든다. 다음 코드를 살펴보자.

```
let value = await promise
```

이 코드는 프라미스가 종료되어 값을 반환할 때까지 기다린다.

하지만 자바스크립트 함수에서 결과가 나오기를 기다리는 것은 바람직하지 않은 동작이라
고 배웠다. 그리고 일반적인 함수에는 await를 사용할 수 없다. async 키워드를 갖는 함수
에서만 await 연산자를 사용할 수 있다.

```
const putImage = async (url, element) => {
  const img = await loadImage(url)
  element.appendChild(img)
}
```

컴파일러는 프라미스가 해결되고 나서 await 연산자 이후의 동작이 실행되도록 async 함
수의 코드를 변환한다. 예를 들어 putImage 함수는 다음과 같다.

```
const putImage = (url, element) => {
  loadImage(url)
    .then(img => element.appendChild(img))
}
```

await를 다음과 같이 여러 번 사용할 수 있다.

```
const putTwoImages = async (url1, url2, element) => {
  const img1 = await loadImage(url1)
  element.appendChild(img1)
  const img2 = await loadImage(url2)
  element.appendChild(img2)
}
```

루프도 사용할 수 있다.

```
const putImages = async (urls, element) => {
  for (const url of urls) {
    const img = await loadImage(url)
    element.appendChild(img)
  }
}
```

이들 예제에서 볼 수 있듯 컴파일러가 내부적으로 코드를 어떻게 구현하는지는 신경 쓸 필요가 없다.

Warning

await 키워드를 깜빡 잊은 상태에서 async 함수를 호출하면 프라미스를 반환한다. 하지만 반환된 프라미스는 아무것도 하지 않는다. 다음은 흔히 저지르는 실수다.

```
const putImages = async (urls, element) => {
  for (const url of urls)
    putImage(url, element) // aync putImage에 await가 없으므로 오류 발생
}
```

이 함수는 여러 Promise 객체를 만들었지만 이를 활용하지 못하고 결국 Promise.resolve (undefined)를 반환한다. 코드가 정상 동작한다면 순서대로 이미지를 추가할 것이다. 하지만 예외가 발생하면 아무도 이를 잡을 수 없다.

async 키워드는 다음 상황에 적용할 수 있다.

· 화살표 함수

```
async url => { ... }
async (url, params) => { ... }
```

· 메서드

```
class ImageLoader {
  async load(url) { ...}
}
```

· 명명된 함수와 익명 함수

```
async function loadImage(url) { ... }
async function(url) { ... }
```

• 객체 리터럴 메서드

```
obj = {
  async loadImage(url) { ... },
  ...
}
```

📋 Note

모든 상황에서 결과 함수는 Function이 아니라 AsyncFunction 인스턴스다(다만 typeof로
확인해보면 'function'이 반환된다).

9.10 async 반환값

async 함수는 값을 반환하는 것처럼 보이지만 사실은 프라미스를 반환한다. 다음 예를 살
펴보자. https://aws.random.cat/은 무작위로 고양이 이미지를 보여주는 사이트인데
{ file: 'https://purr.objects-us-east-1.dream.io/i/mDh7a.jpg' } 같은 JSON
객체를 반환한다.

다음처럼 Fetch API로 프라미스를 얻을 수 있다.

```
const result = await fetch('https://aws.random.cat/meow')
const imageJSON = await result.json()
```

Fetch API에서 JSON 처리는 비동기(result.json()은 다른 프라미스를 반환함)이므로 두
번째 await를 반드시 사용해야 한다.

이제 고양이 이미지의 URL을 반환하는 함수를 구현한다.

```
const getCatImageURL = async () => {
  const result = await fetch('https://aws.random.cat/meow')
  const imageJSON = await result.json()
  return imageJSON.file
}
```

함수는 await 연산자를 사용하므로 async로 함수를 태그해야 한다.

이 함수는 문자열을 반환한다. await 연산자의 핵심은 프라미스가 아닌 값을 이용할 수 있게 해준다는 점이다. 하지만 async 함수를 벗어나면 환상이 사라진다. return 문의 값은 항상 프라미스로 바뀌기 때문이다.

async 함수로 무엇을 할 수 있을까? async 함수는 프라미스를 반환하므로 then을 이용해 결과를 얻을 수 있다.

```
getCatImageURL()
    .then(url => loadImage(url))
    .then(img => imgdiv.appendChild(img))
```

또는 awiat 연산자로 결과를 얻는다.

```
const url = await getCatImageURL()
const img = await loadImage(url)
imgdiv.appendChild(img)
```

두 번째 코드가 더 깔끔해 보이지만 또 다른 async 함수가 필요하다. 코드에서 볼 수 있듯이 async 세계에 한번 발을 들이면 나가고 싶지 않을 것이다.

다음 async 함수의 마지막 행을 살펴보자.

```
cconst loadCatImage = async () => {
  const result = await fetch('https://aws.random.cat/meow')
  const imageJSON = await result.json()
```

```
    return await loadImage(imageJSON.file)
  }
```

마지막 **await** 연산자를 생략할 수 있다.

```
const loadCatImage = async () => {
  const result = await fetch('https://aws.random.cat/meow')
  const imageJSON = await result.json()
  return loadImage(imageJSON.file)
}
```

어떤 방식을 사용하든 이 함수는 **loadImage**를 호출해 비동기로 얻은 프라미스(이미지를 포함하는 결과)를 반환한다.

async/await 문법 덕분에 모든 프라미스가 내부적으로 숨겨졌으므로 필자는 첫 번째 예제가 더 이해하기 쉽다고 생각한다.

 Warning

> try/catch 문 안에서 return await 프라미스와 return 프라미스는 조금 다르게 동작한다
> (9장 연습 문제 11번 참고). 이런 상황에서는 await 연산자를 생략하지 않는 것이 좋다.

async 함수가 **await**를 만나기도 전에 값을 반환하면 해결된 프라미스로 값을 감싼다.

```
const getJSONProperty = async (url, key) => {
  if (url === undefined) return null // 실제로는 Promise.resolve(null)을 반환함
  const result = await fetch(url)
  const json = await result.json()
  return json[key]
}
```

이 절의 async 함수는 나중에 한 개의 값을 반환한다. 12장에서는 async 반복자로 일련의 값을 나중에 만드는 방법을 설명한다. 다음은 정해진 시간이 흐른 뒤 특정 범위의 정수를 반환하는 예다.

```
async function* range(start, end, delay) {
  for (let current = start; current < end; current++) {
    yield await produceAfterDelay(current, delay)
  }
}
```

'async 제너레이터 함수'를 직접 구현하는 상황은 거의 없고 라이브러리에서 제공하는 기능을 사용하므로 이 함수의 문법은 크게 신경 쓸 필요가 없다.

```
for await (const value of range(0, 10, 1000)) {
  console.log(value)
}
```

루프의 모든 값에 await를 적용하므로 루프는 반드시 async 함수 안에 있어야 한다.

9.11 동시 await

await를 연속으로 사용하면 순서대로 동작을 완료한다.

```
const img1 = await loadImage(url)
const img2 = await loadCatImage() // 첫 번째 이미지가 로딩된 다음 실행됨
```

하지만 이미지를 하나씩 로딩하는 것보다는 동시에 로딩하는 것이 더 효율적이다. 이럴 땐 Promise.all을 활용한다.

```
const [img1, img2] = await Promise.all([loadImage(url), loadCatImage()])
```

async/await 문법을 아는 것만으로는 이 코드를 이해하기 어렵다. 프라미스를 조금 더 알아야 한다.

Promise.all은 프라미스 이터러블이다. loadImage는 프라미스를 반환하는 일반 함수이며 loadCatImage는 암묵적으로 프라미스를 반환하는 async 함수다. Promise.all 메서드는 프라미스를 반환하므로 이 함수에 await를 추가할 수 있다. 비구조화한 배열이 결과 프라미스다.

내부적으로 어떤 일이 일어나는지 이해하지 못하면 실수를 일으키기 쉽다. 다음 코드를 살펴보자.

```
const [img1, img2] = [await loadImage(url), await loadCatImage()]
// 여전히 순차적으로 실행되므로 오류
```

이 코드는 문제없이 컴파일되고 실행된다. 하지만 동시에 이미지를 로딩하지 않는다. await loadCatImage()를 실행하기 전에 반드시 await loadImage(url)을 완료해야 한다.

9.12 async 함수의 예외

async 함수에서 예외를 던지면 거절된 프라미스를 반환한다.

```
const getAnimalImageURL = async type => {
  if (type === 'cat') {
    return getJSONProperty('https://aws.random.cat/meow', 'file')
  } else if (type === 'dog') {
    return getJSONProperty('https://dog.ceo/api/breeds/image/random', 'message')
  } else {
    throw Error('bad type') // async 함수는 거절된 프라미스를 반환함
  }
}
```

반면 await 연산자가 거절된 프라미스를 받으면 예외를 던진다. 다음은 await 연산자에서 발생한 예외를 잡는 함수다.

```
const getAnimalImage = async type => {
  try {
    const url = await getAnimalImageURL(type)
    return loadImage(url)
  } catch {
    return brokenImage
  }
}
```

await를 try/catch 문으로 감싸야 하는 것은 아니지만 async 함수에서는 오류 처리 기법이 필요하다. 아마도 여러분의 최상위 수준의 async 함수가 모든 비동기 예외를 잡거나, 호출자는 반환된 프라미스에 catch를 호출해야 한다는 점을 문서화해야 할 것이다.

Node.js는 최상위 수준에서 프라미스가 거절되면 Node.js의 향후 버전에서는 프로세스를 종료시킬 수도 있다는 엄중한 경고를 보낸다(9장 연습 문제 12번 참고).

연습 문제

01 9.1절의 예제 프로그램은 상황에 따라 올바른 순서대로 이미지를 로딩하지 않을 수 있다. 이미지가 로딩된 순서와 관계없이 올바른 순서대로 이미지가 추가되도록 퓨처future를 사용하지 않고 구현할 수 있을까?

02 주어진 시간만큼 지연된 다음, 정해진 함수를 호출해 프라미스를 반환하는 invokeAfterDelay 함수를 구현해보자. 0과 1 사이의 난수를 이용하자. 결과는 콘솔에 출력한다.

03 이전 연습 문제의 함수를 두 번 호출한 produceRandomAfterDelay 함수를 구현한 다음, 합계를 계산해 출력해보자.

04 이전 연습 문제의 produceRandomAfterDelay를 n번 실행한 다음 합계를 출력하는 루프를 구현해보자.

05 9.1절에서 살펴본 addImage(url, element)와 비슷한 함수를 구현해보자. 연속적으로 호출할 수 있도록 프라미스를 반환한다.

```
addImage('hanafuda/1-1.png')
  .then(() => addImage('hanafuda/1-2.png', imgdiv))
  .then(() => addImage('hanafuda/1-3.png', imgdiv))
  .then(() => addImage('hanafuda/1-4.png', imgdiv))
```

그리고 9.5절의 팁을 활용해 체이닝 호출의 균형을 맞춰보자.

06 then 메서드를 제공하는 모든 객체를 Promise로 변환하는 `Promise.resolve` 메서드를 설명해보자. then 메서드를 제공하는 객체를 무작위로 제공한 다음 `resolve` 또는 `reject` 핸들러를 호출해보자.

07 보통 클라이언트 애플리케이션은 브라우저가 DOM 로딩을 끝난 다음에 작업을 시작한다. 이런 작업은 보통 `DOMContentLoaded` 이벤트 리스너에서 수행된다. 하지만 `document.readyState != 'loading'`인 상황이라면 이미 로딩이 끝 났으므로 이벤트가 다시 일어나지 않는다. 이를 `whenDOMContentLoaded().` `then(...)`이라는 한 호출로 해결할 수 있도록 프라미스를 반환하는 한 개의 함수로 두 가지 상황을 구현해보자.

08 이미지 URL을 포함하는 배열을 만들자. 그중 일부는 CORS 때문에 로딩에 실 패한다(9.2절 마지막 부분의 노트 참고). 각 URL을 프라미스로 변환하자.

```
const urls = [...]
const promises = urls.map(loadImage)
```

프라미스 배열에 `allSettled`를 호출한다. 프라미스가 해결되면 배열을 탐색 하면서 로딩된 이미지를 DOM 요소로 추가하고, 실패한 프라미스는 로그로 기 록한다.

```
Promise.allSettled(promises)
  .then(results => {
    for (result of results)
    if (result.status === 'fulfilled') ... else ...
})
```

09 then 대신 await를 이용해 이전 연습 문제를 구현해보자.

10 다음과 같이 호출할 수 있도록 프라미스를 반환하는 sleep 함수를 구현해보자.

```
await sleep(1000)
```

11 첫 번째 코드와 두 번째 코드의 차이를 설명해보자(힌트: loadImage가 반환한 퓨처가 거절되면 어떻게 될까).

```
const loadCatImage = async () => {
  try {
    const result = await fetch('https://aws.random.cat/meow')
    const imageJSON = await result.json()
    return loadImage(imageJSON.file)
  } catch {
    return brokenImage
  }
}
```

```
const loadCatImage = async () => {
  try {
    const result = await fetch('https://aws.random.cat/meow')
    const imageJSON = await result.json()
    return await loadImage(imageJSON.file)
  } catch {
    return brokenImage
  }
}
```

12 Node.js에서 async 함수를 호출하면 예외를 던지는 상황을 실험해보자.

```
const rejectAfterDelay = (result, delay) => {
  return new Promise((resolve, reject) => {
    const callback = () => reject(result)
    setTimeout(callback, delay)
  })
}
```

다음을 실행한다.

```
const errorAfterDelay = async (message, delay) =>
    await rejectAfterDelay(new Error(message), delay)
```

이 코드에서 **errorAfterDelay** 함수를 호출하면 어떤 일이 일어날까? 이런 상황을 피하려면 어떻게 해야 할까?

13 다음처럼 **await** 연산자를 깜빡 잊었을 때 이전 연습 문제의 오류 메시지가 어떤 도움이 될까?

```
const errorAfterDelay = async (message, delay) => {
  try {
    return rejectAfterDelay(new Error(message), 1000)
  } catch (e) { console.error(e) }
}
```

14 9.7절에서 설명한 **Promise.all**과 **Promise.race**의 사용 방법을 보여주는 완벽한 프로그램을 구현해보자.

15 0과 주어진 최대 밀리초 사이의 임의의 시간 동안 지연된 후 값을 생산하는 produceAfterRandomDelay 함수를 구현해보자. 이 함수를 1, 2, ... , 10에 적용할 수 있도록 퓨처 배열을 만들고 이를 Promise.all로 전달한다. 결과는 어떤 순서로 집계될까?

16 Fetch API로(CORS 문제가 없는 상황) 이미지를 로딩한다. URL의 데이터를 읽은 다음 응답에 blob()를 호출해 BLOB의 프라미스를 얻는다. loadImage 함수처럼 이를 이미지로 변환한다. 각각 then, await를 이용한 두 가지 구현 방법을 제시해보자.

17 Fetch API를 이용해 웹 페이지의 HTML을 획득해보자(CORS 문제가 없는 상황). 모든 이미지 URL을 찾아 로딩한다.

18 나중에 작업이 실행되도록 계획했는데, 상황이 바뀌어 작업이 더 이상 필요하지 않아 취소해야 하는 상황이 생길 수 있다. 취소 과정을 설계해보자. 이전 예제에서처럼 여러 단계로 이를 처리한다. 각 단계에서 필요하면 과정을 중단할 수 있어야 한다. 자바스크립트에서는 이를 처리하는 표준 방법은 없지만 API는 '취소 토큰cancellation token'을 제공한다. fetchImages 함수는 선택형 추가 인수를 받을 수 있다.

```
const token = new CancellationToken()
const images = fetchImages(url, token)
```

다음과 같이 작업을 취소할 수 있다.

```
token.cancel()
```

취소할 수 있는 **async** 함수에 실제로 취소 요청을 한 상황이라면 다음 호출은 예외를 던진다.

```
token.throwIfCancellationRequested()
```

이 기법을 직접 구현하고 예를 들어 증명해보자.

19 다음은 원격으로 데이터를 가져오거나 데이터를 처리하고, 추가로 결과를 처리할 수 있도록 비동기 작업을 수행해 프라미스를 반환하는 코드다.

```
const doAsyncWorkAndThen = handler => {
  const promise = asyncWork()
  promise.then(result => handler(result))
  return promise
}
```

handler가 예외를 던지면 어떻게 될까? 코드를 어떻게 재구성해야 할까?

20 프라미스를 반환하지 않는 **async**를 함수에 추가하면 어떻게 될까?

21 프라미스가 아닌 표현식에 **await** 연산자를 적용하면 어떻게 될까? 이 표현식이 예외를 던지면 어떻게 될까? 이를 활용할 수 있는 상황이 있을까?

모듈▲

01 모듈 개념

02 ECMAScript 모듈

03 기본 기능 임포트

04 명명된 임포트

05 동적 임포트 ★

06 익스포트

07 모듈 패키징

| 연습 문제 |

Chapter 10 **모듈**

다른 프로그래머가 사용할 수 있는 코드를 구현할 때는 공개 인터페이스와 비공개 구현을 구분해야 한다. 객체지향 프로그래밍 언어에서는 클래스로 이를 구분한다. 클래스의 비공개 구현 변경은 사용자에게 영향을 주지 않는다(4장에서 살펴본 것처럼 자바스크립트는 아직 비공개 기능을 완벽하게 지원하지 않지만 언젠가는 반드시 지원할 것이다).

모듈 시스템은 큰 규모의 프로그래밍에 유용하다. 모듈은 특정 클래스와 함수 집합을 제공하면서 세부 사항은 감춘다. 따라서 모듈 내부 구현을 바꾸면서도 상황을 적절히 통제할 수 있다.

자바스크립트용으로 여러 간이 모듈 시스템이 개발되었다. 이번 장에서는 2015년 ECMAScript 6에 추가된 간단한 모듈 시스템을 다뤄본다.

10.1 모듈 개념

모듈module은 프로그래머가 사용할 수 있도록 익스포트된exported 기능(클래스, 함수, 다른 값)을 제공한다. 익스포트되지 않은 모든 기능은 비공개로 모듈에 속한다.

모듈은 자신이 어떤 모듈에 의존하는지도 명시한다. 모듈을 요청하면 자바스크립트 런타임은 모듈이 의존하는 모든 모듈까지 로딩한다.

모듈은 이름 충돌도 관리한다. 모듈의 비공개 기능은 외부로 알려지지 않으므로 이름을 어떻게 정하든 괜찮다. 모듈 외부의 이름과 충돌할 염려가 없기 때문이다. 하지만 공개 기능을 사용할 때는 고유한 이름을 갖도록 이름을 바꿔야 한다.

> 🗒 **Note**
>
> 자바스크립트 모듈은 전역으로 고유 이름을 가져야 한다는 점에서 자바 패키지나 모듈과는 다르다.

모듈은 클래스와 다르다는 점을 반드시 기억하자. 클래스는 여러 인스턴스를 가질 수 있지만 모듈은 인스턴스를 가질 수 없다. 모듈은 클래스, 함수, 값을 포함하는 상자일 뿐이다.

10.2 ECMAScript 모듈

다른 프로그래머가 사용할 수 있는 기능을 구현하고 싶은 자바스크립트 개발자가 있다고 가정하자. 이 개발자는 자신이 만든 기능들을 한 파일로 모았고, 누구나 자신의 프로젝트에 해당 파일을 포함하면 모아진 기능을 이용할 수 있도록 구현했다.

이번에는 어떤 프로그래머가 여러 개발자로부터 파일을 모았다고 가정해보자. 이제 각 기능의 이름이 서로 충돌할 가능성이 생겼다. 게다가 각 파일은 여러 헬퍼 함수와 변수를 포함하므로 이름이 충돌할 가능성이 더욱 높다.

따라서 구현 세부 사항을 숨길 수 있는 방법이 필요하다. 수년 동안 자바스크립트 개발자는 클로저closure를 통해, 즉 헬퍼 함수와 클래스를 래퍼wrapper 함수 안에 추가해 모듈을 흉내 냈다. 이는 3장에서 살펴본 하드 객체 기법과 비슷하다. 또한 개발자들은 익스포트된 기능과 의존성을 게재할 수 있는 간단한 방법도 만들었다.

Node.js는 Common.js라는 모듈 시스템을 개발했고, 이를 통해 모듈 의존성을 관리한다. 모듈을 요청하면 해당 모듈을 포함해 그 모듈이 의존하는 모든 모듈을 로딩한다. 모듈을 요청했을 때 이 작업은 동기로 진행된다.

AMDasynchronous module definition(비동기 모듈 정의)는 모듈을 비동기로 로딩하는 표준 시스템을 정의하므로 브라우저 기반 애플리케이션에 적합하다.

ECMAScript 모듈은 이런 두 가지 시스템을 모두 개선한다. ECMAScript 모듈은 빠르게 파싱되어 필요한 의존성과 익스포트 기능을 만들며, 이때 본문을 실행할 필요가 없다. 덕분에 비동기 로딩과 순환 의존성circular dependency 문제를 동시에 해결할 수 있다. 요즘 자바스크립트 세계는 ECMAScript 모듈 시스템으로 변하고 있다.

10.3 기본 기능 임포트

모듈을 직접 구현하는 사람은 별로 없다. 대부분의 프로그래머는 모듈을 소비한다. 따라서 먼저 기존 모듈을 임포트하는 기능을 살펴보자.

보통 함수와 클래스를 임포트하지만 필요하면 객체, 배열, 기본값도 임포트할 수 있다. 모듈 개발자는 한 기능(아마도 가장 유용한 기능)을 **기본 기능**^{default}으로 태그할 수 있다. `import` 문법 덕분에 쉽게 기본 기능을 가져올 수 있다. 다음은 암호화 서비스를 제공하는 모듈에서 클래스를 임포트하는 예다.

```
import CaesarCipher from './modules/caesar.mjs'
```

이 구문은 기본 기능으로 제공할 이름을 지정하며 뒤에는 모듈 구현을 포함하는 파일이 등장한다. 모듈 위치 지정과 관련한 자세한 내용은 10.7절을 참고하자.

프로그램에서 사용할 기능 이름은 자유롭게 정할 수 있다. 짧은 이름을 선호한다면 다음과 같이 줄일 수 있다.

```
import CC from './modules/caesar.mjs'
```

ECMAScript 모듈 시스템이 제공하는 기본 기능에 대해 알아야 할 내용은 여기까지다.

브라우저에서 모듈 위치는 완벽한 URL 또는 ./, ../, / 등으로 시작하는 상대 경로 URL을 사용해야 한다. 이러한 제한 덕분에 추후 잘 알려진 패키지명이나 경로를 특별하게 처리하는 가능성을 열어둘 수 있다.

Node.js에서는 ./, ../로 시작하는 상대 경로나 `file://` URL을 사용한다. 패키지명도 지정할 수 있다.

10.4 명명된 임포트

모듈은 기본 기능 외에 명명된[named] 기능도 익스포트할 수 있다. 모듈 개발자는 기본이 아닌 각 기능에 이름을 정한다. 사용자는 필요한 만큼 명명된 기능을 임포트할 수 있다.

다음은 encrypt와 decrypt 두 함수를 모듈에서 임포트하는 코드다.

```
import { encrypt, decrypt } from './modules/caesar.mjs'
```

이 방식에는 잠재적인 문제가 있다. 두 모듈에서 암호화 함수를 임포트했는데 하필 이름이 encrypt로 같다면 어떻게 될까? 다행히 다음과 같이 임포트한 기능의 이름을 바꿀 수 있다.

```
import { encrypt as caesarEncrypt, decrypt as caesarDecrypt }
  from './modules/caesar.mjs'
```

이 방법으로 이름이 충돌하는 상황을 예방할 수 있다.

두 가지 문법 요소를 혼합해 기본 기능과 한 개 이상의 명명된 기능을 동시에 임포트한다.

```
import CaesarCipher, { encrypt, decrypt } from './modules/caesar.mjs'
```

또는 다음을 이용한다.

```
import CaesarCipher, { encrypt as caesarEncrypt, decrypt as caesarDecrypt} ...
```

📖 Note

기본 기능이 아닌 하나의 기능을 임포트할 때는 반드시 중괄호를 사용한다.

```
import { encrypt } from './modules/caesar.mjs'
```

중괄호가 없으면 기본 기능에 사용할 이름을 제공한다는 의미가 된다.

모듈이 여러 이름을 익스포트하는 상황이라면 import 문에서 각각의 이름을 나열하는 것이 상당히 불편하다. 이럴 때는 익스포트된 모든 기능을 하나의 객체에 담을 수 있다.

```
import * as CaesarCipherTools from './modules/caesar.mjs'
```

이제 CaesarCipherTools.encrypt, CaesarCipherTools.decrypt 등으로 임포트한 함수를 이용한다. 기본 기능이 있다면 CaesarCipherTools.default로 접근한다. 다음과 같이 기본 기능의 이름을 바꿀 수 있다.

```
import CaesarCipher, * as CaesarCipherTools ...
```

import 문을 사용했지만 아무것도 임포트하지 않을 수도 있다.

```
import './app/init.mjs'
```

해당 파일을 실행하지만 아무것도 임포트하지 않는다. 보통 이런 코드는 사용하지 않는다.

10.5 동적 임포트

4단계 제안에서는 위치가 고정되어 있지 않은 모듈 임포트를 지원한다.[1] 즉석에서 모듈을 로딩하는 기능을 이용하면 애플리케이션의 시작 비용과 크기를 줄일 수 있다.

동적dynamic 임포트에서는 함수처럼 import를 호출하며 위치는 인수로 제공한다.

```
import(`./plugins/${action}.mjs`)
```

동적 import 문은 모듈을 비동기로 로딩한다. 이 구문은 익스포트된 모든 기능을 포함하는 객체의 프라미스를 반환한다.

```
import(`./plugins/${action}.mjs`)
  .then(module => {
    module.default()
    module.namedFeature(args)
    ...
})
```

물론 async/await도 이용할 수 있다.

```
async load(action) {
  const module = await import(`./plugins/${action}.mjs`)
  module.default()
  module.namedFeature(args)
  ...
}
```

동적 임포트를 사용할 때는 이름으로 기능을 임포트하지 않으며 기능 이름을 바꿀 수도 없다.

---

1 옮긴이_ 이 기능은 2019년에 승인되었다.

> import 키워드의 문법은 함수처럼 보이지만 실제로는 함수가 아니다. 이는 super 키워드의
> super(...) 문법과 비슷한 원리다.

10.6 익스포트

지금까지 기능을 임포트하는 모듈을 사용자 관점에서 살펴봤으니 이제 모듈 개발자의 관점
에서 살펴보자.

10.6.1 명명된 익스포트

모듈에서는 export로 함수, 클래스, 변수 선언 등에 태그를 지정할 수 있다.

```
export function encrypt(str, key) { ... }
export class Cipher { ... }
export const DEFAULT_KEY = 3
```

또는 익스포트된 기능의 이름에 export 문을 사용하는 방법도 있다.

```
function encrypt(str, key) { ... }
class Cipher { ... }
const DEFAULT_KEY = 3
...
export { encrypt, Cipher, DEFAULT_KEY }
```

어떤 방식을 사용하든 익스포트된 기능에 다른 이름을 사용할 수 있다.

```
export { encrypt as caesarEncrypt, Cipher, DEFAULT_KEY }
```

export 구문은 익스포트된 기능에 이름을 정의한다는 사실을 기억하자. 이미 살펴본 것처

럼 모듈 사용자는 제공된 이름을 사용할 수 있지만 다른 이름으로 해당 기능을 이용할 수 있다.

> **📋 Note**
>
> 익스포트한 기능은 반드시 모듈의 최상위 수준 범위에 정의되어야 한다. 지역 함수, 클래스, 변수는 익스포트할 수 없다.

10.6.2 기본 기능 익스포트

최대 한 개의 함수 또는 클래스만 export default로 태그할 수 있다.

```
export default class Cipher { ... }
```

이 예제에서는 Cipher 클래스를 모듈의 기본 기능으로 지정한다. 변수 선언에는 export default를 사용할 수 없다. 값을 기본 익스포트로 지정하려면 변수를 선언하지 않아야 한다. 다음과 같이 값에 export default를 간단히 적용한다.

```
export default 3 // OK
export default const DEFAULT_KEY = 3
// export default는 const/let/var과 함께 사용할 수 없으므로 오류 발생
```

단순한 상수를 기본값으로 지정하려는 사람은 많지 않다. 보통은 다음처럼 여러 기능을 포함하는 객체를 임포트한다.

```
export default { encrypt, Cipher, DEFAULT_KEY }
```

익명 함수나 클래스에 이 문법을 사용할 수 있다.

```
export default (s, key) => { ... } // 함수에 이름을 지정할 필요가 없음
```

또는 다음처럼 사용한다.

```
export default class { // 클래스에 이름을 지정할 필요가 없음
    encrypt(str) { ...}
    decrypt(str) { ...}
}
```

마지막으로 이름을 바꾸는 문법으로 기본 기능을 선언할 수 있다.

```
export { Cipher as default }
```

📖 Note

기본 기능은 단순히 default로 명명된 기능일 뿐이다. 하지만 default는 키워드이므로 이를
식별자로 사용할 수 없으며 이번 절에서 소개한 문법 중 하나의 형태로 사용해야 한다.

10.6.3 익스포트는 변수다

익스포트된 각 기능은 이름과 값을 갖는 변수다. 이 변수는 함수, 클래스, 또는 임의의 자바
스크립트 값 중 하나다.

익스포트된 기능의 값은 시간이 지나면서 바뀔 수 있다. 이 과정은 모듈을 임포트하는 쪽에
서 확인할 수 있다. 즉 익스포트된 기능은 값과 변수를 모두 캡처한다.

예를 들어 로깅 모듈은 현재 로깅 수준을 가리키는 변수와 이를 바꿀 수 있는 함수를 제공
한다.

```
export const Level = { FINE: 1, INFO: 2, WARN: 3, ERROR: 4 }
export let currentLevel = Level.INFO
export const setLevel = level => { currentLevel = level }
```

이제 **import** 문으로 로깅 모듈을 임포트하는 상황을 살펴보자.

```
import * as logging from './modules/logging.mjs'
```

처음에 **logging.currentLevel**은 **Level.INFO** 또는 **2** 값을 갖는다.

```
logging.setLevel(logging.Level.WARN)
```

이 코드를 호출하면 변수의 값이 갱신되면서 **logging.currentLevel**은 **3**을 갖는다. 하지만 임포트하는 모듈에서 변수를 읽기 전용으로 선언했다면 변수에 값을 할당할 수 없다.

```
logging.currentLevel = logging.Level.WARN
// 임포트한 변수에 할당할 수 없으므로 오류 발생
```

모듈이 파싱된 직후 익스포트된 기능을 포함하는 변수를 만들지만 실제로 값은 모듈의 본문을 실행해야 채워진다. 이 덕분에 모듈 간의 순환 의존성을 만들 수 있다(10장 연습 문제 6번 참고).

> 🔖 **Warning**
>
> 상호 의존하는 순환 모듈이 있는 상황에서는 다른 모듈에서 익스포트된 기능에 접근했을 때 아직 undefined일 수 있다(10장 연습 문제 11번 참고).

10.6.4 다시 익스포트

보통 다양한 API와 복잡한 구현을 제공하는 모듈을 만들려면 다른 모듈을 이용해야 한다. 물론 모듈 시스템이 의존성 관리를 처리하므로 모듈 사용자는 이를 신경 쓸 필요가 없다. 때로는 여러 모듈 중 한 모듈이 여러분의 사용자에게 유용한 기능을 포함할 때가 있다. 이런 상황에서는 사용자에게 이들 기능을 임포트하도록 요청하는 것보다 직접 다시 익스포트_{reexport}할 수 있다.

다음은 다른 모듈의 기능을 다시 익스포트하는 예다.

```
export { randInt, randDouble } from './modules/random.mjs'
```

이 모듈을 임포트하는 프로그램은 `'./modules/random.mjs'` 모듈에서 제공하는 `randInt`, `randDouble` 기능도 이용할 수 있다.

다시 익스포트할 때 기능의 이름을 바꿀 수 있다.

```
export { randInt as randomInteger } from './modules/random.mjs'
```

`default`를 이용해 모듈의 기본 기능을 다시 익스포트할 수 있다.

```
export { default } from './modules/stringutil.mjs'
export { default as StringUtil } from './modules/stringutil.mjs'
```

또는 다른 모듈의 기능을 다시 익스포트하면서 이를 현재 모듈의 기본으로 만들 수 있다.

```
export { Random as default } from './modules/random.mjs'
```

마지막으로 다른 모듈의 기본 기능이 아닌 모든 기능을 다시 익스포트할 수 있다.

```
export * from './modules/random.mjs'
```

여러분의 프로젝트를 여러 작은 모듈로 나눈 다음, 작은 모듈들을 다시 익스포트하는 한 모듈을 제공할 수 있다. 여러 모듈에서 기본 기능을 다시 익스포트하면 충돌이 발생하므로 `export *` 문은 기본 기능을 생략한다.

10.7 모듈 패키징

기본 '스크립트script'와 모듈의 차이점은 다음과 같다.

- 모듈 안의 코드는 항상 엄격 모드로 실행된다.

- 각 모듈은 자바스크립트 런타임의 전역 범위와는 별개로 자신만의 최상위 수준 범위를 갖는다.

- 모듈을 여러 번 로드하더라도 단 한 번만 모듈이 처리된다.

- 모듈은 비동기로 처리된다.

- 모듈은 import, export 문을 포함할 수 있다.

자바스크립트 런타임이 모듈 내용을 읽을 때 런타임은 이 코드가 스크립트가 아닌 모듈임을 반드시 알아야 한다.

브라우저에서는 script 태그에 module type 속성으로 이를 지정한다.

```
<script type="module" src="./modules/caesar.mjs"></script>
```

Node.js에서는 .mjs라는 파일 확장자로 모듈을 지정한다. 단, packages.json 설정 파일에 모듈을 따로 지정하면 .js 확장자를 사용할 수 있다. node 명령을 대화형으로 실행할 때는 명령줄 옵션 --input-type=module을 사용한다.

모듈에는 .mjs 확장자를 이용하는 것이 가장 편리하다. 모든 런타임과 빌드 도구는 이 확장자를 인식하기 때문이다.

📋 Note

.mjs 파일을 웹 서버에서 제공할 때는 웹 서버의 응답 헤더에 Content-Type: text/javascript를 설정해야 한다.

Warning

일반 스크립트와 달리 브라우저는 모듈을 가져올 때 CORS를 준수한다. 다른 도메인에서 모듈을 로드할 때 서버는 반드시 Access-Control-Allow-Origin 헤더를 반환해야 한다.

Note

import.meta는 제안 3 단계에 포함된 기능[2]으로 현재 모듈의 정보를 제공한다. 일부 자바스크립트 런타임은 import.meta.url을 통해 모듈을 로딩한 URL 정보를 제공한다.

---

2 **옮긴이_** 이 기능은 현재 최종 승인되었다.

연습 문제

01 통계 계산을 지원하는 자바스크립트 라이브러리를 찾아보자(예를 들어 `https://github.com/simple-statistics/simple-statistics`). ECMAScript 모듈로 이 라이브러리를 임포트한 다음 데이터셋의 중간값과 표준 편차를 계산하는 프로그램을 구현해보자.

02 암호화를 지원하는 자바스크립트 라이브러리를 찾아보자(예를 들어 `https://github.com/brix/crypto-js`). ECMAScript 모듈로 이 라이브러리를 임포트한 다음 메시지를 암호화하고 다시 이를 해독해보자.

03 로그 수준이 주어진 수준보다 크면 로깅 메시지를 기록하는 단순한 로깅 모듈을 구현해보자. 로그 함수, 로그 수준을 가리키는 상수, 로그 출력 수준을 설정하는 함수를 익스포트하자.

04 이번에는 한 클래스를 기본 기능으로 익스포트하는 방법을 이용해 이전 연습 문제를 해결해보자.

05 카이사르 암호Caesar cipher(각 코드 포인트에 상수 추가)를 사용해 간단한 암호화 모듈을 구현해보자. 이전 연습 문제에서 만든 로깅 모듈을 이용해 모든 `decrypt` 호출을 로깅해보자.

06 이전 연습 문제를 이용해 모듈 간의 순환 의존성 예를 제시해보자. 이번에는 로깅 모듈에 로그를 암호화할 옵션을 제공한다.

07 난수, 난수를 포함하는 배열, 임의의 문자열을 제공하는 간단한 모듈을 구현해
보자. 가능한 한 다양한 export 문법을 활용한다.

08 다음 두 코드의 차이점을 설명해보자.

```
import Cipher from './modules/caesar.mjs'
```

```
import { Cipher } from './modules/caesar.mjs'
```

09 다음 두 코드의 차이점을 설명해보자.

```
export { encrypt, Cipher, DEFAULT_KEY }
```

```
export default { encrypt, Cipher, DEFAULT_KEY }
```

10 다음 중 올바른 자바스크립트 구문을 골라보자.

```
export function default(s, key) { ... }
export default function (s, key) { ... }
export const default = (s, key) => { ... }
export default (s, key) => { ... }
```

11 트리는 자식을 갖는 노드(부모)와 자식이 없는 노드(단말)를 포함한다. 이를 상속으로 구현해보자.

```
class Node {
  static from(value, ...children) {
    return children.length === 0 ? new Leaf(value)
        : new Parent(value, children)
  }
}

class Parent extends Node {
  constructor(value, children) {
    super()
    this.value = value
    this.children = children
  }
  depth() {
    return 1 + Math.max(...this.children.map(c => c.depth()))
  }
}

class Leaf extends Node {
  constructor(value) {
    super()
    this.value = value
  }
  depth() {
    return 1
  }
}
```

이제 각 클래스를 개별 모듈로 만들려고 한다. 이를 구현한 다음 데모 프로그램으로 확인해보자.

```
import { Node } from './node.mjs'

const myTree = Node.from('Adam',
  Node.from('Cain', Node.from('Enoch')),
  Node.from('Abel'),
  Node.from('Seth', Node.from('Enos')))
console.log(myTree.depth())
```

어떤 일이 일어나고, 그 이유는 무엇일까?

12 물론 상속을 사용하지 않거나 모든 클래스를 한 모듈로 추가하면 이전 연습 문제의 문제를 쉽게 해결할 수 있다. 하지만 대규모 시스템에서는 이렇게 문제를 해결할 수 없다. 이번에는 각 클래스를 개별 모듈로 유지하면서 세 개의 모든 모듈을 다시 익스포트하는 대표 모듈인 tree.mjs를 만들어보자. './tree.mjs' 모듈이 모든 모듈을 임포트한다. 이 방법으로 문제가 해결되는 이유는 뭘까?

메타프로그래밍 ★

01 심벌

02 심벌 프로퍼티를 이용한 커스터마이즈

03 프로퍼티 속성

04 프로퍼티 열거

05 한 개의 프로퍼티 검사

06 객체 보호

07 객체 생성과 갱신

08 프로토타입 접근과 갱신

09 객체 복제

10 함수 프로퍼티

11 인수 바인딩과 메서드 호출

12 프록시

13 Reflect 클래스

14 프록시 불변 법칙

| 연습 문제 |

Chapter 11 **메타프로그래밍**

이번 장에서는 비표준적인 동작을 포함하는 객체를 만들고, 제네릭 객체에 사용할 코드를 작성할 때 사용하는 고급 API를 살펴본다.

먼저 심벌symbol을 살펴보는 것부터 시작해보자. 객체 프로퍼티명으로 문자열과 심벌만 사용할 수 있다. 프로퍼티를 '잘 알려진well-known' 특정 심벌로 정의하므로 API 메서드의 동작을 커스터마이즈할 수 있다.

그리고 객체 프로퍼티를 자세히 살펴본다. 프로퍼티는 여러 속성을 가질 수 있으며 이를 분석하고, 만들거나 적절한 속성으로 갱신하는 방법을 배운다. 이를 응용해 깊은 복사deep copy를 수행하는 완벽한 함수를 만들어본다.

그다음 매개변수 바인딩binding과 주어진 매개변수로 함수를 호출하는 데 사용하는 함수 객체와 메서드를 살펴본다. 마지막으로 작업 중인 객체의 정보를 프록시로 가로채는 방법을 배운다. 이번 장에서는 객체 접근 감시와 동적 프로퍼티 생성을 집중적으로 살펴본다.

11.1 심벌

지금까지 살펴봤듯이 자바스크립트 객체는 문자열 형식의 키를 갖는다. 하지만 문자열을 키로 사용하는 데에는 한계가 있다. 최신 자바스크립트는 객체 키에 심벌 형식을 사용할 수 있도록 지원한다.

심벌은 문자열 레이블을 받지만 실제로 문자열은 아니다. 다음과 같이 심벌을 만든다.

```
const sym = Symbol('label')
```

심벌은 고유하다. 다음과 같이 두 번째 심벌을 만든다.

```
const sym2 = Symbol('label')
```

결과적으로 sym !== sym2 관계가 성립한다.

이것이 심벌의 주요 장점이다. 보통 고유한 문자열을 만들려면 타임스탬프나 난수를 이용해야 하지만 이조차도 고유성을 장담하진 못한다.

> **Note**
>
> new로는 심벌을 만들 수 없다. new Symbol('label')을 시도하면 예외가 발생한다.

심벌은 문자열이 아니므로 심벌 키에는 점 표기법 대신 괄호 연산자를 사용해야 한다.

```
let obj = { [sym]: initialValue }
obj[sym] = newValue
```

DOM 노드 같은 기존 객체에 프로퍼티를 추가할 때 문자열 키를 사용하는 것은 좋은 선택이 아니다.

```
node.outcome = 'success'
```

현재 노드에는 outcome이라는 키가 없더라도 언젠가는 outcome 키가 있을 수 있기 때문이다. 대신 다음과 같이 심벌을 이용하면 안전하다.

```
let outcomeSymbol = Symbol('outcome')
node[outcomeSymbol] = 'success'
```

심벌은 필요할 때 사용할 수 있도록 변수나 객체에 저장해야 한다.

예를 들어 Symbol 클래스는 '잘 알려진' 심벌(Symbol.iterator와 Symbol.species)을 포함하는데, 다음 절에서 이를 살펴본다.

전역 심벌 레지스트리를 사용해 다른 '영역'(다른 아이프레임^{iframe}이나 웹 워커^{web worker})과 심벌을 공유해야 할 수도 있다. Symbol.for 메서드로 기존에 만든 전역 심벌을 가져오거나 새로 만들 수 있다. 전역으로 고유한 키를 메서드에 제공한다.

```
let sym3 = Symbol.for('com.horstmann.outcome')
```

📘 **Note**

typeof 연산자를 심벌에 적용하면 'symbol'이라는 문자열을 반환한다.

11.2 심벌 프로퍼티를 이용한 커스터마이즈

자바스크립트 API에 심벌 프로퍼티를 이용하면 클래스 동작을 커스터마이즈할 수 있다.
Symbol 클래스는 [표 11-1]에서 보여주는 것처럼 '잘 알려진' 심벌 상수를 여러 개 제공한
다. 이번 절에서는 세 가지 상수를 자세히 살펴본다.

표 11-1 잘 알려진 심벌

심벌	설명
toStringTag	Object 클래스의 toString 메서드를 커스터마이즈한다 (11.2.1절 참고).
toPrimitive	기본형으로 변환을 커스터마이즈한다(11.2.2절 참고).
species	map, filter 등의 메서드 결과 컬렉션을 만드는 생성자 함수 다(11.2.3절 참고).
iterator, asyncIterator	반복자(9장), 비동기 반복자(10장)를 정의한다.

hasInstance	instanceof의 동작을 커스터마이즈한다.
	
	`class Iterable {`
	`  static [Symbol.hasInstance](obj) {`
	`    return Symbol.iterator in obj`
	`  }`
	`}`
	`[1, 2, 3] instanceof Iterable`

match, matchAll, replace, search, split	String의 메서드와 같은 이름으로 호출한다. RegExp 이외의 객체를 재정의한다(11장 연습 문제 2번 참고).
isConcatSpreadable	Array의 concat 메서드에 사용한다. ``` const a = [1, 2] const b = [3, 4] a[Symbol.isConcatSpreadable] = false [].concat(a, b) ⇒ [[1, 2], 3, 4] ```

11.2.1 toString 커스터마이즈

Object 클래스의 toString 메서드 동작을 바꿀 수 있다. 기본적으로 이 메서드는 '[object Object]'를 반환한다. 객체의 프로퍼티 키가 Symbol.toStringTag면 Object 대신 프로퍼티 값을 사용한다. 다음 예를 살펴보자.

```
const harry = { name: 'Harry Smith', salary: 100000 }
harry[Symbol.toStringTag] = 'Employee'
console.log(harry.toString())
// toString은 '[object Employee]'를 반환
```

클래스를 정의할 때 생성자에서 프로퍼티를 설정할 수 있다.

```
class Employee {
  constructor(name, salary) {
    this[Symbol.toStringTag] = 'Employee'
    ...
  }
  ...
}
```

또는 다음처럼 특수한 문법으로 get 메서드를 제공할 수 있다.

```
class Employee {
  ...
  get [Symbol.toStringTag]() { return JSON.stringify(this) }
}
```

잘 알려진 심벌은 API 메서드의 동작을 커스터마이즈할 수 있도록 훅hook을 제공한다.

11.2.2 형식 변환 제어

기본형으로 변환할 때 valueOf 메서드를 오버라이드하는 것만으로는 부족하다면 Symbol.
toPrimitive 심벌을 사용해 추가로 변환을 제어할 수 있다. 퍼센트를 가리키는 다음 클래
스를 살펴보자.

```
class Percent {
  constructor(rate) { this.rate = rate }
  toString() { return `${this.rate}%` }
  valueOf() { return this.rate * 0.01 }
}
```

다음처럼 이 클래스를 사용한다.

```
const result = new Percent(99.44)
console.log('Result: ' + result) // 출력 결과는 Result: 0.9944
```

어째서 '99.44%'가 아닐까? + 연산자는 가능하면 valueOf 메서드를 사용하기 때문이다.
메서드에 Symbol.toPrimitive 키를 추가해 문제를 해결한다.

```
[Symbol.toPrimitive](hint) {
  if (hint === 'number') return this.rate * 0.01
  else return `${this.rate}%`
}
```

힌트 매개변수는 다음 값을 갖는다.

- number: +와 비교를 제외한 수식 연산일 경우
- string: `${...}`나 String(...)일 경우
- default: +나 ==일 경우

현실적으로 힌트는 충분한 정보를 제공하지 않으므로 이 기능을 자주 사용하지 않는다. 보통 다른 피연산자의 형식을 알고 싶은 상황이 대부분이기 때문이다(11장 연습 문제 1번 참고).

11.2.3 Species

기본적으로 Array의 map 메서드는 자신이 받은 컬렉션을 그대로 반환한다.

```
class MyArray extends Array {}
let myValues = new MyArray(1, 2, 7, 9)
myValues.map(x => x * x) // MyArray 반환
```

이 코드가 항상 제대로 동작하는 것은 아니다. 정수 범위를 설명하는 Array를 상속받는 Range 클래스를 정의한다고 가정하자.

```
class Range extends Array {
  constructor(start, end) {
    super()
    for (let i = 0; i < end - start; i++)
      this[i] = start + i
  }
}
```

범위를 변환한 결과는 일반적인 범위가 아니다.

```
const myRange = new Range(10, 99)
myRange.map(x => x * x) // Range가 아님
```

이런 컬렉션 클래스는 Symbol.species 프로퍼티의 값을 다른 생성자로 지정할 수 있다.

```
class Range extends Array {
  ...
  static get [Symbol.species]() { return Array }
}
```

새 배열을 만드는 Array 메서드(map, filter, flat, flatMap, subarray, slice, splice, concat)에서 이 생성자 함수를 사용한다.

11.3 프로퍼티 속성

이번 절과 다음 절에서는 [표 11-2]에서 소개하는 Object 클래스의 모든 함수와 메서드를 살펴본다.

표 11-2 Object 함수와 메서드

이름	설명
함수	
defineProperty(obj, name, descriptor), defineProperties(obj, { name1: descriptor1, ... })	한 개 이상의 프로퍼티 디스크립터descriptor를 정의한다.
getOwnPropertyDescriptor(obj, name), getOwnPropertyDescriptors(obj), getOwnPropertyNames(obj), getOwnPropertySymbols(obj)	객체에서 상속받지 않은 한 개 또는 모든 디스크립터를 가져온다. 또는 단순히 문자열 이름이나 심벌을 가져온다.
keys(obj), values(obj), entries(obj)	열거할 수 있는 프로퍼티의 이름, 값, [이름, 값] 쌍이다.
preventExtensions(obj), seal(obj), freeze(obj)	프로퍼티를 변환하거나 추가하지 못하도록 방지한다. 프로퍼티를 삭제하거나 설정하지 못하도록 방지한다. 프로퍼티 변환을 방지한다.

isExtensible(obj), isSealed(obj), isFrozen(obj)	obj가 앞서 설명한 기능 중 하나로 보호되고 있는지 확인한다.
create(prototype, { name1: descriptor1, ... }), fromEntries([[name1, value1], ...])	주어진 프로퍼티로 새 객체를 생성한다.
assign(target, source1, source2, ...)	열거할 수 있는 모든 프로퍼티를 source에서 target으로 복사한다. 스프레드를 대신 사용한다.
getPrototypeOf(obj), setPrototypeOf(obj, proto)	프로토타입을 설정하거나 가져온다.
메서드	
hasOwnProperty(stringOrSymbol), propertyIsEnumerable(stringOrSymbol)	객체가 주어진 프로퍼티를 포함하는지 확인한다. 주어진 프로퍼티가 열거자인지 확인한다.
isPrototypeOf(other)	이 객체가 다른 객체의 프로토타입인지 확인한다.

객체 프로퍼티를 사용하는 방법을 자세히 살펴보자. 자바스크립트의 모든 프로퍼티는 다음의 세 속성^{attribute}을 갖는다.

1. enumerable: for in 루프에서 프로퍼티를 방문하면 참이다.

2. writable: 프로퍼티를 갱신할 수 있으면 참이다.

3. configurable: 프로퍼티를 삭제할 수 있거나 프로퍼티의 속성을 바꿀 수 있으면 참이다.

객체 리터럴에 프로퍼티를 설정하거나 할당하면 세 가지 속성 모두 참이 된다(단, 예외가 존재함). 심벌 키를 갖는 프로퍼티는 열거할 수 없다.

```
let james = { name: 'James Bond' }
// james.name은 writable, enumerable, configurable
```

반면 배열의 length 프로퍼티는 writable이지만 enumerable, configurable은 아니다.

엄격 모드에서는 `writable`, `configurable` 속성을 위반하면 예외를 던진다. 비엄격 모드에서는 속성을 위반해도 조용히 넘어간다.

`Object.defineProperty` 함수에 임의의 이름과 속성값을 제공하면 동적으로 프로퍼티를 정의할 수 있다.

```
Object.defineProperty(james, 'id', {
    value: '007',
    enumerable: true,
    writable: false,
    configurable: true
})
```

마지막 인수를 프로퍼티 디스크립터라 부른다. 새로운 프로퍼티를 설정하면서 속성을 지정하지 않으면 flase를 갖는다.

동일한 함수를 이용해 기존 프로퍼티의 속성을 바꿀 수 있다(**configurable**로 설정되어 있어야 함).

```
Object.defineProperty(james, 'id', {
  configurable: false
}) // 이제 james.id를 삭제할 수 없으며 속성을 바꿀 수 없다.
```

get, **set** 키를 함수에 제공하므로 프로퍼티의 게터와 세터를 정의할 수 있다.

```
Object.defineProperty(james, 'lastName', {
  get: function () { return this.name.split(' ')[1] },
  set: function (last) { this.name = this.name.split(' ')[0] + ' ' + last }
})
```

this 매개변수가 필요하므로 화살표 함수는 사용할 수 없다.

프로퍼티를 값으로 사용하면 get 함수가 호출된다.

```
console.log(james.lastName) // Bond가 출력됨
```

프로퍼티에 새로운 값을 할당하면 set 함수가 호출된다.

```
james.lastName = 'Smith' // 이제 james.name은 'James Smith'
```

> **📋 Note**
>
> 4장에서는 메서드 이름 앞에 get이나 set을 추가해 클래스에 게터와 세터를 정의하는 방법을 설명했다. 하지만 이전 예제에서 봤듯이 게터와 세터를 정의할 때 꼭 클래스가 필요한 것은 아니다.

마지막으로 Object.defineProperties 함수로 여러 프로퍼티를 정의하거나 갱신할 수 있다. 프로퍼티 이름을 키로, 프로퍼티 디스크립터를 값으로 갖는 객체를 함수에 전달한다.

```
Object.defineProperties(james, {
  id: { value: '007', writable: false, enumerable: true, configurable: false },
  age: { value: 42, writable: true, enumerable: true, configurable: true }
})
```

11.4 프로퍼티 열거

이전 절에서는 한 개 또는 여러 프로퍼티를 정의하는 방법을 살펴봤다. getOwnProperty Descriptor/getOwnPropertyDescriptors 함수는 defineProperty/defineProperties 의 인수와 같은 형식의 프로퍼티 디스크립터를 반환한다.

```
Object.getOwnPropertyDescriptor(james, 'name')
```

위 코드는 다음 디스크립터를 반환한다.

```
{ value: 'James Bond',
  writable: true,
  enumerable: true,
  configurable: true }
```

다음은 모든 디스크립터를 얻는 코드다.

```
Object.getOwnPropertyDescriptors(james)
```

그러면 프로퍼티명을 키로, 디스크립터를 값으로 포함하는 객체가 결과로 반환된다.

```
{ name:
  { value: 'James Bond',
    writable: true,
    enumerable: true,
    configurable: true },
  lastName:
  { get: [Function: get],
    set: [Function: set],
    enumerable: false,
    configurable: false }
  ...
}
```

이 함수는 프로토타입 체인에서 상속된 프로퍼티를 제외한, 객체 자신에 정의된 프로퍼티만 반환하므로 **getOwnPropertyDescriptors** 이름을 갖는다.

Object.getOwnPropertyDescriptors에서 제공하는 정보가 너무 방대하다면 대신 Object.getOwnPropertyNames(obj)나 Object.getOwnPropertySymbols(obj)를 이용해 모든 문자열 또는 심벌 값을 갖는 프로퍼티 키(열거할 수 없는 프로퍼티 포함)를 받을 수 있으며 이를 이용해 필요한 프로퍼티 디스크립터만 확인할 수 있다.

마지막으로 자신에게 포함된 열거할 수 있는 프로퍼티의 이름, 값, [이름, 값] 쌍을 반환하는 Object.keys, Object.values, Object.entries 함수가 있다. 이들 함수는 7장에서 살펴본 Map 클래스의 keys, values, entries 메서드와 비슷하다. 하지만 이들은 메서드가 아니며 반복자가 아니라 배열을 반환한다는 점이 다르다.

```
const obj = { name: 'Fred', age: 42 }
Object.entries(obj) // [['name', 'Fred'], ['age', 42]]
```

루프로 프로퍼티를 반복할 수 있다.

```
for (let [key, value] of Object.entries(obj))
  console.log(key, value)
```

11.5 한 개의 프로퍼티 검사

stringOrSymbol in obj는 객체 또는 객체의 프로퍼티 체인 안에 해당 프로퍼티가 존재하는지 검사하는 코드다.

obj[stringOrSymbol] !== undefined로 간단하게 확인할 수는 없을까? 값이 undefined면 in 연산자는 참을 반환한다.

```
const harry = { name: 'Harry', partner: undefined }
```

이때 `'partner' in harry`는 참을 반환한다.

프로퍼티 체인을 검색 대상에서 제외해야 할 때가 있다. 다음은 체인을 제외한 객체 자신에 주어진 프로퍼티 이름이 포함되었는지 확인하는 코드다.

```
obj.hasOwnProperty(stringOrSymbol)
```

다음 코드는 열거할 수 있는 프로퍼티가 존재하는지 검사한다.

```
obj.propertyIsEnumerable(stringOrSymbol)
```

이들 메서드는 잠재적인 문제가 있다. 객체가 메서드를 오버라이드하면서 프로퍼티 정보를 거짓으로 알려줄 수 있기 때문이다. 이런 상황을 고려하면 `Object.getOwnProperty Descriptor` 같은 함수나 `in` 연산자를 사용하는 것이 더 안전하다.

11.6 객체 보호

`Object` 클래스는 객체를 보호하는 세 가지 함수를 제공한다(보호 강도는 오름차순).

1. `Object.preventExtensions(obj)`: 객체에 프로퍼티를 추가할 수 없으며 프로퍼티를 바꿀 수 없다.
2. `Object.seal(obj)`: 프로퍼티를 삭제하거나 설정할 수 없는 조건이 1번에 더해진다.
3. `Object.freeze(obj)`: 프로퍼티를 설정할 수 없다는 조건이 2번에 더해진다.

세 함수는 보호되는 객체를 반환한다. 다음과 같이 객체를 만들어 `freeze`를 적용할 수 있다.

```
const frozen = Object.freeze({ ... })
```

이런 보호는 엄격 모드에서만 동작한다.

프로퍼티 값은 바뀔 수 있으므로 freeze를 적용하더라도 객체 전체를 바꿀 수 없도록 만들지는 않는다.

```
const fred = Object.freeze({ name: 'Fred', luckyNumbers: [17, 29] })
fred.luckyNumbers[0] = 13 // luckyNumbers는 바꿀 수 있음
```

객체 전체를 바꿀 수 없게 만들려면 freeze를 재귀적으로 서브 객체에 적용해야 한다(11장 연습 문제 8번 참고).

객체가 보호되고 있는지 확인하려면 Object.isExtensible(obj), Object.isSealed (obj), Object.isFrozen(obj) 함수를 이용한다.

11.7 객체 생성과 갱신

Object.create 함수는 새로운 객체를 만들 때 이용할 수 있는 모든 기능을 제공한다. 즉, 프로토타입, 모든 프로퍼티의 이름과 디스크립터를 지정할 수 있다.

```
const obj = Object.create(proto, propertiesWithDescriptors)
```

여기서 propertiesWithDescriptors는 11.4절에서 설명한 것처럼 프로퍼티 이름이 키고, 디스크립터가 값인 객체다.

반복할 수 있는 키-값 쌍 배열로 프로퍼티 이름과 값을 갖고 있다면 Object.fromEntries 함수를 호출해 객체를 만들 수 있다.

```
let james = Object.fromEntries([['name', 'James Bond'], ['id', '007']])
```

Object.assign(target, source1, source2, ...)는 source 객체에 포함된 모든 열거할 수 있는 프로퍼티를 target으로 복사한 다음, 갱신된 target을 반환한다.

```
james = Object.assign(james, { salary: 300000 }, genericSpy)
```

요즘에는 다음과 같이 스프레드를 사용하는 것이 더 편리하므로 `Object.assign`은 잘 사용하지 않는다.

```
{ ...james, salary: 300000, ...genericSpy }
```

11.8 프로토타입 접근과 갱신

이미 살펴봤듯이 프로토타입 체인은 자바스크립트 프로그래밍의 핵심 개념이다. `class`, `extends` 키워드를 사용하면 프로토타입 체인이 자동으로 만들어진다. 이번 절에서는 이를 수동으로 관리하는 방법을 살펴본다.

다음처럼 객체의 프로토타입([[Prototype]] 내부 슬롯의 값)을 얻을 수 있다.

```
const proto = Object.getPrototypeOf(obj)
```

다음은 또 다른 예다.

```
Object.getPrototypeOf('Fred') === String.prototype
```

다음과 같이 **new** 연산자로 만든 클래스 인스턴스가 있다고 가정하자.

```
const obj = new ClassName(args)
```

`Object.getPrototypeOf(obj)`는 `ClassName.prototype`과 같다. 하지만 `Object.setPrototypeOf(obj, proto)`를 호출해 객체의 모든 프로토타입을 설정할 수 있다.

4장에서 **new** 연산자를 설명하기 전에 이 기능을 간단히 살펴봤다. 하지만 자바스크립트 가상 머신에서는 기존 객체의 프로토타입을 바꾸는 작업이 오래 걸린다(가상 머신은 객체 프로토타입이 바뀌지 않을 것이라 가정하기 때문). 커스텀 프로토타입을 갖는 객체를 만들려면 11.7절에서 살펴본 `Object.create` 메서드를 사용하는 것이 좋다.

`proto.isPrototypeOf(obj)`는 `proto`가 `obj`의 프로토타입 체인에 포함되어 있으면 참을 반환한다. 특별한 프로토타입을 설정하지 않는 한 `instanceof` 연산자를 사용할 수 있다. `obj instanceof ClassName`은 `ClassName.prototype.isPrototypeOf(obj)`와 같다.

> 🗒 **Note**
>
> 다른 모든 프로토타입 객체와 달리 Array.prototype은 진짜 배열이다!

11.9 객체 복제

이전 절에서 배운 내용을 응용해서 객체를 복제[clone]하거나 깊은 복사[deep copy]를 하는 함수를 개발해보자.

다음은 스프레드 연산자를 이용해 대충 구현해본 코드다.

```
const cloned = { ...original } // 이는 진정한 복제가 아님
```

하지만 이 코드는 열거할 수 있는 프로퍼티만 복사하고 프로토타입은 건들지 않는다.

다음은 프로토타입과 모든 프로퍼티를 복사하는 코드다.

```
const cloned = Object.create(Object.getPrototypeOf(original),
    Object.getOwnPropertyDescriptors(original)) // 조금 나아졌지만 아직 충분하지 않음
```

이제 복제된 객체는 원본과 같은 프로토타입과 프로퍼티(모든 프로퍼티 속성 포함)를 갖는다.

하지만 이 코드는 얕은 복사[shallow copy]를 수행한다. 가변[mutable] 프로퍼티 값은 복제되지 않기 때문이다. 다음 객체를 보면 얕은 복사의 문제를 알 수 있다.

```
const original = { radius: 10, center: { x: 20, y: 30 } }
```

이제 [그림 11-1]에서 보여주는 것처럼 `original.center`와 `clone.center`는 같은 객체다.

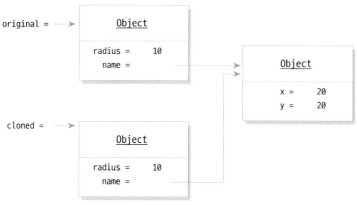

그림 11-1 얕은 복사

`original`의 값을 바꾸면 `clone`에도 영향을 미친다.

```
original.center.x = 40 // clone.center.x도 바뀜
```

다음과 같이 모든 값을 재귀적으로 복사해야 이런 문제가 일어나지 않는다.

```
const clone = obj => {
    if (typeof obj !== 'object' || Object.isFrozen(obj)) return obj
    const props = Object.getOwnPropertyDescriptors(obj)
    let result = Object.create(Object.getPrototypeOf(obj), props)
    for (const prop in props)
        result[prop] = clone(obj[prop])
    return result
}
```

하지만 순환 참조circular reference가 있으면 위 코드는 동작하지 않는다.

서로가 가장 친한 친구인 두 사람이 있다(그림 11-2).

```
const fred = { name: 'Fred' }
const barney = { name: 'Barney' }
fred.bestFriend = barney
barney.bestFriend = fred
```

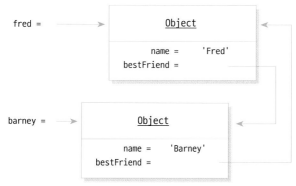

그림 11-2 순환 참조

재귀적으로 fred를 복제했다고 가정하자. 결과를 새 객체에 저장한다.

```
cloned = { name: 'Fred', bestFriend: clone(barney) }
```

clone(barney)는 { name: 'Barney', bestFriend: clone(fred) }라는 객체를 만든다. 하지만 이 작업엔 문제가 있다. 무한 재귀에 빠지기 때문이다. 무한 재귀 문제가 발생하지 않더라도 잘못된 구조의 객체를 얻게 된다. 제대로 객체를 복제했다면 cloned.bestFriend.bestFriend === cloned를 만족해야 한다.

순환 재귀 과정을 다듬어야 한다. 복제한 객체는 다시 복제하지 않고 기존 복제를 참조해야 한다. 원래 객체에서 복제된 객체를 가리키는 맵을 이용해 이 기능을 구현한다. 이전에 복제하지 않았던 객체가 나타나면 이를 원본과 복제의 참조로 맵에 추가한다. 이미 복제한 객체라면 맵에서 복제한 객체의 참조를 찾는다.

```
const clone = (obj, cloneRegistry = new Map()) => {
  if (typeof obj !== 'object' || Object.isFrozen(obj)) return obj
  if (cloneRegistry.has(obj)) return cloneRegistry.get(obj)
```

```
    const props = Object.getOwnPropertyDescriptors(obj)
    let result = Object.create(Object.getPrototypeOf(obj), props)
    cloneRegistry.set(obj, result)
    for (const prop in props)
      result[prop] = clone(obj[prop], cloneRegistry)
    return result
  }
```

이제 거의 완벽한 복제 함수가 되었다. 하지만 아직 배열은 완벽하게 복제하지 못한다. clone([1, 2, 3])을 호출하면 Array.prototype을 프로토타입으로 갖는 배열과 비슷한 객체를 반환한다. 이는 실제로 배열이 아니며 Array.isArray를 적용하면 거짓이 반환된다.

Object.create 대신 Arrays.from으로 배열을 복사하면 문제가 해결된다. 최종 버전은 다음과 같다.

```
const clone = (obj, cloneRegistry = new Map()) => {
  if (typeof obj !== 'object' || Object.isFrozen(obj)) return obj
  if (cloneRegistry.has(obj)) return cloneRegistry.get(obj)
  const props = Object.getOwnPropertyDescriptors(obj)
  let result = Array.isArray(obj) ? Array.from(obj)
    : Object.create(Object.getPrototypeOf(obj), props)
  cloneRegistry.set(obj, result)
  for (const prop in props)
    result[prop] = clone(obj[prop], cloneRegistry)
  return result
}
```

11.10 함수 프로퍼티

지금까지 Object 클래스의 메서드를 확인했으니 이번엔 함수 객체를 살펴본다. 키워드로 정의되는 모든 함수는 다음과 같이 열거할 수 없는 세 가지 프로퍼티를 갖는다.

- name: 함수를 정의하는 이름 또는 익명 함수라면 익명 함수를 할당한 변수명(11장 연습 문제 14번 참고)

- length: 인수의 개수(나머지 인수는 포함하지 않음)

- prototype: 프로토타입 프로퍼티로 채워질 객체

기존 자바스크립트에서는 함수와 생성자를 구별할 수 없었다. 심지어 엄격 모드에서도 모든 함수를 new로 호출할 수 있었다. 따라서 모든 함수에 prototype 객체가 있다.

함수의 prototype 객체를 좀 더 자세히 살펴보자. prototype 객체는 열거할 수 있는 프로퍼티가 없고, 생성자 함수를 가리키며 열거할 수 없는 단 하나의 constructor 프로퍼티를 갖는다(그림 11-3). 예를 들어 class Employee를 살펴보자. 생성자 함수 Employee는 다른 함수와 마찬가지로 prototype을 가지며 다음을 만족한다.

모든 객체가 프로퍼티에서 constructor 프로퍼티를 상속받는다. 따라서 다음과 같이 객체를 이용해 클래스명을 얻을 수 있다.

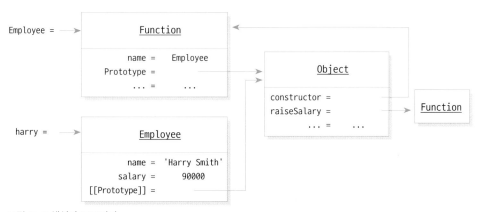

그림 11-3 생성자 프로퍼티

모든 객체가 프로퍼티에서 constructor 프로퍼티를 상속받는다. 따라서 다음과 같이 객체를 이용해 클래스명을 얻을 수 있다.

```
obj.constructor.name
```

생성자 안의 `new.target` 표현식은 객체가 생성되는 함수를 가리킨다. 이 표현식을 이용해 객체가 서브클래스의 인스턴스인지 확인할 수 있다(11장 연습 문제 11번에서 이를 활용함). `new` 없이 함수를 호출했는지도 알 수 있다. 이 상황에서는 `new.target === undefined`를 만족한다.

11.11 인수 바인딩과 메서드 호출

함수에서 bind 메서드는 기존 인수를 소모하는 다른 함수를 반환한다.

```
const multiply = (x, y) => x * y
const triple = multiply.bind(null, 3)
triple(14) // 42 또는 multiply(3, 14) 반환
```

multiply에서 한 개의 인수는 bind 메서드가 소모했으므로 결과 함수 triple은 한 개의 인수만 받는다. bind 메서드의 첫 번째 인수는 this 매개변수를 바인딩한다.

다음 예를 살펴보자.

```
const isPet = Array.prototype.includes.bind(['cat', 'dog', 'fish'])
```

bind를 이용해 메서드를 함수로 바꿀 수 있다.

```
button.onclick = this.handleClick.bind(this)
```

꼭 bind를 사용해야 하는 상황은 없다. 다음과 같이 명시적으로 함수를 정의할 수 있기 때문이다.

```
const triple = y => multiply(3, y)
const isPet = x => ['cat', 'dog', 'fish'].includes(x)
button.onclick = (...args) => this.handleClick(...args)
```

call 메서드는 bind와 비슷하다. 하지만 call 메서드에서는 모든 인수가 제공되고, 함수나 메서드를 호출한다. 다음 예를 살펴보자.

```
let answer = multiply.call(null, 6, 7)
let uppercased = String.prototype.toUpperCase.call('Hello')
```

물론 multiply(6, 7) 또는 'Hello'.toUpperCase()를 호출하는 편이 간단하다. 하지만 직접 함수를 호출할 수 없는 상황도 있다.

다음 예를 살펴보자.

```
const spacedOut = Array.prototype.join.call('Hello', ' ') // 'H e l l o'
```

다음과 같이 호출할 수는 없다.

```
'Hello'.join(' ')
```

join은 String 클래스의 메서드가 아니기 때문이다. join은 문자열을 조작하지만 Array 클래스의 메서드다.

마지막으로 apply는 call과 비슷하지만 this를 제외한 인수가 배열(또는 배열과 비슷한 객체)에 있다.

```
String.prototype.substring.apply('Hello', [1, 4]) // 'ell'
```

f에 저장된 임의의 함수에 임의의 인수를 제공할 때 f.apply(null, args)보다는 f(...args) 표현을 사용하는 편이 더 간단하다. 하지만 f가 메서드를 포함한다면 선택

의 여지가 없다. 이 경우엔 `obj.f(...args)`를 사용할 수 없으므로 반드시 `f.apply(obj, args)`를 사용해야 한다.

> 📋 **Note**
>
> 자바스크립트에 `super` 키워드가 등장하기 전에는 `bind`, `call`, `apply`를 이용해 슈퍼클래스 생성자를 호출했었다(11장 연습 문제 16번 참고).

11.12 프록시

사용자에게 프록시proxy는 객체처럼 보이지만 실제로 프록시는 프로퍼티와 프로토타입의 접근, 메서드 호출을 가로챌 뿐이다. 이를 가로채고 나면 원하는 작업을 수행할 수 있다.

예를 들어 어떤 객체 관계 매핑object-relational mapping(ORM)에서 다음과 같은 메서드를 지원한다고 가정하자.

```
const result = orm.findEmployeeById(42)
```

`Employee`는 데이터베이스 테이블이다. 일치하는 테이블이 없으면 메서드는 오류를 일으킨다.

`orm`은 모든 메서드 호출을 가로채는 프록시다. `find...ById`라는 이름을 갖는 메서드가 호출되면 메서드 이름에서 테이블 이름을 추출한 다음, 데이터베이스 검색을 수행한다.

이를 이용하면 굉장히 동적이고 강력한 작업을 수행할 수 있다. 다음과 같이 프록시를 활용할 수 있다.

- 프로퍼티 접근과 변환 자동 로깅
- 민감한 데이터 유효성 검사나 보호 등 프로퍼티 접근 제어
- DOM 요소나 데이터베이스 열과 같은 동적 프로퍼티
- 마치 지역 호출인 것처럼 원격 호출 수행

프록시를 만들려면 두 객체가 필요하다.

- target: 제어하려는 연산을 포함하는 객체다.
- handler: 트랩 함수trap function를 포함하는 객체다. 프록시가 동작 중일 때는 트랩 함수가 호출된다.

[표 11-3]에서 볼 수 있듯이 열세 가지 트랩 함수가 있다.

표 11-3 트랩 함수

이름	설명
get(target, key, receiver)	receiver[key], receiver.key
set(target, key, value, receiver)	receiver[key] = value, receiver.key = value
deleteProperty(target, key)	delete proxy[key], delete proxy.key
has(target, key)	target에 포함된 key
getPrototypeOf(target)	Object.getPrototypeOf(proxy)
setPrototypeOf(target, proto)	Object.setPrototypeOf(proxy, proto)
isExtensible(target)	Object.isExtensible(proxy)
preventExtensions(target)	Object.preventExtensions(proxy)
getOwnPropertyDescriptor(target, key)	Object.getOwnPropertyDescriptor(proxy, key), Object.keys(proxy)
ownKeys(target)	Object.keys(proxy), Object.getOwnProperty(Names¦Symbols)(proxy)
defineProperty(target, key, descriptor)	Object.defineProperty(proxy, key, descriptor)
apply(target, thisArg, args)	thisArg.proxy(...args), proxy(...args), proxy.apply(thisArg, args), proxy.call(thisArg, ...args)
construct(target, args, newTarget)	new proxy(args) 또는 super로 호출

프로퍼티가 obj 객체를 읽고 쓰는 로그를 관찰하는 간단한 예를 살펴보자. 핸들러에서 두 개의 트랩 함수를 설정했다.

```
const obj = { name: 'Harry Smith', salary: 100000 }
const logHandler = {
  get(target, key, receiver) {
    const result = target[key]
    console.log(`get ${key.toString()} as ${result}`)
    return result
  },
  set(target, key, value, receiver) {
    console.log(`set ${key.toString()} to ${value}`)
    target[key] = value
    return true
  }
}
const proxy = new Proxy(obj, logHandler)
```

get, set 함수에서 target 매개변수는 프록시(예제에서는 obj)의 대상이다. 예제는
receiver 객체의 프로퍼티에 접근한다. 다른 객체의 프로토타입 체인에 있지 않다면 바로
receiver가 프록시 객체다.

이제 원래 객체가 아니라 프록시에 모니터하려는 코드를 제공해야 한다. 다음처럼 누군가의
급여를 바꾼다고 가정하자.

```
proxy.salary = 200000
```

그러면 다음과 같은 메시지가 만들어진다.

```
set salary to 200000
```

트랩에 걸리지 않은 동작은 target으로 전달된다.

```
delete proxy.salary
```

이 코드는 target에서 salary 필드를 삭제한다.

자바스크립트 API는 프록시된 객체를 신뢰할 수 있는 코드로 전달하지만 나중에 일어날 일은 신뢰할 수 없으므로 접근을 재설정할 수 있는 유용한 프록시 구현을 제공한다.

다음은 프록시를 얻는 코드다.

```
const target = ...
const p = Proxy.revocable(target, {})
```

Proxy.revocable은 프로퍼티 proxy(프록시를 적용한 객체)를 포함하는 객체와 프록시의 모든 접근을 재설정하는 revoke 메서드를 반환한다.

여러분이 믿을 수 있는 코드를 프록시에 전달한다. 모든 동작은 대상 객체에 접근할 수 있기 때문이다.

```
p.revoke() // p.proxy를 더 이상 사용할 수 없음
```

위 코드를 호출한 이후에 프록시에서 수행하는 모든 동작은 예외를 일으킨다.

트랩을 가로채는 핸들러를 제공해야 한다. 기본 동작만으로 충분하다면 빈 객체를 사용한다. 핸들러를 사용하는 예는 11장 연습 문제 24번을 참고하자.

11.13 Reflect 클래스

Reflect 클래스는 [표 11-3]에서 열거한 열세 가지 트랩 동작을 구현한다. Reflect 함수 덕분에 동작을 직접 구현할 필요가 없다.

```
const logHandler = {
  get(target, key, receiver) {
    console.log(`get ${key.toString()}`)
    return Reflect.get(target, key, receiver)
    // target[key] 대신 Reflect.get(target, key, receiver) 반환
  },
  set(target, key, value, receiver) {
```

```
    console.log(`set ${key.toString()}`)
    return Reflect.set(target, key, value, receiver)
    // target[key] = value 대신 참 반환
  }
}
```

트랩을 적용할 수 있는 모든 동작을 로깅한다고 가정하자. 함수명을 제외하면 이전 코드와 거의 같다. 코드가 거의 같은 핸들러 함수를 여러 번 구현하는 것보다는 함수명의 게터에 트랩을 적용하는 두 번째 프록시를 구현하는 편이 좋다.

```
const getHandler = {
  get(target, trapKey, receiver) {
    return (...args) => {
      console.log(`Trapping ${trapKey}`)
      return Reflect[trapKey](...args);
    }
  }
}
const logEverythingHandler = new Proxy({}, getHandler)
const proxy = new Proxy(obj, logEverythingHandler)
```

실제로 사용되는 예를 통해 이 코드에서 어떤 일이 일어나는지 이해해보자.

1. 프록시 사용자가 프로퍼티를 설정한다.

```
proxy.name = 'Fred'
```

2. logEverythingHandler의 메서드가 호출된다.

```
logEverythingHandler.set(obj, 'name', 'Fred', proxy)
```

3. 메서드를 호출하려면 가상 머신은 logEverythingHandler의 set 메서드를 찾아야 한다.

4. `logEverythingHandler` 자체는 프록시이므로 프록시 핸들러의 get 메서드가 호출된다.

```
getHandler.get({}, 'set', logEverythingHandler)
```

5. 이 함수를 호출하면 `logEverythingHandler.set`의 값으로 다음 함수를 반환한다.

```
(...args) => { console.log(`Trapping set`); return Reflect.set(...args) }
```

6. 두 번째 단계에서 시작된 함수 호출을 이제 처리할 수 있다. `(obj, 'name', 'Fred', proxy)`를 인수로 제공해 함수를 호출한다.

7. 메시지를 출력하고 다음을 호출한다.

```
Reflect.set(obj, 'name', 'Fred', proxy)
```

8. `obj.name`을 `'Fred'`로 설정한다.

트랩 함수로 전달된 인수(타겟과 프록시 포함)를 로깅할 때는 무한 재귀에 빠지지 않도록 주의해야 한다. 맵을 사용해 이름을 문자열(보통은 **toString**이 호출되며 또 다른 트랩 호출을 일으킴)로 출력하면 이 문제를 해결할 수 있다.

```
const knownObjects = new WeakMap()

const stringify = x => {
  if (knownObjects.has(x))
    return knownObjects.get(x)
  else
    return JSON.stringify(x)
}

const logEverything = (name, obj) => {
  knownObjects.set(obj, name)
  const getHandler = {
    get(target, trapKey, receiver) {
```

```
    return (...args) => {
      console.log(`Trapping ${trapKey}(${args.map(stringify)})`)
      return Reflect[trapKey](...args);
    }
  }
}

const result = new Proxy(obj, new Proxy({}, getHandler))
knownObjects.set(result, `proxy of ${name}`)
return result
}
```

이제 함수를 호출한다.

```
const fred = { name: 'Fred' }
const proxyOfFred = logEverything('fred', fred)
proxyOfFred.age = 42
```

그러면 다음과 같은 로깅 결과가 나타난다.

```
Trapping set(fred,age,42,proxy of fred)
Trapping getOwnPropertyDescriptor(fred,age)
Trapping defineProperty(fred,"age",{"value":42,
  "writable":true,"enumerable":true,"configurable":true})
```

Reflect 클래스는 프록시와 사용하도록 설계되었지만 그중 세 가지 메서드는 대응하는 일반 기능보다 더 유용하므로 프록시와 별개로 활용할 수 있다.

1. Reflect.deleteProperty는 성공적으로 프로퍼티를 삭제했는지를 불리언으로 반환한다. delete 동작은 결과를 알려주지 않는다.

2. Reflect.defineProperty는 성공적으로 프로퍼티를 정의했는지를 불리언으로 반환한다. Object.defineProperty는 오류가 발생하면 예외를 일으킨다.

3. Reflect.apply(f, thisArg, args)는 반드시 Function.prototype.apply를 호출하지만 f.apply(thisArg, args)는 apply 프로퍼티가 재정의되어 있을 수 있으므로 반드시 호출한다는 보장이 없다.

11.14 프록시 불변 법칙

가상 머신은 여러분이 프록시 동작을 구현할 때 이상한 값이 반환되지 않는지 확인한다.

- construct는 반드시 객체를 반환해야 한다.
- getOwnPropertyDescriptor는 객체 디스크립터 또는 undefined를 반환해야 한다.
- getPrototypeOf는 반드시 객체나 null을 반환해야 한다.

이외에도 가상 머신은 프록시 동작의 일관성도 확인한다. 프록시는 타겟을 다음과 같이 취급해야 한다.

- 타겟 프로퍼티는 기록할 수 없다.
- 타겟 프로퍼티는 설정할 수 없다.
- 타겟은 확장할 수 없다.

ECMAScript 규격 명세는 프록시가 반드시 따라야 하는 '불변^{invariant}' 법칙을 설명하고 있다. 예를 들어 프록시의 get 동작은 '대상 객체의 프로퍼티가 기록할 수 없고, 설정할 수 없는 자신의 데이터 프로퍼티라면 get으로 얻은 프로퍼티 값은 대상 객체 프로퍼티와 반드시 같은 값을 가져야 한다'를 준수해야 한다.

마찬가지로 대상 프로퍼티를 설정할 수 없다면 has는 이를 숨길 수 없다. 대상을 확장할 수 없는 상황이라면 getPrototypeOf는 반드시 실제 프로토타입을 반환해야 하며 has와 getOwnPropertyDescriptor는 반드시 실제 프로퍼티를 가져와야 한다.

불변 법칙은 프록시가 기존 객체 자체에 프로퍼티를 추가하지 않도록 강제한다. 안타깝게도 이는 사실이 아니므로 프록시가 추가한 프로퍼티가 없다고 거짓말을 할 수밖에 없다. 10에서 99 사이의 정수를 저장하는 유사 배열 객체가 있다고 가정하자. 이들을 동적으로 계산할 수 있으므로 값을 저장할 필요는 없다. 이때 프록시가 힘을 발휘한다.

다음은 범위 프록시^{range proxy}를 만드는 함수다.

```
const createRange = (start, end) => {
  const isIndex = (key) =>
    typeof key === 'string' &&
    /^[0-9]+$/.test(key) &&
    parseInt(key) < end - start
  return new Proxy(
    {},
    {
      get: (target, key, receiver) => {
        if (isIndex(key)) {
          return start + parseInt(key)
        } else {
          return Reflect.get(target, key, receiver)
        }
      }
    }
  )
}
```

get 트랩은 요청을 받은 즉시 범위에 해당하는 값을 만든다.

```
const range = createRange(10, 100)
console.log(range[10]) // 20
```

하지만 키로 반복할 수는 없다.

```
console.log(Object.keys(range)) // []
```

놀라운 일은 아니다. 키를 사용하려면 먼저 ownKeys 트랩을 정의해야 한다.

```
ownKeys: (target) => {
  const result = Reflect.ownKeys(target)
```

```
    for (let i = 0; i < end - start; i++) result.push(String(i))
    return result
  }
```

ownKeys 트랩을 핸들러에 추가했음에도 Object.keys(range)는 빈 배열을 반환한다. 인덱스 프로퍼티에 프로퍼티 디스크립터를 제공해 문제를 해결할 수 있다.

```
getOwnPropertyDescriptor: (target, key) => {
  if (isIndex(key)) {
    return {
      value: start + Number(key),
      writable: false,
      enumerable: true,
      configurable: true // 실제로 원하는 동작이 아님
    }
  } else {
    return Reflect.getOwnPropertyDescriptor(target, key)
  }
}
```

Object.keys는 '10'에서 '99'까지의 값을 포함하는 배열을 반환한다. 하지만 아직도 한 가지 문제가 있다. 인덱스 프로퍼티는 반드시 설정할 수 있어야 한다. 그렇지 않으면 불변 법칙을 적용해야 하기 때문이다. 타겟에 존재하지 않고, 설정할 수 없는 프로퍼티를 보고할 순 없다(현재 타겟은 빈 객체). 그렇다고 인덱스 프로퍼티를 실제로 설정할 수 있도록 만들고 싶진 않으니 이도 저도 할 수 없는 상황에 빠진다. 인덱스 프로퍼티를 삭제하거나 재설정하는 동작을 방지하려면 추가로 트랩을 사용해야 한다(11장 연습 문제 27번 참고).

지금까지 살펴본 것처럼 프록시에 동적 프로퍼티를 구현하는 일은 쉽지 않다. 가능하면 프로퍼티를 프록시 타겟에 두는 것이 좋다. 예를 들어 범위 프록시는 length 프로퍼티와 toString 메서드를 포함해야 한다. 이들을 타겟 객체에 추가하고 트랩에서는 이를 처리하지 않는 것이 좋다(11장 연습 문제 28번 참고).

연습 문제

01 11.2절에서 Percent 클래스에 사용한 Symbol.toPrimitive가 왜 올바른 선택이 아닐까? 퍼센트 값을 더하고, 곱해보자. 퍼센트 연산과 문자열 연결, 이 두 문제를 해결하는 한 가지 해결책을 제시할 수 없는 이유는 뭘까?

02 '글로브 패턴glob pattern'은 파일 이름을 매칭하는 패턴이다. 가장 간단한 형식인 *는 경로 구분자인 / 이외의 모든 문자열을 매칭하며 ?는 한 문자를 매칭한다. Glob 클래스를 구현해보고 잘 알려진 심벌을 이용해 문자열 메서드 match, matchAll, replace, search, split에 글로브 패턴을 활성화해보자.

03 [표 11-1]에서 보여주는 것처럼 y가 잘 알려진 심벌 프로퍼티를 포함하도록 만들어 x instanceof y의 동작을 바꿀 수 있다. x instanceof Natural은 x가 0보다 크거나 같은 정수인지 확인하고, x instanceof Range(a, b)는 x가 주어진 범위 안의 정수인지 확인하도록 만들어보자. 이를 만드는 것이 좋은 생각은 아니지만 심벌 프로퍼티를 활용해볼 수 있는 좋은 기회다.

04 Person 클래스를 정의해보자. Person 클래스와 모든 서브클래스의 toString 메서드는 [object 클래스명]을 반환한다.

05 다음 호출의 출력을 확인하고 결과를 설명해보자.

```
Object.getOwnPropertyDescriptors([1,2,3])
Object.getOwnPropertyDescriptors([1,2,3].constructor)
Object.getOwnPropertyDescriptors([1,2,3].prototype)
```

06 `Object.seal(obj)`를 호출해서 객체를 봉했다고 가정하자. 엄격 모드에서 존 재하지 않는 프로퍼티를 설정해 예외를 발생시켜보자. 하지만 예상과 다르게 예외는 발생하지 않으며 존재하지 않는 프로퍼티도 읽을 수 있다. 반환된 객체 에서 존재하지 않는 프로퍼티에 읽거나 쓰는 동작을 수행하면 예외를 던지는 `reallySeal` 함수를 구현해보자(힌트: 프록시).

07 구글에서 'JavaScript object clone'을 검색한 다음 관련 블로그 글과 스택오버 플로 답변을 검토해보자. 공유된 가변 상태와 순환 참조를 올바로 처리할 수 있 는 코드는 얼마나 있을까?

08 객체와 모든 프로퍼티 값을 재귀적으로 얼리는 `freezeCompletely` 함수를 구 현해보자. 순환 참조를 처리해야 한다.

09 `Object.getOwnPropertyDescriptors`를 사용해 `[1, 2, 3]` 배열, `Array` 함수, `Array.prototype`의 모든 프로퍼티를 찾아보자. 이 세 가지 모두가 `length` 프로퍼티를 포함하는 이유는 무엇일까?

10 `new String('Fred')`로 새 문자열을 만들고 프로퍼티를 `Array.prototype` 으로 설정하자. 이 객체에 어떤 메서드를 성공적으로 적용할 수 있을까? `map`, `reverse`부터 시도해보자.

11 11.10절 마지막 부분에서 소개한 `new.target` 표현식은 `new` 연산자로 객체를 만들었을 때 생성자 함수로 설정된다. 이 기능을 이용해 `new`로 인스턴스화할 수 없는 추상 클래스 `Person`을 설계해보자. 하지만 `Employee`처럼 이를 구현 하는 서브클래스는 문제없이 인스턴스화할 수 있어야 한다.

12 이전 연습 문제에서 사용한 기법 대신 constructor 프로퍼티로 추상 클래스 인스턴스화를 막을 수 있을까? 어떤 방식이 더 견고할까?

13 new 없이 함수를 호출하면 new.target 표현식은 undefined다. 엄격 모드에서 이 상황을 결정할 수 있는 더 쉬운 방법이 있을까?

14 함수의 name 프로퍼티를 살펴보자. 함수를 이름과 함께 정의하면 어떤 값으로 설정될까? 이름은 없지만 이를 지역 변수에 할당하면 어떤 값으로 설정될까? 인수로 전달하는 익명 함수 또는 결과로 반환되는 함수는 어떤 값으로 설정될까? 화살표 표현식에서는 어떤 값으로 설정될까?

15 11.11절에서 다른 클래스의 메서드를 호출하려면 call이 필요하다는 사실을 확인했다. bind와 관련된 비슷한 예를 제시해보자.

16 이 연습 문제에서는 extends, super 키워드가 없던 시절 자바스크립트 프로그래머가 직접 구현해야 했던 상속을 살펴본다. 생성자 함수는 다음과 같다.

```
function Employee(name, salary) {
  this.name = name
  this.salary = salary
}
```

프로토타입에 메서드가 추가된다.

```
Employee.prototype.raiseSalary = function (percent) {
  this.salary *= 1 + percent / 100
}
```

extends, super 키워드를 사용하지 않고 Manager 서브클래스를 구현해보자. Object.setPrototypeOf로 Manager.prototype의 프로토타입을 설정한다. Manager 생성자에서는 새로 객체를 만들지 않고 기존의 **this** 객체에 Employee 생성자를 호출해야 한다. 11.11절에서 설명한 **bind** 메서드를 사용해보자.

17 연습 문제 16번을 풀던 한 개발자는 Object.setPrototypeOf를 사용하지 않고 Manager.prototype = Employee.prototype으로 설정했다. 이때 어떤 예상치 못한 결과가 나타날까?

18 11.8절의 마지막 부분에서 설명한 것처럼 Array.prototype은 실제 배열이다. Array.isArray로 이를 직접 확인해보자. [] instanceof Array는 왜 거짓일까? Array.prototype 배열에 요소를 추가하면 배열에 무슨 일이 일어날까?

19 11.12절에서 소개한 로깅 프록시를 활용해 배열 요소를 읽고 쓰는 걸 감시하는 기능을 구현해보자. 요소를 읽거나 쓰면 무슨 일이 일어날까? length 프로퍼티는 어떻게 될까? 콘솔에서 이름을 입력해 프록시 객체를 조사하면 무슨 일이 일어날까?

20 프로퍼티나 메서드 이름을 잘못 기입하면 정말 성가시다. 프록시를 이용해 자동 고침 기능을 구현해보자. 존재하는 이름 중 가장 근접한 이름을 선택한다. 공통된 문자의 개수나 레벤슈타인 거리Levenshtein distance[1]등을 이용해 문자열과 얼마나 가까운지 계산해보자.

---

1 https://en.wikipedia.org/wiki/Levenshtein_distance

21 Object, Array, String 클래스의 메서드를 오버라이드해 객체, 배열, 문자열의 동작을 바꿀 수 있다. 이런 오버라이드를 허용하지 않는 프록시를 구현해보자.

22 obj.prop1.prop2.prop3 표현식에서 중간에 누군가 null이나 undefined를 반환하면 바로 예외가 발생한다. 프록시를 이용해 예외가 발생하지 않도록 만들자. 우선 어떤 프로퍼티를 검색하든 값을 반환하는 안전한 객체를 정의한다. 다음으로 safe(obj)는 어떤 프로퍼티를 검색하든 값을 반환하는 안전한 객체의 프록시가 되도록 함수를 정의한다. 추가로 safe(obj).m1().m2().m3() 코드(중간에 메서드가 null이나 undefined를 반환한다고 가정)가 예외를 던지지 않도록 기법을 확장하면 더욱 좋다.

23 HTML이나 XML 문서에서 요소를 찾는 XPath와 비슷한 문법을 지원하는 프록시를 구현해보자.

```
const root = makeRootProxy(document)
const firstItemInSecondList = root.html.body.ul[2].li[1]
```

24 11.12절에서 설명한 대로 권한을 재설정하는 프록시를 구현해보자. 접근 권한을 완전히 재허용하기 전까지 모든 프로퍼티는 읽기 권한만 갖는다.

25 11.14절에서 getOwnPropertyDescriptor 트랩은 configurable 속성이 참인 인덱스 프로퍼티의 디스크립터를 반환했다. configurable을 거짓으로 설정하면 무슨 일이 일어날까?

26 11.14절의 ownKeys 트랩을 디버그해보자. 11.13절의 logEverything 메서드를 이용해 {} 대상의 모든 호출을 로깅한다.

27 11.14절의 범위 프록시에서 인덱스 프로퍼티를 삭제하거나 수정하지 못하도록 트랩을 추가해보자. has 트랩도 추가한다.

28 11.14절의 범위 프록시에 length 프로퍼티와 toString 메서드를 추가해보자. 이를 프록시 타겟에 추가하고 트랩에서는 특별한 처리를 따로 하지 않는다. 적절한 속성을 제공해보자.

29 createRange를 호출해 11.14절의 범위 프록시를 인스턴스화한다. 사용자가 마치 Range 클래스의 인스턴스를 만드는 것처럼 new Range(10, 100)을 호출해 프록시 인스턴스를 얻을 수 있도록 구현해보자.

30 29번 연습 문제에서 Range 클래스가 Array를 상속받도록 만들어보자. 11.2.3절에서 설명한 것처럼 Symbol.species 프로퍼티를 설정한다.

반복자와
제너레이터 *

01 이터러블

02 이터러블 구현

03 닫을 수 있는 반복자

04 제너레이터

05 중첩된 yield

06 제너레이터로 값 소비

07 제너레이터와 비동기 처리

08 비동기 제너레이터와 반복자

| 연습 문제 |

반복자와 제너레이터

이번 장에서는 for of 루프와 배열 스프레드에 사용할 수 있는 반복자^{iterator} 구현 방법을 살펴본다.

반복자를 구현하는 작업은 조금 귀찮은 편이지만 제너레이터^{generator}를 이용하면 작업이 상당히 간단해진다. 제너레이터는 여러 값을 만드는 함수이며, 각 값을 만든 다음에 잠시 멈춘 후, 다음 값을 요청할 때 재개된다. 콜백이 없는 비동기 프로그래밍을 구현할 때에도 제너레이터를 활용한다.

12장에서 다루는 모든 내용은 고급 주제다.

12.1 이터러블

자바스크립트에서는 보통 for of 루프로 값을 반복한다. 예를 들어 배열은 반복할 수 있는 이터러블^{iterable}이다.

```
for (const element of [1, 2, 7, 9])
```

위 코드는 주어진 배열의 요소를 반복한다. 문자열도 이터러블이다.

```
for (const ch of 'Hello')
```

위 코드는 문자열을 코드 포인트로 반복한다.

다음은 모두 이터러블이다.

- 배열과 문자열
- 세트와 맵

- 배열, 입력된 배열, 세트와 맵의(Object는 제외) keys, values, entries 메서드에 의해 반환되는 객체

- document.querySelectorAll('div') 호출 결과로 반환되는 DOM 자료 구조

보통 반복자 객체를 반환하는 Symbol.iterator 메서드를 포함하는 값은 이터러블이다.

```
const helloIter = 'Hello'[Symbol.iterator]()
```

반복자 객체의 next 메서드는 다음 값과 반복이 끝났는지를 알려주는 정보가 포함된 객체를 반환한다.

```
helloIter.next() // { value: 'H', done: false } 반환
helloIter.next() // { value: 'e', done: false } 반환
...
helloIter.next() // { value: 'o', done: false } 반환
helloIter.next() // { value: undefined, done: true } 반환
```

for (const v of iterable) 루프는 iterable[Symbol.iterator]()를 호출해 얻은 반복자 객체를 반복한다. 각 루프에서는 객체에 next 메서드를 호출하면 { value: ..., done: ... } 정보를 포함하는 객체가 반환된다. done이 거짓이면 변수 v는 객체의 value 프로퍼티 값을 갖는다. done이 참이면 for of 루프를 종료한다.

자바스크립트에서는 다음과 같은 상황에서 이터러블을 사용한다.

- for (const v of iterable)과 같은 for of 루프

- [...iterable]과 같은 배열 스프레드

- [first, second, third] = iterable과 같은 비구조화 배열

- Array.from(iterable) 함수

- new Set(iterable)과 같은 세트와 맵 생성자

- 이 장의 뒷부분에서 살펴볼 yield* 지시어

- iterable[Symbol.iterator]()에서 반환하는 결과에 반복자를 사용한 모든 곳

12.2 이터러블 구현

이번 절에서는 for of 루프, 배열 스프레드 등에서 등장하는 이터러블 객체를 만드는 방법을 배운다.

구체적인 예제로 살펴보기 위해 우선 Range 클래스를 구현한다. 이 클래스의 반복자는 주어진 두 범위 사이의 값을 반환한다.

```
class Range {
  constructor(start, end) {
    this.start = start
    this.end = end
  }
  ...
}
```

Range 인스턴스를 for of 루프에 사용할 수 있다.

```
for (const element of new Range(10, 20))
  console.log(element) // 10 11 ... 19 출력
```

이터러블 객체는 반드시 Symbol.iterator 메서드를 제공해야 한다. 메서드 이름은 문자열이 아니므로 괄호로 감싼다.

```
class Range {
  ...
  [Symbol.iterator]() { ... }
}
```

이 메서드는 next 메서드를 포함하는 객체를 반환한다. 이들 객체를 생성할 두 번째 클래스를 정의한다.

```
class RangeIterator {
  constructor(current, last) {
    this.current = current
    this.last = last
  }
  next() { ... }
}


class Range {
  ...
  [Symbol.iterator]() { return new RangeIterator(this.start, this.end) }
}
```

next 메서드는 { value: ..., done: ... } 형태의 객체를 반환한다.

```
next() {
  ...
  if (...) {
    return { value: some value, done: false }
  } else {
    return { value: undefined, done: true }
  }
}
```

done: false와 value: undefined는 생략할 수 있다.

```
class RangeIterator {
  ...
  next() {
    if (this.current < this.last) {
      const result = { value: this.current }
      this.current++
      return result
    } else {
      return { done: true }
```

```
        }
      }
    }
```

두 클래스를 따로 분리함으로써 Symbol.iterator 메서드는 next 메서드를 포함하는 다른 클래스 인스턴스를 반환한다는 사실을 쉽게 알 수 있다. 또는 다음과 같이 즉석으로 반복자 객체를 만들 수 있다.

```
class Range {
  constructor(start, end) {
    this.start = start
    this.end = end
  }
  [Symbol.iterator]() {
    let current = this.start
    let last = this.end
    return {
      next() {
        if (current < last) {
          const result = { value: current }
          current++
          return result
        } else {
          return { done: true }
        }
      }
    }
  }
}
```

Symbol.iterator 메서드는 next 메서드를 포함하는 객체를 반환한다. next 메서드는 { value: current }, { done: true } 객체를 반환한다.

이 코드는 간단하지만 이해하기긴 조금 어렵다.

12.3 닫을 수 있는 반복자

return 메서드를 포함하는 반복자 객체를 닫을 수 있는^{closeable} 반복자라고 부른다. 반복이 예정보다 일찍 끝났을 때 return 메서드가 호출된다. 예를 들어 파일의 행을 반복하는 lines(filename) 메서드가 있다고 가정하며 다음 함수를 살펴보자.

```
const find = (filename, target) => {
  for (const line of lines(filename)) {
    if (line.includes(target)) {
      return line  // iterator.return() 호출됨
    }
  }                // iterator.return() 호출 안 됨
}
```

루프가 return, throw, break, continue 등으로 의도치 않게 종료되면 반복자의 return 메서드가 호출된다. 이 예제에서는 target 문자열을 포함하는 행을 발견하면 반복자의 return 메서드가 호출된다. target 문자열을 포함하는 행이 없다면 for of 루프가 정상적으로 종료하면서 return 메서드는 호출되지 않는다.

반복자에 수동으로 next를 호출하는 상황에서 one: true를 받기 전에 반복을 중단했다면 iterator.return()을 호출해야 한다. 물론 return 메서드를 호출한 다음에는 next를 호출하지 말아야 한다.

닫을 수 있는 반복자는 return 문과 다음 값이 있는지 확인하는 next 메서드 근처에 닫는 로직을 추가해야 한다는 점이 조금 귀찮다.

다음은 파일의 행을 이터러블로 반환하는 함수를 구현하는 뼈대다. 12장 연습 문제 6번에서 이 함수를 완성해본다.

```
const lines = (filename) => {
  const file = ...        // 파일 열기
  return {
    [Symbol.iterator]: () => ({
      next: () => {
        if (done) {
```

```
          ...                    // 파일 닫기
          return { done: true }
        } else {
          const line = ...       // 행 읽기
          return { value: line }
        }
      },
      ['return']: () => {
        ...                      // 파일 닫기
        return { done: true }  // 반드시 객체를 반환해야 함
      }
    })
  }
}
```

12.4 제너레이터

이전 절에서는 next 메서드를 포함하는 반복자(next 메서드로 한 번에 하나의 값을 생산)
를 구현하는 방법을 살펴봤다. 구현 과정은 조금 귀찮다. 반복자는 next 호출을 반복하면서
상태를 기억해야 한다. 이는 간단한 범위에 적용하는 예에서도 사소한 작업이 아니다. 안타
깝게 이런 상황에서는 루프를 사용할 수도 없다.

```
for (let i = start; i < end; i++)
  ...
```

루프는 한 번에 하나가 아니라 한꺼번에 값을 반환하기 때문이다. 하지만 제너레이터 함수로
이 문제를 해결할 수 있다.

```
function* rangeGenerator(start, end) {
  for (let i = start; i < end; i++)
    yield i
}
```

yield 키워드는 값을 생성하고 함수를 종료하지 않고 대신 각각의 값을 반환한 다음 대기suspend(일시 정지)한다. 다음 값이 필요하면 yield 문 이후의 코드를 다시 실행하면서 다른 값을 반환한다.

* 심벌은 이 함수가 제너레이터 함수임을 가리킨다. 종료할 때 한 개의 값을 반환하는 일반 함수와 달리 제너레이터 함수는 yield 문을 실행할 때마다 결과를 반환한다.

제너레이터 함수를 호출해도 제너레이터 함수 본문은 실행되지 않으며 대신 반복자 객체를 얻는다.

```
const rangeIter = rangeGenerator(10, 20)
```

다른 반복자처럼 rangeIter 객체도 next 메서드를 포함한다. 처음 next를 호출하면 yield 문이 나타날 때까지 제너레이터 함수 본문을 실행한다. next 메서드는 { value: yielded value, done: false } 객체를 반환한다.

```
let nextResult = rangeIter.next() // { value: 10, done: false }
```

이제 next 메서드를 호출할 때마다 제너레이터 함수는 기존에 멈췄던 yield 문 이후부터 실행을 재개하며 다시 yield 문을 만나면 실행을 멈추고 대기한다.

```
nextResult = rangeIter.next() // { value: 11, done: false }
...
nextResult = rangeIter.next() // { value: 19, done: false }
```

제너레이터 함수가 반환되면 next 메서드는 { value: returned value, done: true } 를 반환해 반복이 끝났음을 알린다.

```
nextResult = rangeIter.next() // { value: undefined, done: true }
```

제너레이터 함수에서 예외가 발생하면 next 호출이 종료된다.

자바스크립트에서 제너레이터 함수를 호출한 함수에서는 yield를 사용할 수 없으며 오직 제너
레이터 함수 안에서만 사용할 수 있다.

제너레이터 함수는 익명 또는 명명된 함수로 선언한다.

```
function* myGenerator(...) { ... }
const myGenerator = function* (...) { ... }
```

객체 프로퍼티나 메서드가 제너레이터 함수면 앞에 별표를 추가한다.

```
const myObject = { * myGenerator(...) { ... }, ... }
// myGenerator: function* (...) { ... }의 편의 문법
class MyClass {
  * myGenerator(...) { ... }
  ...
}
```

화살표 함수는 제너레이터 함수가 될 수 없다.

이터러블을 받는 모든 곳(for of, 배열 스프레드 등)에 제너레이터 함수를 사용할 수 있다.

```
[...rangeGenerator(10, 15)] // [10, 11, 12, 13, 14] 배열
```

12.5 중첩된 yield

배열의 모든 요소를 반복한다고 가정하자. 물론 배열은 이미 이터러블이지만 제너레이터를
사용해본다. 다음과 같이 간단하게 제너레이터 함수를 구현한다.

```
function* arrayGenerator(arr) {
  for (const element of arr)
    yield element
}
```

arr이 [1, [2, 3, 4], 5]와 같이 배열을 요소로 포함하는 배열이라면 어떨까? 이런 상황에서는 배열을 평면화한 다음 1, 2, 3, 4, 5 순으로 요소를 반환해야 한다. 첫 번째 시도는 다음과 같다.

```
function* flatArrayGenerator(arr) {
  for (const element of arr)
    if (Array.isArray(element)) {
      arrayGenerator(element) // 요소를 반환하지 않으므로 오류
    } else {
      yield element
    }
}
```

위 코드는 동작하지 않는다.

```
arrayGenerator(element)
```

위 코드는 제너레이터 함수 **arrayGenerator**의 본문을 실행하지 않으며 반복자만 얻고 이를 폐기한다.

```
const result = [...flatArrayGenerator([1, [2, 3, 4], 5])]
```

위 코드의 결과로 result는 [1, 5]의 배열을 갖는다.

yield* 문으로 제너레이터 함수 안의 모든 제너레이터의 값을 얻는다.

```
function* flatArrayGenerator(arr) {
  for (const element of arr)
    if (Array.isArray(element)) {
      yield* arrayGenerator(element) // 생성된 요소를 한 번에 한 개씩 반환
    } else {
      yield element
    }
}
```

다음 코드를 실행한다.

```
const result = [...flatArrayGenerator([1, [2, 3, 4], 5])]
```

그 결과 평평해진 배열 [1, 2, 3, 4, 5]가 반환된다.

하지만 배열이 더 깊게 중첩되면 올바른 결과가 나오지 않는다. 예를 들어 flatArray
Generator([1, [2, [3, 4], 5], 6])는 1, 2, [3, 4], 5, 6을 반환한다.

다음과 같이 재귀적으로 flatArrayGenerator를 호출해 문제를 해결한다.

```
function* flatArrayGenerator(arr) {
  for (const element of arr)
    if (Array.isArray(element)) {
      yield* flatArrayGenerator(element)
    } else {
      yield element
    }
}
```

이 예제는 yield*로 자바스크립트 제너레이터 함수의 한계를 극복할 수 있음을 보여준다.
모든 yield 문은 제너레이터 함수 안에 위치해야 한다. yield는 제너레이터 함수에서 호
출한 함수에 존재할 수 없다. yield* 문은 호출된 제너레이터 함수의 반환값을 연결하므로
이를 이용하면 한 제너레이터 함수가 다른 제너레이터 함수를 호출하는 상황을 해결할 수
있다.

yield* 문은 이터러블의 값도 연결할 수 있으며 연결한 값을 next로 한 번에 전달한다. 따라서 arrayGenerator를 다음처럼 간단하게 정의할 수 있다.

```
function* arrayGenerator(arr) {
  yield* arr
}
```

📋 Note

제너레이터 함수는 yield로 값을 내보낼 뿐 아니라 return으로 값을 반환할 수 있다.

```
function* arrayGenerator(arr) {
  for (const element of arr)
    yield element
  return arr.length
}
```

done 프로퍼티가 참이면 반환값은 마지막 반복 결과에 포함된다. 방출된 값을 반복할 때 반환값은 무시된다. 하지만 다음처럼 다른 제너레이터 함수 안에서 yield* 표현식으로 반환값을 이용할 수 있다.

```
function* elementsFollowedByLength(arr) {
  const len = yield* arrayGenerator(arr)
  yield len
}
```

12.6 제너레이터로 값 소비

지금까지는 제너레이터로 일련의 값을 만들었다. 하지만 제너레이터로 값을 소비하는 방법도 있다. next에 인수를 제공하면 그 인수는 yield 표현식의 값이 된다.

```
function* sumGenerator() {
  let sum = 0
  while (true) {
    let nextValue = yield sum
    sum += nextValue
  }
}
```

`yield sum` 표현식의 값은 `nextValue` 변수에 저장된 다음 `sum`으로 더해진다. 이때 다음과 같이 양방향으로 통신이 일어난다.

- 제너레이터는 next 메서드 호출자로부터 값을 받아 이를 누적한다.
- 제너레이터는 현재 합계를 next 메서드 호출자에 보낸다.

 Warning

첫 번째 `yield` 문을 실행하려면 어디에선가 next를 호출해야 한다. 그다음부터 제너레이터가 소비할 값을 next의 인수로 호출할 수 있다.

`return` 메서드를 호출하면 제너레이터가 종료되며 이후 `next`를 호출하면 `{ value: undefined, done: true }`를 반환한다.

다음은 반복자를 호출하는 전체 코드다.

```
const accum = sumGenerator()
accum.next()                  // 첫 번째 yield 실행
let result = accum.next(3)  // { value: 3, done: false } 반환
result = accum.next(4)        // { value: 7, done: false } 반환
result = accum.next(5)        // { value: 12, done: false } 반환
accum.return()       // 반복자를 종료하고 { value: undefined, done: true } 반환
```

반복자 객체에 `throw(error)`를 호출하면 대기 중이던 `yield` 표현식에서 오류를 일으킨다. 제너레이터 함수가 이 오류를 잡아 `yield` 또는 `return` 문을 실행하므로 `throw` 메서드

는 { value: ..., done: ... }을 반환한다. 즉 throw는 yield 표현식이 값이 아닌 오류를 던진다는 점을 제외하면 next와 같은 방식으로 동작한다.

다음 합계 제너레이터를 조금 수정한 코드를 보면서 throw가 어떻게 동작하는지 살펴보자.

```
function* sumGenerator() {
  let sum = 0
  while (true) {
    try {
      let nextValue = yield sum
      sum += nextValue
    } catch {
      sum = 0
    }
  }
}
```

throw를 호출하면 누적된 값을 재설정한다.

```
const accum = sumGenerator()
accum.next()  // 첫 yield 실행
let result = accum.next(3)
result = accum.next(4)
result = accum.next(5)
accum.throw() // { value: 0, done: false } 반환
```

첫 yield 표현식을 실행하기 전에 throw를 호출하면 제너레이터가 종료되며 throw 메서드 호출자에 의해 오류가 발생한다.

12.7 제너레이터와 비동기 처리

이전 절에서 제너레이터로 값을 더하는 기능을 살펴봤지만 대체 이런 동작을 왜 제너레이터로 수행해야 하는지 궁금한 독자도 있을 것이다. 사실 제너레이터는 비동기 프로그래밍 영

역에서 진가를 발휘한다.

웹 페이지에서 데이터를 읽을 때 바로 데이터를 이용할 수 있는 것이 아니다. 9장에서 살펴본 것처럼 자바스크립트는 단일 스레드로 프로그램을 실행한다. 어떤 작업이 끝날 때까지 기다리는 동안 프로그램은 아무것도 할 수 없다. 따라서 웹 요청은 비동기로 이루어져야 한다. 요청한 데이터가 도착하면 콜백을 받는다. 다음은 웹 브라우저에서 제공하는(하지만 Node.js는 제공하지 않음) **XMLHttpRequest** 클래스를 이용해 난수를 얻는 예제다.

```
const url = 'https://www.random.org/integers/?num=1&min=1&max=1000000000\
&col=1&base=10&format=plain&rnd=new'
const req = new XMLHttpRequest();
req.open('GET', url)
req.addEventListener('load', () => console.log(req.response)) // 콜백
req.send()
```

이를 함수로 만든다. 함수는 핸들러 함수를 매개변수로 받으며, 난수를 받으면 이 핸들러 함수를 호출한다.

```
const trueRandom = (handler) => {
  const url =
    'https://www.random.org/integers/?num=1&min=1&max=1000000000\
&col=1&base=10&format=plain&rnd=new'
  const req = new XMLHttpRequest();
  req.open('GET', url)
  req.addEventListener('load', () => handler(parseInt(req.response)))
  req.send()
}
```

다음처럼 쉽게 난수를 얻을 수 있다.

```
trueRandom(receivedValue => console.log(receivedValue))
```

이번엔 세 개의 난수를 더한다고 가정하자. 다음 코드와 같이 함수를 세 번 호출해 난수를

얻고 모든 값이 준비되면 합계를 구한다. 그렇게 좋아 보이지는 않는다.

```
trueRandom(first =>
  trueRandom(second =>
    trueRandom(third => console.log(first + second + third))))
```

물론 9장에서 살펴본 것처럼 프라미스나 **async/await** 문법으로 이를 해결할 수 있다. 사실 프라미스는 제너레이터를 이용해 구현된다. 이번 절에서는 제너레이터를 비동기 프로그래밍에 어떻게 활용하는지 간단히 살펴본다. 제너레이터로 비동기 호출을 흉내 내보자. 임의의 정수를 제너레이터로 전달하는 **nextTrueRandom** 함수를 정의한다. 다음은 제레네이터다.

```
function* main() {
  const first = yield nextTrueRandom()
  const second = yield nextTrueRandom()
  const third = yield nextTrueRandom()
  console.log(first + second + third)
}
```

제너레이터를 실행하면 반복자를 반환한다.

```
const iter = main()
```

값이 생기면 이 반복자로 제공한다.

```
const nextTrueRandom = () => {
  trueRandom((receivedValue) => iter.next(receivedValue))
}
```

반복자를 시작해야 한다.

```
iter.next() // 반복자 시작
```

main 함수가 실행되면 이 함수는 nextTrueRandom을 호출한 다음 다른 누군가가 반복자에 next를 호출하기 전까지 yield 표현식에서 대기한다.

비동기로 데이터를 얻기 전까지는 next를 호출하지 않는다. 이때 제너레이터가 기능을 발휘한다. 제너레이터를 이용해 계산 작업을 대기시킨 후 추후 값이 생기면 이를 재개한다. 나중에 값을 얻으면 nextTrueRandom 함수는 iter.next(receivedValue)를 호출한다. first에 이 값을 저장한다.

두 번째로 yield 표현식에서 실행이 멈추고 지금까지의 과정을 반복한다. 이렇게 세 개의 값을 얻어 합계를 계산한다.

ES7에 제너레이터가 추가된 이후 제너레이터는 비동기 콜백을 피하는 방법으로 알려졌다. 하지만 이미 살펴봤듯이 제너레이터 설정 과정은 직관적이지 않다. 따라서 9장에서 배운 프라미스나 async/await 문법을 사용하는 편이 더 쉽다. 값을 소비하는 제너레이터는 프라미스를 완성하는 데 핵심 역할을 했지만 애플리케이션 프로그래머 사이에서는 널리 사용되지 못하고 있다.

12.8 비동기 제너레이터와 반복자

제너레이터 함수는 반복자로 받을 수 있는 값을 반환한다. iter.next()를 호출할 때마다 제너레이터는 다음 yield 문까지 코드를 실행한 다음 대기한다.

async 제너레이터는 일반 제너레이터 함수와 비슷하지만 본문에서 await 연산을 사용할 수 있다는 점이 다르다. async 제너레이터는 미래에 일련의 값을 생성한다.

제너레이터 함수에 async와 *를 사용해 비동기 제너레이터 함수를 정의한다.

```
async function* loadHanafudaImages(month) {
  for (let i = 1; i <= 4; i++) {
    const img = await loadImage(`hanafuda/${month}-${i}.png`)
    yield img
  }
}
```

비동기 제너레이터를 호출해 반복자를 얻는다. 하지만 반복자의 **next**를 호출했을 때 값이 준비되어 있다는 보장이 없다. 게다가 반복이 진행 중인지 여부도 확실하지 않다. 따라서 next는 { value: ..., done: ... } 객체의 프라미스를 반환한다.

물론 반복자에서 프라미스로 감싸진 값을 받을 수도 있지만 불편한 방법이다(12장 연습 문제 16번 참고). for 루프의 특별한 형태인 for await를 사용하면 더 편리하다.

```
for await (const img of loadHanafudaImages(month)) {
  imgdiv.appendChild(img)
}
```

for await of 루프는 생성된 각 프라미스에 await 연산자를 사용하므로 반드시 async 함수 안에서 사용해야 한다. 한 프라미스라도 거절되면 for await of 루프는 예외를 던지며 반복 작업을 중단한다.

모든 async 이터러블에 for await of 루프를 사용할 수 있다. 비동기 이터러블은 비동기 반복자를 반환하는 함수를 값으로 갖는 Symbol.asyncIterator 프로퍼티를 갖는다. 비동기 반복자는 { value: ..., done: ... } 객체 프라미스를 반환하는 next 메서드를 포함한다. 비동기 제너레이터로 가장 간단하게 비동기 이터러블을 만들 수 있지만 직접 이를 구현할 수도 있다(12장 연습 문제 17번 참고).

> 📎 **Warning**
>
> 비동기 이터러블은 이터러블이 아니다. 비동기 이터러블은 for of 루프, 스프레드, 비구조화 등과 호환되지 않기 때문이다. 예를 들어 다음과 같은 작업을 할 수 없다.
>
> ```
> const results = [...loadHanafudaImages(month)]
> // 프라미스 배열이 아니므로 오류 발생
> for (const p of loadHanafudaImages(month)) p.then(imgdiv.appendChild(img))
> // 프라미스를 반복하는 루프가 아니므로 오류 발생
> ```

반면 for await of 루프는 일반적인 이터러블과 호환된다. 이는 기존 for of 루프와 같은 방식으로 동작한다.

다음은 일정한 시간 지연을 두고 숫자의 범위를 생성하는 비동기 이터러블 예제다.

```
class TimedRange {
  constructor(start, end, delay) {
    this.start = start
    this.end = end
    this.delay = delay
  }

  async *[Symbol.asyncIterator]() {
    for (let current = this.start; current < this.end; current++) {
      yield await produceAfterDelay(current, this.delay)
    }
  }
}
```

await, yield 문법 덕분에 간단하게 반복자 함수를 구현할 수 있다. 다음 값이 나올 때까지 기다렸다가 이를 반환한다.

for await of 루프의 결과를 이용할 수 있다.

```
let r = new TimedRange(1, 10, 1000)
for await (const e of r) console.log(e)
```

조금 더 현실적인 예를 살펴보자. 많은 API는 데이터를 페이지별로 가져올 수 있도록 page 라는 매개변수를 제공한다.

```
https://chroniclingamerica.loc.gov/search/titles/results/?terms=michigan&
format=json&page=5
```

다음은 질의의 결과 페이지를 탐색하는 예다.

```
async function* loadResults(url) {
  let page = 0
  try {
    while (true) {
      page++
      const response = await fetch(`${url}&page=${page}`)
      yield await response.json()
    }
  } catch {
    // 반복 끝
  }
}
```

for async of 루프에서 제너레이터를 호출해 모든 응답을 확인한다. 이 자체에는 흥미로
운 점이 없다. 제너레이터를 사용하지 않고 async 함수에서 탐색을 수행하는 방법도 있다.

하지만 이 제너레이터를 다른 함수의 유틸리티로 사용하는 방법도 있다. 보통 API는 클라이
언트가 필요한 정보를 찾았다면 탐색을 중지할 수 있도록 페이지 정보 기능을 제공한다. 다
음은 검색 중에 콜백이 참을 반환하면 작업을 중지하는 코드다.

```
const findResult = async (queryURL, callback) => {
  for await (const result of loadResults(queryURL)) {
    if (callback(result)) return result
  }
  return undefined
}
```

두 가지 일이 일어난다. 먼저 findResult 함수는 제너레이터가 아니라 async 함수다.
복잡한 계산을 async 제너레이터 안에서 구현하므로 async 함수에서는 이를 소비할 수
있다. 또한 페이지 정보를 가져오는 작업은 게으르게 수행된다. 따라서 결과를 찾으면
findResult 함수는 즉시 종료되며 다른 페이지 정보를 가져오지 않고 제너레이터를 포기
한다.

연습 문제

01 이터러블 값을 받고 요소를 하나 건너 출력하는 함수를 구현해보자.

02 이터러블 값을 받아 요소를 하나 건너 반환하는, 또 다른 이터러블을 반환하는 함수를 구현해보자.

03 1에서 6까지의 주사위 눈을 무한대로 반환하는 이터러블 값을 코드 한 줄로 구현해보자.

```
const dieTosses = { ... }
```

04 1에서 6까지의 임의의 수 n개를 포함하는 이터러블을 반환하도록 dieTosses(n) 함수를 구현해보자.

05 Range 반복자를 구현한 다음 코드에서 잘못된 부분을 찾아보자.

```
class Range {
  constructor(start, end) {
    this.start = start
    this.end = end
  }
  [Symbol.iterator]() {
    let current = this.start
    return {
      next() {
        current++
        return current <= this.end ? { value: current - 1 } :
```

```
        { done: true }
      }
    }
  }
}
```

06 12.3절의 파일 반복자 구현을 완성해보자. Node.js의 fs 모듈[1] 중 openSync,
    readSync, closeSync 메서드를 활용한다. next, return 함수에서는 파일을
    닫아야 한다. next에서 return을 호출함으로써 코드를 중복하지 않아야 한다.

07 12.5절의 arrayGenerator 함수가 배열 요소로 문자열을 포함할 때 각 문자를
    별도로 반환하도록 만들어보자.

08 모든 이터러블 배열 요소를 각각 반환하도록 7번 연습 문제를 개선해보자.

09 제너레이터를 이용해 트리의 노드를 한 번에 방문하는 트리 반복자를 만들어보
    자. DOM API를 알고 있는 독자라면 DOM 문서의 모든 노드를 방문해보자.
    DOM API에 익숙하지 않은 독자라면 직접 트리 클래스를 만들어보자.

10 제너레이터와 힙 알고리즘Heap's algorithm[2]을 이용해 배열의 모든 순열을 반환하는
    반복자를 만들어보자. 예를 들어 [1, 2, 3]이라는 배열이 있다면 반복자는
    [1, 2, 3], [1, 3, 2], [2, 3, 1], [2, 1, 3], [3, 1, 2], [3, 2, 1]을
    반환해야 한다(순서는 중요하지 않음).

---

1 https://nodejs.org/api/fs.html
2 https://ko.wikipedia.org/wiki/힙_알고리즘

11 제너레이터 객체의 **return** 메서드가 값을 반환하도록 만들 수 있을까? 이 기능이 필요할 때는 언제일까?

12 12.6절에서는 **throw** 메서드 동작의 다양한 시나리오를 설명했다. 각 시나리오와 예상된 동작을 요약한 표를 만들어보자. 각 시나리오의 동작을 보여주는 간단한 프로그램을 제시해보자.

13 n개의 난수의 합을 계산하고 이를 주어진 핸들러로 전달하는 **trueRandom Sum(n, handler)** 함수를 구현해보자. 12.6절에서 설명한 것처럼 제너레이터를 사용한다.

14 제너레이터를 사용하지 않고 13번 연습 문제를 해결해보자.

15 다음과 같은 **async** 함수가 있다.

```javascript
const putTwoImages = async (url1, url2, element) => {
  const img1 = await loadImage(url1)
  element.appendChild(img1)
  const img2 = await loadImage(url2)
  element.appendChild(img2)
  return element
}
```

그리고 프라미스를 반환하는 제너레이터 함수가 있다.

```javascript
function* putTwoImagesGen(url1, url2, element) {
  const img1 = yield loadImage(url1)
  element.appendChild(img1)
  const img2 = yield loadImage(url2)
```

```
    element.appendChild(img2)
    return element
  }
```

자바스크립트 컴파일러는 async 함수를 다음처럼 변환한다. genToPromise 함수는 프라미스를 반환하는 제너레이터를 받아 이를 프라미스로 변환한다. 이 함수에서 비어 있는 코드 부분(___)을 완성해보자.

```
const genToPromise = (gen) => {
  const iter = gen()
  const nextPromise = (arg) => {
    const result = ___
    if (result.done) {
      return Promise.resolve(___)
    } else {
      return Promise.resolve(___).then(___)
    }
  }
  return nextPromise()
}
```

16 12.8절의 loadHanafudaImages 제너레이터가 반환하는 반복자를 이용해 모든 이미지를 DOM 요소로 추가해보자. for await of 루프는 사용하지 않는다.

17 12.8절에서 설명한 TimedRange 클래스를 제너레이터 함수 없이 구현해보자. 프라미스를 반환하는 반복자를 직접 만들어야 한다.

18 **for await of** 루프는 **Promise.all**과 호흡이 잘 맞는다. 여러 이미지 URL이 있다고 가정하고 이를 프라미스 배열로 변환해보자.

```
const imgPromises = urls.map(loadImage)
```

결과 프라미스를 기다리고, 응답을 반복하면서 이를 병렬로 실행하자. 다음 네 개의 루프 중 오류가 발생하지 않는 루프는 무엇일까? 어떤 루프를 사용해야 할까?

```
for (const img of Promise.all(imgPromises)) element.appendChild(img)
for await (const img of Promise.all(imgPromises)) element.appendChild(img)
for (const img of await Promise.all(imgPromises)) element.appendChild(img)
for await (const img of await Promise.all(imgPromises))
element.appendChild(img)
```

19 다음 중 오류가 발생하지 않는 루프는 무엇일까? 정상적으로 실행되는 루프는 18번 연습 문제의 루프와 동작이 어떻게 다를까?

```
for (const p of urls.map(loadImage))
  p.then((img) => element.appendChild(img))
for (const p of urls.map(async (url) => await loadImage(url)))
  element.appendChild(await p)
for await (const img of urls.map((url) => await loadImage(url)))
  element.appendChild(img)
for (const img of await urls.map(loadImage))
  element.appendChild(img)
for await (const img of await urls.map(loadImage))
  element.appendChild(img)
```

20 일부 API(예를 들어 `https://developer.github.com/v3/guides/traver` `sing-with-pagination`에서 설명하는 깃허브 API)는 12.8절의 예제와 조금 다른 방식으로 페이지 결과를 반환한다. 각 응답의 **Link** 헤더는 다음 결과를 얻을 수 있는 URL을 포함한다. 다음과 같이 이를 활용한다.

```
let nextURL = response.headers.get('Link').match(/<(?<next>.*?)>;
rel="next"/).groups.next;
```

loadResults 제너레이터를 이 기법에 적용해보자. 정규 표현식을 쉽게 설명할 수 있다면 더욱 좋다.

타입스크립트 소개 ▲

01 형식 지정

02 타입스크립트 실행

03 형식 용어

04 기본형

05 합성 형식

06 형식 추론

07 서브형식

08 클래스

09 구조적 형식

10 인터페이스

11 인덱스 프로퍼티 ★

12 복잡한 함수 매개변수 ★

13 제네릭 프로그래밍 ★

| 연습 문제 |

Chapter 13 타입스크립트 소개

타입스크립트TypeScript는 자바스크립트에 컴파일 타임 형식을 추가한 언어다. 타입스크립트에서는 변수와 함수에 기대하는 형식type을 지정하고 형식 규칙을 지키지 않았을 경우 오류를 발생시킨다. 보통 이는 좋은 현상이다. 프로그램이 오동작하는 것보다는 컴파일 타임에 발생한 오류를 고치는 것이 훨씬 저렴하기 때문이다. 게다가 형식 정보를 제공함으로써 개발 도구는 자동 완성과 리팩터링 등의 기능을 지원할 수 있다.

13장에서는 타입스크립트의 주요 기능을 간단히 소개한다. 특히 과거에 사용하던 기능보다 최신 기능에 집중해 설명한다. 이번 장을 읽고 나면 여러분이 타입스크립트를 사용할지 자바스크립트를 사용할지 결정할 수 있는 충분한 정보를 얻게 될 것이다.

왜 타입스크립트를 사용하고 싶어하지 않을까? 여러 회사로 구성된 표준 위원회가 운영하는 ECMAScript와 달리 타입스크립트는 마이크로소프트가 모든 것을 결정한다. ECMAScript는 자세한 내용을 설명하는 다양한 표준 문서를 제공하는 반면, 타입스크립트 문서는 간단하며 완벽하지 못하다. 타입스크립트 역시 자바스크립트와 마찬가지로 때로는 어지럽고, 일관성이 없어 혼동을 야기할 때가 있다. 타입스크립트는 ECMAScript와는 다른 일정으로 움직인다는 점도 문제다. 또한 다루기 힘든 도구가 하나 더 늘어난다는 것도 걸림돌이 된다.

여러분은 장단점을 모두 살펴봐야 한다. 13장에서는 타입스크립트를 소개하며 여러분이 결정을 내릴 수 있도록 도울 것이다.

 Tip

13장을 읽고 난 다음에도 타입스크립트를 사용해야 하는지를 결정하지 못했다면 Flow(https://flow.org)를 확인하면서 형식 시스템, 문법, 도구가 여러분의 마음에 드는지 확인하자.

13.1 형식 지정

다음은 두 수의 평균을 계산하는 자바스크립트 함수다.

```
const average = (x, y) => (x + y) / 2
```

다음과 같이 함수를 호출하면 어떻게 될까?

```
const result = average('3', '4')
```

'3'과 '4'는 '34'가 되므로 34 나누기 2는 17이다. 여러분이 의도한 것과는 분명히 다르다. 자바스크립트 프로그램은 조용히 잘못된 결과를 계산할 뿐이며 오류 메시지도 제공하지 않는다. 이와 비슷한 일이 여기저기서 발생할 수 있다.

타입스크립트에서는 다음과 같이 매개변수에 형식을 지정한다.

```
const average = (x: number, y: number) => (x + y) / 2
```

이렇게 함으로써 이 함수는 두 숫자의 평균을 계산할 것이라는 의도가 더 명확해진다.

```
const result = average('3', '4') // 타입스크립트: 컴파일 타임 오류
```

위와 같이 함수를 호출하면 타입스크립트 컴파일러는 오류를 일으킨다. 이것이 타입스크립트만의 장점이다. 형식을 지정하면 타입스크립트가 프로그램을 실행하기 전에 형식을 검사한다. 따라서 디버깅 시간을 줄일 수 있다.

이 예제에서는 형식을 간단하게 지정했는데 이제 조금 더 복잡한 예를 살펴보자. 숫자 또는 숫자 배열을 인수로 받는다고 가정하자. 타입스크립트에서는 number | number[]처럼 유니언 형식^{union type}으로 이를 표현한다. 다음은 한 개 또는 여러 target 값을 다른 값으로 바꾸는 코드다.

```
const replace = (
  arr: number[],
  target: number | number[],
  replacement: number
) => {
  for (let i = 0; i < arr.length; i++) {
    if (
      (Array.isArray(target) && target.includes(arr[i])) ||
      (!Array.isArray(target) && target === arr[i])
    ) {
      arr[i] = replacement
    }
  }
}
```

타입스크립트는 함수를 올바르게 호출하는지 확인한다.

```
const a = [11, 12, 13, 14, 15, 16]
replace(a, 13, 0)         // OK
replace(a, [13, 14], 0)   // OK
replace(a, 13, 14, 0)     // 오류
```

🖥 Note

이 예제에서는 화살표 함수를 사용했다. 화살표 함수에도 일반 function 키워드를 사용할 때
처럼 형식을 사용한다.

```
function average(x: number, y: number) { return (x + y) / 2 }
```

타입스크립트를 효과적으로 사용하려면 'T 형식의 배열', 'T 형식 또는 U 형식' 같은 형식을
타입스크립트로 표현할 줄 알아야 한다. 대부분의 형식은 간단하게 정의할 수 있다. 하지만
형식 설명 부분이 복잡해지는 상황도 있으며 때로는 형식 검사 과정에 직접 개입해야 하기
도 한다. 실전의 형식 시스템은 모두 이렇게 동작한다. 제대로 형식을 즐기려면(컴파일 타임

에 오류 검출) 먼저 상당한 노력이 필요하다.

13.2 타입스크립트 실행

타입스크립트 플레이그라운드[1]로 타입스크립트를 쉽게 실행해볼 수 있다. 코드를 입력하고
실행하면 된다. 값에 마우스를 올려놓으면 형식을 표시한다. [그림 13-1]처럼 오류는 물결
모양의 밑줄로 표시된다.

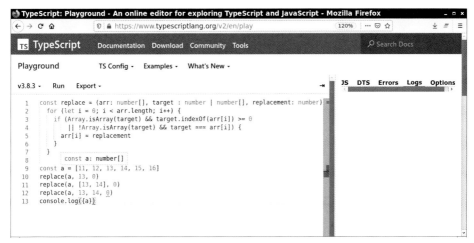

그림 13-1 타입스크립트 플레이그라운드

비주얼 스튜디오 코드[2]는 타입스크립트를 잘 지원하는 통합 개발 환경(IDE)이다. 명령줄로
타입스크립트를 실행하려면 npm 패키지 관리자를 이용해 다음과 같이 전역으로 설치한다.

```
npm install -g typescript
```

이번 장에서는 타입스크립트가 엄격 모드에서 실행되고 ECMAScript 최신 버전을 대상으로
한다고 가정한다. 자바스크립트와 마찬가지로 타입스크립트의 엄격 모드도 기존 동작에 조
금 더 엄격한 규칙을 추가한다. 프로젝트 경로의 tsconfig.json 파일을 다음과 같이 설정해

1 https://www.typescriptlang.org/play
2 https://code.visualstudio.com/

엄격 모드를 활성화한다.

```
{
  "compilerOptions": {
    "target": "ES2020",
    "strict": true,
    "sourceMap": true
  },
  "filesGlob": [
    "*.ts"
  ]
}
```

타입스크립트 파일과 **tsconfig.json**을 포함하는 경로에서 **tsc** 명령어를 이용해 타입스크립트를 자바스크립트로 컴파일한다.

```
tsc
```

각 타입스크립트 파일은 자바스크립트 파일로 컴파일되고, 컴파일된 파일을 node로 실행한다.

tsconfig.json 파일이 있는 경로에서 **ts-node** 명령을 이용해 REPL을 시작한다. 또는 어떠한 경로에서라도 **ts-node -O '{ "target": "es2020", "strict": true }'**를 입력하면 REPL을 시작할 수 있다.

13.3 형식 용어

이제 천천히 형식을 살펴보자. 형식이란 공통적인 값의 집합을 가리킨다. 타입스크립트에서 **number** 형식은 자바스크립트 숫자(0, 3.141592653589793 같은 일반 숫자와 **Infinity**, **-Infinity**, **NaN** 등)를 의미한다. 이 모든 값을 number 형식의 인스턴스라 한다. 하지만 **'one'**은 number가 아니다.

이미 살펴봤듯이 number[]는 숫자 배열을 가리킨다. [0, 3.141592653589793, NaN]은 number[] 형식의 인스턴스지만 [0, 'one']은 number[] 형식의 인스턴스가 아니다.

number[] 같은 형식을 합성composite 형식이라 부른다. number[], string[] 등 다른 형식을 포함하는 배열도 정의할 수 있다. 유니언 형식은 또 다른 합성 형식이다.

number ¦ number[]는 number, number[]를 합성한 유니언 형식이다.

합성 형식과는 반대인 간단한 기본형primitive type도 있다. 타입스크립트는 number, string, boolean 등의 기본형을 제공한다.

합성 형식은 조금 복잡해질 수 있다. 형식 별칭alias을 이용하면 합성 형식을 쉽게 읽고, 재사용할 수 있다. 한 개의 숫자나 배열을 인수로 받는 함수를 구현한다고 가정하자. 다음과 같이 간단하게 형식 별칭을 정의할 수 있다.

```
type Numbers = number ¦ number[]
```

다음은 형식 별칭을 사용하는 예다.

```
const replace = (arr: number[], target: Numbers, replacement: number) => ...
```

📖 Note

typeof 연산자는 변수나 프로퍼티의 형식을 반환한다. 이 형식으로 다른 변수를 정의할 수 있다.

```
let values = [1, 7, 2, 9]
let moreValues: typeof values = []        // typeof 값은 number[]와 같다.
let anotherElement: typeof values[0] = 42 // typeof values[0]는 number와 같다.
```

13.4 기본형

모든 자바스크립트 기본형은 타입스크립트에서도 기본형이다. 즉 타입스크립트는 number, boolean, string, symbol, null, undefined 등을 기본형으로 제공한다. undefined 형식은 undefined라는 값을 포함하는 한 인스턴스를 갖는다. 마찬가지로 null 형식의 유일한 인스턴스는 null이다. 이들 형식을 독립적으로 사용하기보다는 유니언 형식에서 자주 사용된다. string | undefined 형식의 인스턴스는 string 또는 undefined 값이다.

void 형식은 함수의 반환 형식으로만 사용할 수 있으며 이는 함수의 반환값이 없음을 가리킨다(13장 연습 문제 2번 참고).

never 형식은 함수가 항상 예외를 던지므로 절대 반환하지 않음을 가리킨다. 이런 함수는 일상에서 잘 사용하지 않으므로 never 형식을 사용할 일이 거의 없다. 13.13.6절에서 never 형식을 사용하는 사례를 확인할 수 있다.

unknown 형식은 모든 자바스크립트 값을 가리킨다. 즉 모든 값을 unknown 형식으로 바꿀 수 있지만 unknown 형식은 다른 모든 형식과 호환되지는 않는다. 아주 대중적인 함수(console.log 등)의 매개변수 또는 외부 자바스크립트 코드와 상호작용할 때 unknown 형식을 사용할 수 있다. unknown보다 조금 느슨한 any 형식도 있다. 모든 형식을 any로, any 형식을 다른 모든 형식으로 변환할 수 있다. any는 형식 검사를 사실상 무력화하므로 any 형식 사용은 최소화하는 것이 좋다.

리터럴 값은 한 개의 인스턴스(즉 형식과 같은 값)를 갖는 형식을 가리킨다. 예를 들어 문자열 리터럴 'Mon'은 타입스크립트 형식이다. 이 형식은 'Mon'이라는 문자열 한 가지 값을 갖는다. 이 자체로는 쓸모가 없지만 'Mon' | 'Tue' | 'Wed' | 'Thu' | 'Fri' | 'Sat' | 'Sun'처럼 유니언 형식을 만들 수 있다. 이렇게 일곱 개의 인스턴스를 갖는 요일 형식을 정의할 수 있다.

이런 형식에는 형식 별칭을 사용하는 것이 좋다.

```
type Weekday = 'Mon' | 'Tue' | 'Wed' | 'Thu' | 'Fri' | 'Sat' | 'Sun'
```

이제 변수의 형식을 **Weekday**로 지정할 수 있다.

```
let w: Weekday = 'Mon'  // OK
w = 'Mo'                // 오류
```

Weekday 같은 형식은 유한한 값의 집합을 정의한다. 유니언 형식은 모든 리터럴 형식을 값으로 포함할 수 있다.

```
type Falsish = false ¦ 0 ¦ 0n ¦ null ¦ undefined ¦ '' ¦ []
```

> 📖 **Note**
>
> 타입스크립트의 열거형^{enumerate type}을 이용해 상수를 더 고급스럽게 정의할 수 있다. 다음 예를 살펴보자.
>
> ```
> enum Weekday { MON, TUE, WED, THU, FRI, SAT, SUN }
> ```
>
> 열거형으로 정의한 상수를 Weekday.MON, Weekday.TUE 등으로 참조한다. 이들은 기본적으로 0, 1, 2, 3, 4, 5, 6이라는 값을 갖는데 명시적으로 각 상수에 값을 할당할 수 있다.
>
> ```
> enum Color { RED = 4, GREEN = 2, BLUE = 1 }
> ```
>
> 물론 문자열도 할당할 수 있다.
>
> ```
> enum Quarter { Q1 = 'Winter', Q2 = 'Spring', Q3 = 'Summer', Q4 = 'Fall' }
> ```

13.5 합성 형식

타입스크립트에 제공하는 간단한 형식을 이용해 복잡한 형식을 만들 수 있다. 이번 절에서는 합성 형식을 살펴본다.

모든 형식을 배열 형식으로 사용할 수 있다.

```
number[]    // 숫자 배열
string[]    // 문자열 배열
number[][]  // number[] 배열
```

배열의 모든 요소가 같은 형식으로 구성된 배열을 정의한다. 따라서 number[] 배열은 오직 숫자만 저장할 수 있으며 문자열과 같은 다른 형식의 값은 함께 저장할 수 없다.

물론 자바스크립트 프로그래머는 [404, 'not found']처럼 여러 형식을 요소로 갖는 배열을 종종 사용한다. 타입스크립트에서는 이런 배열을 튜플tuple 형식 [number, string]으로 정의한다. 튜플 형식은 대괄호로 감싸진 목록이며 지정된 형식의 요소를 포함하는 고정된 길이의 배열이다. 즉 이 예제에서 [404, 'not found']는 튜플 [number, string]의 인스턴스지만, ['not found', 404]나 [404, 'error', 'not found']는 이 튜플의 인스턴스가 아니다.

> **📑 Note**
>
> [string, number, ...unknown[]]은 문자열, 숫자로 시작하며 다른 형식의 요소를 포함하는 배열 형식을 가리킨다.

튜플 형식으로 배열의 요소 형식을 묘사하는 것처럼 객체 형식으로 프로퍼티 이름과 객체 형식을 정의한다. 다음은 객체 형식을 정의하는 예다.

```
{ x: number, y: number }
```

형식 별칭으로 정의한 형식을 쉽게 재사용할 수 있다.

```
type Point = { x: number, y: number }
```

Point 인스턴스를 매개변수로 받는 함수를 다음과 같이 정의한다.

```
const distanceFromOrigin = (p: Point) => Math.sqrt(Math.pow(p.x, 2) +
Math.pow(p.y, 2))
```

함수 형식은 함수의 매개변수와 반환 형식을 갖는다. 예를 들어 (arg1: number, arg2: number) => number는 두 개의 number 매개변수와 한 개의 number 반환값을 갖는 함수다.

Math.pow 함수는 이 형식의 인스턴스지만 Math.sqrt는 매개변수가 하나뿐이므로 형식이 다르다.

📖 Note

자바스크립트에서는 함수 형식의 매개변수 형식에 arg1, arg2처럼 반드시 이름을 붙여야 한다. 단 한 가지 예외가 있다. 첫 번째 매개변수 this를 포함하는 메서드가 그 예외에 해당한다 (13.8.2절 참고). 이 한 가지 예외를 제외한 다른 함수 형식에서는 이들이 형식이며 실제 함수가 아니라는 사실을 쉽게 알 수 있도록 arg1, arg2 등의 이름을 사용한다. 나머지 매개변수는 rest를 사용한다.

유니언 형식은 이미 살펴봤다. T | U 유니언 형식의 값은 T나 U다. 예를 들어 number | string은 숫자나 문자열값을 가지며, (number | string)[]은 숫자나 문자열을 요소로 포함하는 배열을 의미한다.

교집합intersection 형식 T & U는 T와 U 형식을 결합한 인스턴스를 갖는다. 다음 예를 살펴보자.

```
Point & { color: string }
```

이 형식의 인스턴스 객체는 반드시 숫자 x, y 프로퍼티(Point를 만족)와 문자열값을 갖는 color 프로퍼티를 포함해야 한다.

13.6 형식 추론

다음과 같이 average 함수를 호출한다고 가정하자.

```
const average = (x: number, y: number) => (x + y) / 2
...
const a = 3
const b = 4
let result = average(a, b)
```

여기서 매개변수만 형식을 요구하며 다른 변수의 형식은 자동으로 추론된다. 타입스크립트는 할당된 값을 보고, b가 반드시 number 형식이어야 함을 파악한다. 그리고 average 함수 코드를 분석한 결과로 반환 형식 또한 number이며, result도 number 형식임을 추론할 수 있다. 타입스크립트는 스스로 대부분의 형식을 추론하지만 때로는 타입스크립트가 제대로 형식을 추론하도록 도와야 할 때도 있다.

변수의 초깃값만으로는 형식을 정확하게 파악할 수 없다. 다음은 오류 코드의 형식을 정의하는 코드다.

```
type ErrorCode = [number, string]
```

이제 이 형식으로 변수를 선언한다. 다음 선언으로는 형식을 정확하게 추론하기 어렵다.

```
let code = [404, 'not found']
```

타입스크립트는 값만 보고 형식이 (number | string)[]임을 추론할 수 있다(숫자나 문자열을 요소로 포함하는 임의 길이의 배열). 이는 ErrorCode보다 더 광범위한 형식이다.

Tip

개발 환경에서 형식 정보를 표시해 추론된 형식을 확인한다. [그림 13-2]는 비주얼 스튜디오 코드에서 추론된 형식을 보여주는 화면이다.

그림 13-2 비주얼 스튜디오 코드의 형식 정보

변수에 형식을 추가하면 문제가 해결된다.

```
let code: ErrorCode = [404, 'not found']
```

다음처럼 반환 형식이 모호할 때도 동일한 문제가 일어난다.

```
const root = (x: number) => {
  if (x >= 0) return Math.sqrt(x)
  else return [404, 'not found']
}
```

타입스크립트는 number ¦ (number ¦ string)[]으로 반환 형식을 추론한다. 매개변수 목록 뒤에 number ¦ ErrorCode를 추가해 형식을 지정할 수 있다.

```
const root = (x: number): number | ErrorCode => {
  if (x >= 0) return Math.sqrt(x)
  else return [404, 'not found']
}
```

다음은 동일한 함수를 function 문법으로 구현한 코드다.

```
function root(x: number): number | ErrorCode {
  if (x >= 0) return Math.sqrt(x)
  else return [404, 'not found']
}
```

변수를 undefined로 초기화할 때도 형식을 지정해야 한다.

```
let result = undefined
```

형식을 지정하지 않으면 타입스크립트가 형식을 any로 추론한다(변수 형식을 undefined로 추론하면 이를 바꿀 수 없으므로 의미가 없다). 그러므로 다음과 같이 의도한 형식을 지정해야 한다.

```
let result: number | undefined = undefined
```

그리고 result에 숫자는 저장할 수 있지만 문자열은 저장할 수 없다.

```
result = 3   // OK
result = '3' // 오류
```

때로는 타입스크립트가 추론할 수 있는 것보다 개발자가 형식을 더 잘 알고 있을 수 있다. 예를 들어 다음처럼 JSON 객체가 주어졌을 때 여러분은 이미 그 형식을 알고 있다고 가정하자. 이때는 형식 어서션^{assertion}을 사용한다.

```
let target = JSON.parse(response) as Point
```

형식 어서션은 자바나 C#의 형변환과 비슷하지만 대상 형식과 주장한 형식이 일치하지 않아도 예외가 발생하지 않는다는 점이 다르다.

유니언 형식을 처리할 때 타입스크립트는 각 분기에서 값이 올바른 형식인지 확인하는 결정 흐름을 따른다. 다음 예를 살펴보자.

```
const less = (x: number | number[] | string | Date | null) => {
  if (typeof x === 'number')
   return x - 1
  else if (Array.isArray(x))
    return x.splice(0, 1)
  else if (x instanceof Date)
   return new Date(x.getTime() - 1000)
  else if (x === null)
    return x
  else
    return x.substring(1)
}
```

타입스크립트는 typeof, instanceof, in 연산자와 Array.isArray 함수, null, defined 검사 코드를 인식한다. 따라서 첫 번째 분기를 통과하면서 x의 형식은 number, number[], Date, null로 좁혀진다. 다섯 번째 분기에서는 string 형식만 가능하므로 타입스크립트는 substring을 호출하도록 허용한다. 하지만 때로 추론이 제대로 동작하지 않을 수 있다. 다음 예를 살펴보자.

```
const more = (values: number[] | string[]) => {
  if (array.length > 0 && typeof x[0] === 'number')
    // 유효한 형식 보호가 아니므로 오류 발생
    return values.map((x) => x + 1)
  else
    return values.map((x) => x + x)
}
```

조건은 너무 복잡하기 때문에 타입스크립트가 분석하지 못한다.

이런 상황에서는 커스텀 형식 보호 함수를 제공해야 한다.

```
const isNumberArray = (array: unknown[]): array is number[] =>
  array.length > 0 && typeof array[0] === 'number'
```

array is number[] 반환 형식은 이 함수가 불리언을 반환할 것이므로 이 함수로 array 인수가 number[] 형식인지 확인할 수 있음을 가리킨다. 다음과 같이 함수를 사용한다.

```
const more = (values: number[] | string[]) => {
  if (isNumberArray(values))
    return values.map((x) => x + 1)
  else
    return values.map((x) => x + x)
}
```

다음은 function 문법으로 같은 형식 보호를 사용하는 코드다.

```
function isNumberArray(array: unknown[]): array is number[] {
  return array.length > 0 && typeof array[0] === 'number'
}
```

13.7 서브형식

number, string과 같은 일부 형식은 서로 전혀 관련이 없다. number 변수는 string 변수를 저장할 수 없으며 반대로 string 변수도 number 변수를 저장할 수 없다. 하지만 다른 형식들은 서로 관련된다. 예를 들어 number | string 형식은 number 값을 저장할 수 있다.

여기서 number를 number | string의 서브형식[subtype]이라 부르며 number | string은 number, string의 슈퍼형식[supertype]이라 부른다. 슈퍼형식의 변수는 서브형식의 값을 저장할 수 있지만 반대로 서브형식의 변수에 슈퍼형식 변수를 저장할 수 없다.

다음 절에서 서브형식의 관계를 더 자세히 살펴보자.

13.7.1 치환 규칙

다음과 같은 객체 형식이 있다.

```
type Point = { x: number, y: number }
```

{ x: 3, y: 4 }는 분명 Point의 인스턴스다. 그렇다면 const bluePoint = { x: 3, y: 4, color: 'blue' } 역시 x, y 프로퍼티 값이 숫자이므로 Point의 인스턴스라고 할 수 있을까?

타입스크립트에서는 이를 Point의 인스턴스로 간주하지 않는다. bluePoint 객체는 { x: number, y: number, color: string } 형식의 인스턴스다.

편의상 형식에 이름을 추가해보자.

```
type ColoredPoint = { x: number, y: number, color: string }
```

ColoredPoint 형식은 Point의 서브형식이므 Point는 ColoredPoint의 슈퍼형식이다. 서브형식은 슈퍼형식의 모든 요구 사항을 포함하며 다른 요구 사항도 추가할 수 있다. 슈퍼형식이 필요한 곳에 서브형식 인스턴스를 사용할 수 있다. 이를 치환 규칙^{substitution rule}이라 부른다.

예를 들어 다음 코드에서는 Point 매개변수를 받는 함수에 ColoredPoint 객체를 전달한다.

```
const distanceFromOrigin = (p: Point) => Math.sqrt(Math.pow(p.x, 2) +
Math.pow(p.y, 2))
const result = distanceFromOrigin(bluePoint) // OK
```

distanceFromOrigin 함수는 Point 형식의 객체를 기대했지만, 대신 ColoredPoint 도 수락한다. 수락하지 않을 이유가 없다. 어차피 함수는 x, y 숫자 프로퍼티만 사용하며

ColoredPoint는 이를 포함하므로 문제가 되지 않는다.

📋 **Note**

방금 살펴본 것처럼 변수 형식이 추론된 값의 형식과 반드시 일치할 필요는 없다. 이 예제에서 매개변수 p는 Point 형식이지만 실제로는 ColoredPoint 형식의 값을 받는다. 어떤 형식의 변수가 있다면 해당 변수에 저장된 값은 지정된 형식 또는 서브형식이라 확신할 수 있다.

타입스크립트의 치환 규칙에는 한 가지 예외가 있다. 서브형식의 객체 리터럴은 치환할 수 없다는 사실이다.

```
const result = distanceFromOrigin({ x: 3, y: 4, color: 'blue' }) // 오류
```

이 코드는 컴파일 타임에 오류를 일으킨다. 이를 초과 프로퍼티 검사excess property check라 부른다. 형식을 갖는 변수에 객체 리터럴을 할당할 때도 같은 검사를 한다.

```
let p: Point = { x: 3, y: 4 }
p = { x: 0, y: 0, color: 'red' } // color 프로퍼티가 초과되므로 오류 발생
```

다음 절에서 초과 프로퍼티를 검사하는 이유를 살펴본다. 초과 프로퍼티 검사를 쉽게 우회하는 방법이 있다. 다음과 같이 변수를 하나 더 사용하는 것이다.

```
const redOrigin = { x: 0, y: 0, color: 'red' }
p = redOrigin // p는 서브형식의 값을 저장할 수 있음
```

13.7.2 선택형 프로퍼티와 초과 프로퍼티

Point 형식의 객체가 있을 때 x, y 외의 프로퍼티는 읽을 수 없다. 그 외의 프로퍼티가 정의되어 있다는 보장이 없기 때문이다.

```
let p: Point = ...
console.log(p.color) // 프로퍼티가 존재하지 않으므로 오류 발생
```

형식 시스템은 이런 종류의 검사를 수행한다. 다음과 같이 프로퍼티에 값을 저장하면 어떻게 될까?

```
p.color = 'blue' // 프로퍼티가 존재하지 않으므로 오류 발생
```

형식의 이론적인 관점에서 살펴봤을 때 안전한 동작이다. 변수 p는 여전히 **Point** 서브형식에 속하기 때문이다. 하지만 타입스크립트는 '초과 프로퍼티' 설정을 금지한다.

모든 객체가 아닌 일부 객체에만 존재하는 형식을 지정할 때는 선택형 프로퍼티^{optional property}를 사용한다. ?를 추가한 프로퍼티는 선택형이 된다. 다음 예를 살펴보자.

```
type MaybeColoredPoint = {
  x: number,
  y: number,
  color?: string
}
```

다음은 유효한 코드다.

```
let p: MaybeColoredPoint = { x: 0, y: 0 } // color는 선택형
p.color = 'red'                           // 선택형 프로퍼티를 설정할 수 있음
p = { x: 3, y: 4, color: 'blue' } // 선택형 프로퍼티에 리터럴을 사용할 수 있음
```

초과 프로퍼티 검사 시 선택형 프로퍼티는 철자 검사만 수행한다. 다음과 같이 **Point**를 사용하는 함수가 있다고 가정하자.

```
const plot = (p: MaybeColoredPoint) => ...
```

다음 코드는 정상적으로 실행되지 않는다.

```
const result = plot({ x: 3, y: 4, colour: 'blue' })
// colour 프로퍼티가 초과되므로 오류 발생
```

영국에서는 색상을 나타내는 단어로 colour를 사용한다. MaybeColoredPoint 클래스는 colour 프로퍼티를 포함하지 않으므로 타입스크립트가 오류를 발생시킨다. 컴파일러가 초과 프로퍼티 검사 없이 치환을 진행한다면 함수는 color 없이 Point를 사용할 것이다.

13.7.3 배열과 객체 형식 변형

색상을 가진 Point 배열은 일반 Point 배열보다 더 특화된 배열일까? 그렇다. 사실 타입스크립트에서 ColoredPoint[]는 Point[]의 서브형식이다. 일반적으로 S가 T의 서브형식이면 S[]는 T[]의 서브형식이다. 배열 형식이 요소 형식과 같은 방향으로 바뀐다는 점에서 타입스크립트에서는 이를 공변covariant이라 부른다.

하지만 실제로 이 둘의 관계는 끈끈하지 못하다. 일례로 이 두 가지 형식을 이용한 타입스크립트 프로그램은 컴파일 오류는 피할 수 있지만 런타임에서 오류를 일으킬 수 있다. 다음 예를 살펴보자.

```
const coloredPoints: ColoredPoint[] = [
  { x: 3, y: 4, color: 'blue' },
  { x: 0, y: 0, color: 'red' }
]
const points: Point[] = coloredPoints // points는 서브형식의 값을 저장할 수 있음
```

points 변수에 Point 형식의 값을 추가한다.

```
points.push({ x: 4, y: 3 }) // Point[]에 Point를 추가함
```

하지만 coloredPoints와 points는 같은 배열을 참조한다. coloredPoints 변수로 추가된 부분을 읽으면 런타임 오류가 발생한다.

```
console.log(coloredPoints[2].color.length)
// 정의되지 않은 'length' 프로퍼티 읽기 실패
```

coloredPoints[2].color의 값은 undefined이며 이는 ColoredPoint에서 허용하지 않는 값이다. 형식 시스템에는 이와 같은 사각지대가 있다.

이는 언어 설계자가 의도한 동작이다. 이론적으로 불변 배열만 공변이고 가변 배열은 불변invariant이어야 한다. 다른 형식을 가진 두 가변 배열은 서브형식 관계를 갖지 않아야 한다는 의미다. 하지만 불변 배열 처리는 상당히 까다롭다. 이런 이유로 자바와 C#, 타입스크립트는 편의를 위해 완벽한 형식 확인을 포기하기로 결정했다.

객체 형식에도 공변을 사용할 수 있다. 한 객체가 다른 객체의 서브형식인지 확인할 때 대응하는 프로퍼티의 서브형식 관계를 확인한다. 한 프로퍼티를 공유하는 다음 두 형식을 살펴보자.

```
type Colored = { color: string }
type MaybeColored = { color: string | undefined }
```

여기서 string은 string | undefined의 서브형식이므로 Colored는 MaybeColored의 서브형식이다.

보통 S가 T의 서브형식이면 객체 형식 { p: S }는 { p: T }의 서브형식이다. 여러 프로퍼티가 있다면 모든 프로퍼티가 같은 방향으로 관계를 맺어야 한다.

배열처럼 객체의 공변도 관계가 끈끈하지 않다(13장 연습 문제 11번 참고).

이번 절에서는 배열과 객체 형식이 관련 컴포넌트 형식과 어떻게 다른지 살펴봤다. 함수 형식의 변형은 13.12.3절을 참고하고, 제네릭 형식 변형은 13.13.5절을 참고하자.

13.8 클래스

이제 타입스크립트에서 클래스가 어떻게 동작하는지 살펴보자. 먼저 자바스크립트와 타입스크립트의 클래스가 문법적으로 어떻게 다른지 알아보고 형식과 클래스가 어떤 관계인지 확인해본다.

13.8.1 클래스 선언

타입스크립트의 클래스 문법은 자바스크립트와 비슷하다. 물론 타입스크립트에서는 생성자와 메서드 매개변수에 형식을 제공한다. 인스턴스 필드의 형식도 지정해야 한다. 다음과 같이 필드 옆에 형식을 추가하는 방법이 있다.

```
class Point {
  x: number
  y: number

  constructor(x: number, y: number) {
    this.x = x
    this.y = y
  }

  distance(other: Point) {
    return Math.sqrt(
      Math.pow(this.x - other.x, 2) + Math.pow(this.y - other.y, 2)
    )
  }

  toString() {
    return `(${this.x}, ${this.y})`
  }

  static origin = new Point(0, 0)
}
```

또는 타입스크립트가 형식을 추론하도록 만드는 방법도 있다.

```
class Point {
  x = 0
  y = 0
  ...
}
```

📖 Note

이 문법은 자바스크립트의 필드 문법과 같다.

인스턴스 필드를 비공개로 설정할 수 있다. 타입스크립트는 최근에야 지원하기 시작한 자바
스크립트의 비공개 문법을 예전부터 공식 지원했다.

```
class Point {
  #x: number
  #y: number

  constructor(x: number, y: number) {
    this.#x = x
    this.#y = y
  }

distance(other: Point) {
    return Math.sqrt(
      Math.pow(this.#x - other.#x, 2) + Math.pow(this.#y - other.#y, 2)
    )
  }

  toString() {
    return `(${this.#x}, ${this.#y})`
  }

  static origin = new Point(0, 0)
}
```

타입스크립트도 인스턴스 필드와 메서드에 사용할 수 있는 private, protected 변경자를 제공한다. 이들 키워드는 자바나 C++의 키워드와 같은 기능을 제공한다. 자바스크립트에서는 비공개 변수, 메서드를 설정하는 문법이 없었다. 13장에서 이를 자세히 살펴보지는 않는다.

인스턴스 필드를 readonly로 설정할 수 있다.

```
class Point {
  readonly x: number
  readonly y: number
  ...
}
```

한번 값을 할당하고 난 다음에는 readonly 프로퍼티의 값을 바꿀 수 없다.

```
const p = new Point(3, 4)
p.x = 0   // readonly 프로퍼티는 바꿀 수 없으므로 오류
```

readonly는 프로퍼티에 적용하는 반면 const는 변수에 적용한다.

13.8.2 클래스의 인스턴스 형식

클래스 인스턴스, 인스턴스에 포함된 모든 공개 프로퍼티와 메서드는 타입스크립트 형식이다. 예를 들어 이전 절에서 살펴본 Point 클래스와 공개 필드를 살펴보자. 다음은 이 클래스의 인스턴스다.

```
{
  x: number,
  y: number,
  distance: (this: Point, arg1: Point) => number
  toString: (this: Point) => string
}
```

생성자와 정적 멤버는 인스턴스 형식의 일부가 아니다.

앞선 예제처럼 첫 번째 매개변수를 this로 지정하거나 다음과 같이 이를 생략할 수 있다.

```
{
  x: number,
  y: number,
  distance(arg1: Point): number
  toString(): string
}
```

타입스크립트 형식에서 클래스에 게터, 세터 메서드를 제공하면 필드가 프로퍼티로 바뀐다.
다음 예를 살펴보자.

```
get x() { return this.#x }
set x(x: number) { this.#x = x }
get y() { return this.#y }
set y(y: number) { this.#y = y }
```

이전 절에서 비공개 인스턴스 필드를 포함하는 Point 클래스에 게터와 세터를 추가하면 x,
y는 number 형식의 프로퍼티가 된다. 게터만 제공하게 되면 이 프로퍼티는 readonly로 설
정된다.

 Warning

게터 없이 세터만 제공했을 때 프로퍼티를 읽게 되면 undefined가 반환된다.

13.8.3 클래스의 정적 형식

이전 절에서 설명한 것처럼 생성자와 정적 멤버는 클래스 인스턴스 형식의 일부가 아니다. 이들은 정적 형식에 포함된다. 다음은 Point 클래스의 정적 형식 예제다.

```
{
  new (x: number, y: number): Point
  origin: Point
}
```

생성자를 지정하는 문법은 메서드 문법과 비슷하지만 메서드 이름이 오는 자리에 **new**를 사용한다.

사실 정적 형식은 크게 신경 쓸 필요가 없다(13.13.4절 참고). 하지만 종종 정적 형식 때문이 혼동이 생길 수도 있다. 다음 코드를 살펴보자.

```
const a = new Point(3, 4)
const b: typeof a = new Point(0, 0)      // OK
const ctor: typeof Point = new Point(0, 0) // 오류
```

a는 Point의 인스턴스이므로 **typeof a**는 Point 클래스의 인스턴스 형식이다. 하지만 **typeof Point**는 뭘까? 여기서 **Point**는 생성자 함수다. 결국 자바스크립트에서 클래스는 생성자 함수이기 때문이다. 생성자 함수의 형식은 클래스의 정적 형식이다. **ctor**를 다음과 같이 초기화할 수 있다.

```
const ctor: typeof Point = Point
```

이제서야 **new ctor(3, 4)**를 호출하거나 **ctor.origin**처럼 접근할 수 있다.

13.9 구조적 형식

타입스크립트 형식 시스템은 **구조적 형식**structural type을 사용한다. 두 형식이 같은 구조를 가지면 두 형식은 같다. 즉 type ErrorCode = [number, string]과 type LineItem = [number, string]은 같다. 형식의 이름은 상관이 없으며 두 형식의 값을 자유롭게 복사할 수도 있다.

```
let code: ErrorCode = [404, 'Not found']
let items: LineItem[] = [[2, 'Blackwell Toaster']]
items[1] = code
```

이는 잠재적으로 위험한 동작처럼 보이지만 개발자들이 자바스크립트에서 수행하는 흔한 동작과 비교했을 때 크게 문제될 점은 없다. 현실에서는 두 객체가 정확히 같은 형식을 갖는 상황도 거의 없다. 다음과 같이 이들 객체 형식을 사용할 수 있다.

```
type ErrorCode = { code: number, description: string }
type LineItem = { quantity: number, description: string }
```

프로퍼티 이름이 일치하지 않으므로 이들은 서로 다르다.

구조적 형식은 자바, C#, C++ 등 형식의 이름을 중요시하는 '명목적nominal' 형식 시스템과는 다르다. 자바스크립트에서는 형식의 이름이 아니라 객체의 능력을 중요시한다.

다음 자바스크립트 함수를 보면서 무엇이 다른지 확인해보자.

```
const act = x => { x.walk(); x.quack(); }
```

자바스크립트 함수는 walk, quack 메서드를 갖는 모든 x에서 동작한다.

타입스크립트에서는 반드시 형식을 지정해야 한다.

```
const act = (x: { walk(): void, quack(): void }) => { x.walk(); x.quack(); }
```

Duck 클래스는 다음 메서드를 포함한다.

```
class Duck {
  constructor(...) { ... }
  walk(): void { ... }
  quack(): void { ... }
}
```

코드가 점점 늘어난다. 이제 Duck 인스턴스를 act 함수로 전달할 수 있다.

```
const donald = new Duck(...)
act(donald)
```

이제 클래스의 인스턴스는 아니지만 walk, quack 메서드를 포함하는 다른 객체가 있다고 가정하자.

```
const daffy = { walk: function () { ... }, quack: function () { ... } };
```

이 객체도 act 함수로 전달할 수 있다. '만약 어떤 새가 오리처럼 걷고, 헤엄치고, 꽥꽥거리는 소리를 낸다면 나는 그 새를 오리라고 부를 것이다'라는 속담에 따라 이 현상을 '덕 타이핑duck typing'이라 부른다.

타입스크립트의 구조적 형식은 이 현상을 공식화한다. 형식의 구조를 이용해 타입스크립트는 컴파일 타임에서 각각의 값이 필요한 기능을 갖고 있는지 확인할 수 있다. 형식 이름은 전혀 중요하지 않다.

13.10 인터페이스

다음은 id 메서드를 포함하는 객체 형식이다.

```
type Identifiable = {
  id(): string
}
```

이 형식을 이용해 **id**로 요소를 찾는 함수를 정의한다.

```
const findById = (elements: Identifiable[], id: string) => {
  for (const e of elements) if (e.id() === id) return e
  return undefined
}
```

implements 절로 클래스를 구현하면 클래스는 이전에 정의한 형식의 서브형식이 된다.

```
class Person implements Identifiable {
  #name: string
  #id: string
  constructor(name: string, id: string) {
    this.#name = name
    this.#id = id
  }
  id() {
    return this.#id
  }
}
```

이제 타입스크립트는 클래스가 올바른 형식으로 **id** 메서드를 제공하는지 검사한다.

📖 Note

implements 절의 역할은 이것이 전부다. 이 구절이 없더라도 구조적 형식에 의해 Person은 Identifiable의 서브형식이 된다.

자바와 C# 프로그래머에게 더 익숙한 객체 형식 문법도 있다.

```
interface Identifiable {
  id(): string
}
```

예전 타입스크립트 버전에서 객체 형식은 인터페이스보다 제한적이었지만 지금은 두 가지 문법을 모두 사용할 수 있다. 하지만 두 가지 방식에는 몇 가지 작은 차이가 있다. 우선 인터페이스는 다른 인터페이스를 상속받을 수 있다.

```
interface Employable extends Identifiable {
  salary(): number
}
```

형식 선언 방식에서는 교집합 형식으로 이를 구현한다.

```
type Employable = Identifiable & {
  salary(): number
}
```

객체 형식과 달리 인터페이스는 부분만 정의할 수 있다. 다음 코드를 살펴보자.

```
interface Employable {
  id(): string
}
```

그리고 다른 곳에서 추가 기능을 정의한다.

```
interface Employable {
  salary(): number
}
```

이렇게 부분적으로 정의한 코드는 나중에 합쳐진다. 형식 선언에는 합치는 동작이 없다. 여전히 합치는 동작이 유용한 기능인지는 논란거리이다.

타입스크립트에서 인터페이스는 클래스를 상속받을 수 있다. 이때 인스턴스는 클래스 인스턴스 형식의 모든 프로퍼티를 받는다. 예를 들어 `interface Point3D extends Point { z: number }`에서 Point3D는 Point의 필드, 메서드뿐 아니라 프로퍼티 z도 포함한다.

인터페이스 대신 교집합 형식을 사용할 수도 있다.

```
type Point3D = Point & { z: number }
```

13.11 인덱스 프로퍼티

때로는 임의의 프로퍼티를 갖는 객체가 필요하다. 타입스크립트에서는 인덱스 시그니처^{index} signature를 이용해 타입스크립트 형식 검사기에 임의의 프로퍼티를 허용하도록 지시한다.

```
type Dictionary = {
  creator: string,
  [arg: string]: string | string[]
}
```

인덱스 인수의 변수 이름(예제에서는 **arg**)은 마음대로 정할 수 있지만 반드시 필요하다.

각 **Dictionary** 인스턴스는 **creator** 프로퍼티와 문자열이나 문자열 배열을 값으로 갖는 임의의 프로퍼티를 포함한다.

```
const dict: Dictionary = { creator: 'Pierre' }
dict.hello = ['bonjour', 'salut', 'allo']
let str = 'world'
dict[str] = 'monde'
```

명시적으로 제공된 프로퍼티의 형식은 반드시 인덱스의 서브형식이어야 한다. 다음 코드는 오류가 발생한다.

```
type Dictionary = {
  created: Date, // string이나 string[]이 아니므로 오류 발생
  [arg: string]: string | string[]
}
```

임의의 str 값이 주어졌을 때 dict[str]에 할당하는 값이 올바른지 확인할 수 있는 방법이 없다.

정수 인덱스 값으로 배열과 비슷한 형식을 묘사할 수 있다.

```
type ShoppingList = {
  created: Date,
  [arg: number]: string
}

const list: ShoppingList = {
  created: new Date()
}
list[0] = 'eggs'
list[1] = 'ham'
```

13.12 복잡한 함수 매개변수

다음 절에서는 선택형, 기본default, 나머지rest, 비구조화 매개변수를 제공하는 방법을 살펴본다. 그리고 한 함수에 여러 매개변수와 반환 형식을 지정하는 '오버로드overload'도 알아본다.

13.12.1 선택형, 기본, 나머지 매개변수

다음 자바스크립트 함수를 살펴보자.

```
const average = (x, y) => (x + y) / 2 // 자바스크립트
```

자바스크립트에서는 average(3)을 호출할 수 있으므로 이는 (3 + undefined) / 2 또는
NaN이라는 결과를 초래한다. 타입스크립트에서는 이런 문제가 일어나지 않는다. 모든 인수
의 요구 사항을 만족시키지 않으면 함수를 호출할 수 없기 때문이다.

하지만 자바스크립트 프로그래머는 종종 선택형 매개변수를 제공한다. average 함수에서
두 번째 매개변수를 선택형으로 지정할 수 있다.

```
const average = (x, y) => y === undefined ? x : (x + y) / 2 // 자바스크립트
```

타입스크립트에서는 다음처럼 ?로 선택형 매개변수를 지정한다.

```
const average = (x: number, y?: number) => y === undefined ? x : (x + y) / 2
// 타입스크립트
```

선택형 매개변수는 필수 매개변수의 뒤쪽으로만 추가할 수 있다.

자바스크립트처럼 타입스크립트에서도 기본 매개변수를 제공할 수 있다.

```
const average = (x = 0, y = x) => (x + y) / 2 // 타입스크립트
```

이때 다른 매개변수 형식으로 기본 형식을 추론한다.

나머지 매개변수는 자바스크립트와 같은 방식으로 동작한다. 다음과 같이 배열로 나머지 매
개변수를 지정한다.

```
const average = (first = 0, ...following: number[]) => {
  let sum = first
  for (const value of following) {
    sum += value
  }
```

```
    return sum / (1 + following.length)
  }
```

이 함수의 형식은 다음과 같다.

```
(arg1: number, ...arg2: number[]) => number
```


13.12.2 비구조화 매개변수

3장에서 다음과 같은 '설정 객체' 함수를 살펴봤다.

```
const result = mkString(elements, { separator: ', ', leftDelimiter:
'(', rightDelimiter: ')' })
```

물론 함수를 구현할 때 설정 객체를 매개변수로 받을 수 있다.

```
const mkString = (values, config) =>
  config.leftDelimiter + values.join(config.separator) + config.rightDelimiter
```

또는 비구조화를 이용해 세 개의 매개변숫값을 선언할 수도 있다.

```
const mkString = (values, { separator, leftDelimiter, rightDelimiter }) =>
  leftDelimiter + values.join(separator) + rightDelimiter
```

타입스크립트에서는 형식을 추가해야 한다. 하지만 형식을 추가하면 오류가 발생한다.

```
const mkString = (
  values: unknown[], {
    // 타입스크립트
    separator: string,
```

```
    leftDelimiter: string,   // 식별자 중복으로 오류 발생
    rightDelimiter: string   // 식별자 중복으로 오류 발생
  }
) => leftDelimiter + values.join(separator) + rightDelimiter
```

타입스크립트의 형식 지정 문법이 비구조화 문법과 충돌하기 때문이다. 자바스크립트에서
는(그리고 타입스크립트에서도) 프로퍼티 이름 뒤에 변수 이름을 추가할 수 있다.

```
const mkString = (
  values, {
    // 자바스크립트
    separator: sep,
    leftDelimiter: left,
    rightDelimiter: right
  }
) => left + values.join(sep) + right
```

전체 설정 객체에 형식을 추가하므로 형식을 올바르게 지정할 수 있다.

```
const mkString = (
  values: unknown[], {
    // 타입스크립트
    separator,
    leftDelimiter,
    rightDelimiter
  }: { separator: string; leftDelimiter: string; rightDelimiter: string }
) => leftDelimiter + values.join(separator) + rightDelimiter
```

3장에서 각 옵션에 기본 인수를 제공했다. 다음은 기본 인수를 사용하는 함수다.

```
const mkString = (
  values: unknown[], {
    // 타입스크립트
```

```
    separator = ',',
    leftDelimiter = '[',
    rightDelimiter = ']'
  }: { separator?: string; leftDelimiter?: string; rightDelimiter?: string }
) => leftDelimiter + values.join(separator) + rightDelimiter
```

기본을 사용하면 각 프로퍼티는 선택형이 되므로 형식이 조금 바뀐다.

13.12.3 함수 형식 변형

13.7.3절에서는 배열이 공변임을 살펴봤다. 요소 형식을 서브형식으로 바꾸면 서브형식의 배열이 된다. 예를 들어 Employee가 Person의 서브형식이라면 Employee[]는 Person[]의 서브형식이다.

마찬가지로 객체 형식은 프로퍼티 형식에 공변한다. { partner: Employee }는 { partner: Person }의 서브형식이다.

이번 절에서는 함수 형식 사이의 서브형식 관계를 살펴본다. 함수 형식은 매개변수 형식에 반변^{contravariant}이다. 형식 매개변수를 슈퍼형식으로 바꾸면 서브형식을 얻는다. 예를 들어 type PersonConsumer = (arg1: **Person**) => void는 type EmployeeConsumer = (arg1: **Employee**) => void의 서브형식이다.

즉 EmployeeConsumer 변수는 PersonConsumer 값을 저장할 수 있다.

```
const pc: PersonConsumer = (p: Person) => { console.log(`a person named ${p.name}`) }
const ec: EmployeeConsumer = pc // ec는 서브형식의 값을 저장할 수 있음
```

pc는 Employee 인스턴스를 저장할 수 있으므로 이 할당문은 문제가 없어 보인다. ec는 더 일반적인 Person 인스턴스를 처리할 수 있기 때문이다.

반환 형식은 공변이다. 예를 들어 type EmployeeProducer = (arg1: string) => **Employee**는 type PersonProducer = (arg1: string) => **Person**의 서브형식이다.

다음은 유효한 할당이다.

```
const ep: EmployeeProducer = (name: string) => ({ name, salary: 0 })
const pp: PersonProducer = ep // pp는 서브형식의 값을 저장할 수 있음
```

pp('Fred')를 호출하면 Person 인스턴스를 반환한다.

함수 형식에서 마지막 매개변수를 생략하면 서브형식을 얻는다. 예를 들어 (arg1: number) => number는 (arg1: number, arg2: number) => number의 서브형식이다.

다음 할당문을 살펴보자.

```
const g = (x: number) => 2 * x
// (arg1: number) => number 형식
const f: (arg1: number, arg2: number) => number = g
// f는 서브형식의 값을 저장할 수 있음
```

두 개의 인수를 제공해 f를 호출할 수 있다. 이때 두 번째 인수는 단순히 무시된다.

마찬가지로 매개변수를 선택형으로 지정하면 서브형식을 얻는다.

```
const g = (x: number, y?: number) => y === undefined ? x : (x + y) / 2
// (arg1: number, arg2?: number) => number 형식
const f: (arg1: number, arg2: number) => number = g
// f는 서브형식의 값을 저장할 수 있음
```

이번에도 두 개의 인수로 f를 호출할 수 있다.

마지막으로 나머지 매개변수를 추가하면 서브형식을 얻는다.

```
let g = (x: number, y: number, ...following: number[]) => Math.max(x, y, ...following)
// (arg1: number, arg2: number, ...rest: number[]) => number 형식
let f: (arg1: number, arg2: number) => number = g
// f는 서브형식의 값을 저장할 수 있음
```

이번에도 두 개의 인수로 f를 호출할 수 있다.

[표 13-1]에 지금까지 살펴본 모든 서브형식의 규칙을 요약했다.

표 13-1 서브형식 규칙

행동	슈퍼형식 이 형식의 변수는…	서브형식 …이 형식의 값을 저장할 수 있다
배열 요소 형식을 서브형식으로 교체	Person[]	Employee[]
객체 프로퍼티 형식을 서브형식으로 교체	{ partner: Person }	{ partner: Employee }
객체 프로퍼티 추가	{ x: number, y: number }	{ x: number, y: number, color: string }
함수 매개변수 형식을 슈퍼형식으로 교체	(arg1: Employee) => void	(arg1: Person) => void
함수 반환 형식을 서브형식으로 교체	(arg1: string) => Person	(arg1: string) => Employee
마지막 매개변수 생략	(arg1: number, arg2: number) => number	(arg1: number) => number
마지막 매개변수를 선택형으로 만듬	(arg1: number, arg2: number) => number	(arg1: number, arg2?: number) => number
나머지 매개변수 추가	(arg1: number) => number	(arg1: number, ...rest: number[]) => number

13.12.4 오버로드

일반적으로 자바스크립트에서는 함수를 유연하게 호출할 수 있도록 구현한다. 예를 들어 다음은 문자열에 철자가 몇 번 나타나는지 계산하는 함수다.

```
function count(str, c) { return str.length - str.replace(c, '').length }
```

문자열 배열이 있다면 어떨까? 자바스크립트에서는 쉽게 동작을 확장할 수 있다.

```
function count(str, c) {
  if (Array.isArray(str)) {
    let sum = 0
    for (const s of str) {
      sum += s.length - s.replace(c, '').length
    }
    return sum
  } else {
    return str.length - str.replace(c, '').length
  }
}
```

타입스크립트에서는 함수에 형식을 제공해야 한다. 다음처럼 문자열 또는 문자열 배열로 str 형식을 간단하게 지정한다.

```
function count(str: string | string[], c: string) { ... }
```

str이 어떤 형식이든 반환 형식은 number이므로 문제없이 동작한다. 즉 함수는 다음과 같은 형식을 갖는다.

```
(str: string | string[], c: string) => number
```

하지만 인수 형식에 따라 반환 형식이 달라진다면 어떨까? 이번엔 문자를 계산하지 않고 삭제한다고 가정하자.

```
function remove(str, c) { // 자바스크립트
  if (Array.isArray(str)) return str.map((s) => s.replace(c, ''))
  else return str.replace(c, '')
}
```

이제 반환 형식은 string 또는 string[]이다. 그렇다고 반환 형식으로 유니언 형식 string | string[]을 사용하는 것으로는 문제를 제대로 해결할 수 없다.

```
const result = remove(['Fred', 'Barney'], 'e')
```

위 표현식에서 result의 형식을 유니언이 아닌 string[]으로 만들려 한다.

함수를 오버로드하면 이 문제를 해결할 수 있다. 자바스크립트는 기본적으로 함수 오버로드(함수 이름은 동일하지만 매개변수는 다른, 또 다른 함수를 구현하는 것)를 허용하지 않는다. 대신 구현하고 싶은 함수 선언을 나열하는 방법으로 함수 오버로드를 구현한다.

```
function remove(str: string, c: string): string
function remove(str: string[], c: string): string[]
function remove(str: string | string[], c: string) {
  if (Array.isArray(str)) return str.map((s) => s.replace(c, ''))
  else return str.replace(c, '')
}
```

화살표 함수에서는 문법이 조금 달라진다. 함수를 저장할 변수의 형식을 다음과 같이 지정한다.

```
const remove: {
  (arg1: string, arg2: string): string
  (arg1: string[], arg2: string): string[]
} = (str: any, c: string) => {
  if (Array.isArray(str)) return str.map((s) => s.replace(c, ''))
  else return str.replace(c, '')
};
```

아마도 역사적인 이유로 인해 오버로드된 형식 지정 시 함수 형식에 화살표 문법을 사용하지 않는다. 대신 인터페이스 선언과 비슷한 문법을 사용한다.

화살표 함수의 형식 검사는 어려운 편이다. str 매개변수는 string | string[]이 아니라 any로 선언해야 한다. function 선언에서 타입스크립트는 함수의 실행 경로까지 열심히 검사해 string 인수가 string을 반환하거나 string[] 인수가 string[] 값을 반환하는지 확인한다.

오버로드된 메서드는 함수와 비슷한 문법을 사용한다.

```
class Remover {
  c: string
  constructor(c: string) {
    this.c = c
  }
  removeFrom(str: string): string
  removeFrom(str: string[]): string[]
  removeFrom(str: string | string[]) {
    if (Array.isArray(str)) return str.map((s) => s.replace(this.c, ''))
    else return str.replace(this.c, '')
  }
}
```

13.13 제네릭 프로그래밍

나중에 값을 결정할 수 있는 형식 매개변수, 즉 제네릭generic으로 클래스, 형식, 함수를 선언할 수 있다. 예를 들어 타입스크립트에서 표준 Set<T> 형식은 T라는 형식 매개변수를 포함하며 이는 Set<string>, Set<Point> 등의 형식이 될 수 있다. 이번 절에서는 타입스크립트에서 제네릭을 어떻게 사용하는지 살펴본다.

13.13.1 제네릭 클래스와 형식

다음은 간단한 제네릭 클래스 예다. 클래스의 인스턴스는 키–값 쌍을 포함한다.

```
class Entry<K, V> {
  key: K
  value: V
  constructor(key: K, value: V) {
    this.key = key
    this.value = value
  }
}
```

코드에서 볼 수 있듯이 홑화살괄호(<, >) 안에 형식 매개변수 K와 V를 지정한다. 필드와 생성자를 선언할 때 형식 매개변수를 형식으로 사용했다.

형식 변수의 형식을 교체해 제네릭 클래스를 인스턴스화한다. 예를 들어 `Entry<string, number>`는 `string`, `number` 형식 필드를 갖는 클래스다.

제네릭 형식은 `type Pair<T> = { first: T, second: T }`처럼 한 개 이상의 형식 매개변수를 갖는다.

> 📋 **Note**
>
> 다음과 같이 형식 매개변수의 기본값을 지정할 수 있다.
>
>   type Pair<T = any> = { first: T, second: T }
>
> type Pair는 Pair<any>와 동일하다.

7장에서 살펴본 것처럼 타입스크립트는 `Set`, `Map`, `WeakMap` 클래스의 제네릭 형식을 제공한다. 다음과 같이 클래스에 요소의 형식을 제공한다.

```
const salaries = new Map<Person, number>()
```

생성자 인수로 형식을 추론하기도 한다. 예를 들어 다음 맵의 형식은 Map<string, number>다.

```
const weekdays = new Map(
  [['Mon', 0], ['Tue', 1], ['Wed', 2], ['Thu', 3], ['Fri', 4], ['Sat', 5],
  ['Sun', 6]])
```

📄 **Note**

제네릭 클래스 Array<T>는 T[] 형식과 동일하다.

13.13.2 제네릭 함수

형식 매개변수를 가진 클래스를 제네릭 클래스라 부르듯 형식 매개변수를 갖는 함수를 제네릭 함수generic function라 한다. 다음은 한 개의 형식 매개변수를 갖는 함수의 예다. 이 함수는 배열에서 대상값이 몇 번 등장하는지 계산한다.

```
function count<T>(arr: T[], target: T) {
  let count = 0
  for (let e of arr) if (e === target) count++
  return count
}
```

형식 매개변수를 이용해 배열 형식이 **target** 형식과 같도록 만든다.

```
let digits = [3, 1, 4, 1, 5, 9, 2, 6, 5, 3, 5]
let result = count(digits, 5)  // OK
result = count(digits, 'Fred') // 형식 오류
```

제네릭 함수의 형식 매개변수는 항상 함수 매개변수 목록을 시작하기 전 여는 괄호 앞에서 등장한다. 다음은 제네릭 화살표 함수 예다.

```
const count = <T>(arr: T[], target: T) => {
  let count = 0
  for (let e of arr) if (e === target) count++
  return count
}
```

함수의 형식은 다음과 같다.

```
<T> (arg1: T[], arg2: T) => number
```

제네릭 함수를 호출할 때는 형식 매개변수를 지정할 필요가 없다. 인수로 형식을 추론하기 때문이다. 예를 들어 count(digits, 5)를 호출할 때 digits의 형식은 number[]이므로 타입스크립트는 T를 number로 추론한다.

필요할 때는 다음과 같이 인수 앞에 명시적으로 형식을 제공할 수 있다.

```
count<number>(digits, 4)
```

가끔씩 타입스크립트가 의도한 대로 형식을 추론하지 못할 때가 있다. 다음 절에서 그 예를 살펴본다.

13.13.3 형식 바운드

상황에 따라 제네릭 클래스의 형식 매개변수는 정해진 요구 사항을 만족해야 한다. 이런 요구 사항을 형식 바운드type bound라 부른다. 인수의 첫 번째 요소를 반환하는 **tail** 함수를 살펴보자.

```
const tail = <T>(values: T) => values.slice(1) // 오류
```

타입스크립트는 **values**가 **slice** 메서드인지 알 수 없으므로 이 코드는 오류를 일으킨다. 이번에는 형식 바운드를 사용해보자.

```
const tail = <T extends { slice(from: number, to?: number): T }>(values: T) =>
  values.slice(1) // OK
```

형식 바운드를 이용하면 `values.slice(1)`을 유효한 코드로 만들 수 있다. 형식 바운드에서 사용하는 extends 키워드는 실제로 '서브형식'을 가리킨다. 타입스크립트 설계자는 새로운 키워드나 심벌을 사용하지 않고 기존 extends 키워드를 사용하기로 결정했다.

다음처럼 코드를 호출한다.

```
let result = tail([1, 7, 2, 9]) // result를 [7, 2, 9]로 설정
```

또는 다음처럼 코드를 호출할 수도 있다.

```
let greeting: String = 'Hello'
console.log(tail(greeting)) // ello 출력
```

물론 바운드로 사용될 형식 이름을 제공할 수 있다.

```
type Sliceable<T> = { slice(from: number, to?: number): T }
const tail = <T extends Sliceable<T>>(values: T) => values.slice(1)
```

예를 들어 slice 메서드는 number[] 인스턴스를 반환하므로 number[]는 Sliceable<number[]>의 서브형식이다. 마찬가지로 string은 Sliceable<string>의 서브형식이다.

```
console.log(tail('Hello')) // 오류
```

'Hello'가 Sliceable<'Hello'>의 서브형식이 아니기 때문에 위 코드는 컴파일 오류가 발생한다. 'Hello'는 'Hello'라는 리터럴 형식의 인스턴스이면서 동시에 string이다. 타입스크립트는 리터럴 형식을 가장 구체적 형식으로 선택하므로 형식 검사에 실패한다. 다음과 같이 명시적으로 템플릿 함수를 인스턴스화해 문제를 해결한다.

```
console.log(tail<string>('Hello')) // OK
```

또는 다음처럼 형식 어서션을 사용한다.

```
console.log(tail('Hello' as string))
```

13.13.4 삭제

타입스크립트 코드를 자바스크립트로 변환할 때 모든 형식은 삭제된다.

```
let newlyCreated = new T()
```

즉 T는 런타임에 존재하지 않으므로 위와 같은 호출은 오류가 발생한다.

임의의 형식을 갖는 객체를 만들려면 생성자 함수를 이용해야 한다. 다음 예를 살펴보자.

```
const fill = <T>(ctor: { new (): T }, n: number) => {
  let result: T[] = []
  for (let i = 0; i < n; i++) result.push(new ctor())
  return result
}
```

ctor는 new로 호출할 수 있으며 T 형식을 반환하는 함수 형식이다. 즉 생성자다. 이 생성자는 인수를 받지 않는다.

fill 함수를 호출할 때 다음과 같이 클래스 이름을 제공한다.

```
const dates = fill(Date, 10)
```

Date는 생성자 함수다. 자바스크립트에서 클래스는 단지 생성자 함수에 프로토타입을 결합한 '편의 문법'일 뿐이다.

마찬가지로 instanceof 검사도 사용할 수 없다. 다음 코드는 정상적으로 동작하지 않는다.

```
const filter = <T>(values: unknown[]) => {
  let result: T[] = []
  for (const v of values)
    if (v instanceof T) // 오류
      result.push(v)
  return result
}
```

이 문제 역시 생성자 함수를 전달해 해결한다.

```
const filter = <T>(values: unknown[], ctor: new (...args: any[]) => T) => {
  let result: T[] = []
  for (const v of values)
    if (v instanceof ctor) // OK. instanceof의 오른쪽 대상은 생성자
      result.push(v)
  return result
}
```

다음은 함수 호출 예다.

```
const pointsOnly = filter([3, 4, new Point(3, 4), Point.origin], Point)
```

이때 생성자는 임의의 개수로 이루어진 인수를 받는다.

instanceof 검사는 클래스에서만 동작한다. 런타임에는 값이 형식의 인스턴스인지 인터페이스의 인스턴스인지 알 수 있는 방법이 없다.

13.13.5 제네릭 형식 변형

다음 제네릭 형식을 살펴보자.

```
type Pair<T> = { first: T, second: T }
```

Person과 서브형식 Employee가 있다고 가정하자. Pair<Person>과 Pair<Employee>는 서로 어떤 관계일까?

형식 이론은 형식 변수에 세 가지 가능성을 제시한다.

- **공변**: 제네릭 형식이 같은 방향으로 바뀜
- **반변**: 서브형식 관계가 역전됨
- **불변**: 제네릭 형식 간에 서브형식 관계를 맺지 않음

자바에서 형식 변수는 항상 불변이지만 Pair<? extends Person>처럼 와일드카드로 관계를 표현할 수 있다. C#에서는 Entry<out K, in V>처럼 형식 매개변수의 종류을 선택할 수 있다. 타입스크립트는 이런 기능을 전혀 제공하지 않는다. 타입스크립트에서는 제네릭 형식 인스턴스가 다른 누군가의 서브형식인지 확인하기 위해 실제 형식을 대입한 결과 형식과 비교한다.

예를 들어 Pair<Person>과 Pair<Employee>를 비교하려면 다음처럼 { first: Person, second: Person }과 서브형식 { first: Employee, second: Employee }를 만든 다음 비교한다.

결과적으로 Pair<T> 형식은 T에 공변한다. 끈끈한 관계는 아니다(13장 연습 문제 15번 참고). 하지만 13.7.3절에서 설명한 것처럼 이는 의도적인 설계의 결과다.

반변을 설명하는 다른 예를 살펴보자.

```
type Formatter<T> = (arg1: T) => string
```

Formatter<Person>과 Formatter<Employee>를 비교하려면 형식을 대입한 다음 (arg1: Person) => string과 (arg1: Person) => string을 비교한다.

함수 매개변수 형식은 반변이므로 Formatter<T>의 형식 변수 T도 반변이다. 이 동작은 튼튼하다.

13.13.6 조건부 형식

조건부 형식은 **T extends U ? V : W** 형태를 갖는데 **T, U, V, W**는 형식 또는 형식 변수다. 다음 예를 살펴보자.

```
type ExtractArray<T> = T extends any[] ? T : never
```

T가 배열이면 ExtractArray<T>는 T 자신이다. 그렇지 않으면 이는 인스턴스가 없는 never 형식이다.

이 형식은 자체적으로는 유용하지 않지만 유니언에서 형식을 거를 때 사용할 수 있다.

```
type Data = string | string[] | number | number[]
type ArrayData = ExtractArray<Data> // string[] | number[] 형식
```

string, number 형식이 주어지면 ExtractArray는 never를 반환한다.

요소 형식만 알고 싶다고 가정하자. 하지만 다음 코드는 원하는 대로 동작하지 않는다.

```
type ArrayOf<T> = T extends U[] ? U : never // U가 정의되지 않았으므로 오류 발생
```

이럴 때는 infer 키워드를 사용한다.

```
type ArrayOf<T> = T extends (infer U)[] ? U : never
```

주어진 X가 있을 때 T가 X[]를 상속받는지 검사하며 그렇다면 U를 X로 한정한다. 유니언 형식에 적용하면 배열이 아닌 형식은 제거하고 배열만 요소 형식으로 교체한다. 예를 들어 ArrayOf<Data>는 number | string이다.

13.13.7 매핑된 형식

매핑된 형식^{mapped type}으로 인덱스를 지정하는 방법도 있다. 문자열, 정수, 심벌 리터럴을 갖는 유니언 형식이 있을 때 다음과 같이 인덱스를 정의할 수 있다.

```
type Point = {
  [propname in 'x'|'y']: number
}
```

Point 형식은 number 형식의 x, y 두 프로퍼티를 포함한다.

Warning

이 표기법은 인덱스 프로퍼티 문법과 비슷하다(13.11절 참고). 하지만 매핑된 형식은 한 개의 매핑만 포함하며 추가 프로퍼티를 가질 수 없다.

다음은 유용한 예제는 아니다. 기존 형식을 변환하는 용도로 매핑된 형식을 사용한다. Employee 형식에서 모든 프로퍼티를 readonly로 설정할 수 있다.

```
type ReadonlyEmployee = {
  readonly [propname in keyof Employee]: Employee[propname]
}
```

두 가지 새로운 문법을 사용했다.

- keyof T 형식: T에 포함된 모든 프로퍼티 이름의 유니언 형식이다. 즉 이 예제에서는 'name' ¦ 'salary' ¦ ... 부분이다.
- T[p] 형식: p라는 이름을 갖는 프로퍼티 형식이다. 예를 들어 Employee['name']은 string 이다.

매핑된 형식은 제네릭에서 진가를 발휘한다. 타입스크립트 라이브러리는 다음의 유틸리티 형식을 정의한다.

```
type Readonly<T> = {
  readonly [propname in keyof T]: T[propname]
}
```

이 형식은 T의 모든 프로퍼티를 readonly로 설정한다.

 Tip

매개변수 형식에 Readonly를 사용하므로 매개변수가 바뀌지 않을 것임을 호출자에 보장할 수 있다.

```
const distanceFromOrigin = (p: Readonly<Point>) =>
  Math.sqrt(Math.pow(p.x, 2) + Math.pow(p.y, 2))
```

다음처럼 프로퍼티의 서브셋을 선택하는 **Pick** 유틸리티 형식은 또 다른 예다.

```
let str: Pick<string, 'length' ¦ 'substring'> = 'Fred'
// str에 length, substring만 적용할 수 있음
```

형식은 다음과 같이 정의한다.

```
type Pick<T, K extends keyof T> = {
  [propname in K]: T[propname]
}
```

extends는 '서브형식'을 의미한다. keyof string 형식은 모든 문자열 프로퍼티 이름의 유니언이다. 서브형식은 이들 이름의 서브집합이다.

다음과 같이 변경자를 삭제할 수도 있다.

```
type Writable<T> = {
  -readonly [propname in keyof T]: T[propname]
}
```

? 또는 -?를 이용해 변경자를 추가하거나 삭제한다.

```
type AllRequired<T> = {
  [propname in keyof T]-?: T[propname]
}
```

연습 문제

01 다음 형식의 의미를 설명해보자.

```
(number | string)[]
number[] | string[]
[[number, string]]
[number, string, ...:number[]]
[number, string, ...:(number | string)[]]
[number, ...: string[]] | [string, ...: number[]]
```

02 반환 형식이 각각 void와 undefined인 함수의 차이를 조사해보자. void를 반환하는 함수는 return 문을 포함할 수 있을까? undefined나 null을 반환하는 함수는 어떨까? 반환 형식이 undefined인 함수는 반드시 return 문을 포함해야 할까 아니면 암묵적으로 undefined를 반환하는 걸까?

03 Math 클래스 함수의 모든 형식을 나열해보자.

04 object, Object, {} 형식의 차이를 설명해보자.

05 다음 두 형식의 차이를 설명해보자.

```
type MaybeColoredPoint = {
  x: number,
  y: number,
  color?: string
}
```

```
type PerhapsColoredPoint = {
  x: number,
  y: number,
  color: string | undefined
}
```

06 type Weekday = 'Mon' | 'Tue' | 'Wed' | 'Thu' | 'Fri' | 'Sat' | 'Sun' 형식이 주어졌을 때 Weekday는 string의 서브형식일까 혹은 그 반대 일까?

07 number[]와 unknown[]은 서로 어떤 서브형식 관계일까? { x: number, y: number }와 { x: number | undefined, y: number | undefined }는 어 떤 관계일까? { x: number, y: number }와 { x: number, y: number, z: number }는 어떤 관계일까?

08 (arg: number) => void와 (arg: number | undefined) => void는 서로 어 떤 서브형식 관계일까? Between () => unknown과 () => number는 어떤 관 계일까? () => number와 (number) => void는 어떤 관계일까?

09 (arg1: number) => number와 (arg1: number, arg2?: number) => number 는 서로 어떤 서브형식 관계를 가질까?

10 x의 bark 또는 meow를 호출하는 const act = (x: { bark(): void } | { meow(): void }) => ... 함수를 구현해보자. in 연산자로 이들 대안을 구 별한다.

11 객체 공변이 끈끈하지 않음을 증명해보자. 다음 형식을 이용한다.

```
type Colored = { color: string }
type MaybeColored = { color: string | undefined }
```

13.7.3절의 배열에서 두 변수를 각 형식에 하나씩 정의하고, 두 변수 모두 같은 값을 참조한다. 두 변수 중 한 변수의 color 프로퍼티를 바꾸고 다른 변수에서 이 프로퍼티를 읽음으로써 형식 검사기를 회피하는 상황을 만들어보자.

12 13.11절에서 다음 선언이 유효하지 않음을 살펴봤다. 교집합 형식으로 이 문제를 해결할 수 있을까?

```
type Dictionary = {
  created: Date, // string이나 string[]이 아니므로 오류 발생
  [arg: string]: string | string[]
}
```

13 13.11절의 다음 형식을 참고하자.

```
type ShoppingList = {
  created: Date,
  [arg: number]: string
}
```

다음 코드가 동작하지 않는 이유는 뭘까?

```
const list: ShoppingList = {
  created: new Date()
}
```

```
list[0] = 'eggs'
const more = ['ham', 'hash browns']
for (let i in arr) list[i + 1] = arr[i]
```

다음 코드가 제대로 동작하는 이유는 뭘까?

```
for (let i in arr) list[i] = arr[i]
```

14 [표 13-1]의 각 행에서 기존과 다른 슈퍼형식/서브형식 쌍 예제가 있다고 가정하자. 각 쌍에서 슈퍼형식 변수가 서브형식 인스턴스를 저장할 수 있음을 증명해보자.

15 13.13.5절의 Pair<T> 제네릭 클래스는 T에 공변한다. 이 관계가 끈끈하지 않음을 증명해보자. 13.7.3절의 배열에서처럼 같은 값을 참조하는 두 변수 (Pair<Person> 형식과 Pair<Employee> 형식)를 정의한다. 한 변수의 값을 바꾸고 다른 변수에서 값을 읽으면 런타임 오류가 발생한다.

16 다음과 같이 호출할 수 있도록 제네릭 함수 const last = <...> (values: T) => values[values.length − 1]를 완성해보자(힌트: T는 length 프로퍼티와 인덱스 프로퍼티를 포함한다. 인덱스 프로퍼티의 반환 형식은 무엇일까).

```
const str = 'Hello'
console.log(last(str))
console.log(last([1, 2, 3]))
console.log(last(new Int32Array(1024)))
```

기호

! • 078

... • 058, 115

&& • 078

|| • 078

.mjs 확장자 • 321

A

AMD(asynchronous module definition) • 311

anonymous function • 100

any 형식 • 402

Array 클래스 • 223

ArrayBuffer • 247

Arrays.from • 346

arr.join(separator) • 230

arr.map(f) • 229

async 반환값 • 297

async 제너레이터 • 300, 384

async 함수의 예외 • 301

async/await • 278, 294

asynchronous • 279

B

backtick • 045

big-endian • 248

big integer • 037, 169

bind 메서드 • 348

binding • 328

bitwise operator • 080

block statement • 070

boolishness • 073

bottom value • 041

break • 081, 088

C

call 메서드 • 349

callback hell • 281

camelCase • 035

captured • 105

case 레이블 • 081

catch • 123, 290

character class • 193

circular reference • 344

class 선언 • 140

ClassName.prototype • 342

clone • 343

closure • 105

code unit • 044

Common.js • 311

comparison operator • 074

concat 메서드 • 187, 226

concurrent • 278

const • 034

constructor • 137

continue 문 • 090

contravariant • 430

Coordinated Universal Time • 170

copyWithin 메서드 • 222

covariant • 414

D

DataView • 247

Date 객체 포매팅 • 261

Date 클래스 • 171

deep copy • 328, 343

default 레이블 • 081

delete 연산자 • 048

destructuring • 054

do/while 루프 • 082

E

ECMAScript 모듈 • 311

encapsulation • 109

encodeURI 함수 • 189

epoch • 170

Error 객체 • 123

every 함수 • 228

excess property check • 412

exec • 201

executor function • 282

export 구문 • 316

export default • 317

exported • 310

extends • 146, 446

F

falsy • 073

fill 메서드 • 222

filter 메서드 • 104, 228

finally • 125, 291

flag • 197

flat • 230

flatMap • 230

flatten • 225

for 루프 • 083

for async of 루프 • 387

for await of 루프 • 385

forEach 메서드 • 102

for in 루프 • 086

formatter • 260

formatMatcher 옵션 • 262

formatRange 메서드 • 263

formatToParts 메서드 • 259, 264

for of 루프 • 085

from 함수 • 244

function literal • 100

G

garbage collector • 243

generator • 368

generic • 435

generic function • 437

getter • 141, 336

global 플래그 • 201

glob pattern • 360

H

hard object • 109

higher—order function • 099

hoisting • 120

I

identifier • 035

IIFE • 122

immutable • 186

import.meta • 322

index property • 218

index signature • 425

infer 키워드 • 444

instanceof 연산자 • 343

internal slot • 135

internationalization • 254

Intl.Collator 생성자 • 266

Intl.DateTimeFormat 클래스 • 263

Intl.DisplayNames • 272

Intl.getCanonicalLocales • 271

Intl.ListFormat 클래스 • 270

Intl.Locale 클래스 • 273

Intl.PluralRules 클래스 • 269

Intl.RelativeTimeFormat 클래스 • 263

invariant • 415

iterable • 368

J

join 메서드 • 187, 349

JSON • 053

JSON.stringify • 054

L

little—endian • 248

locale • 254

localeCompare 메서드 • 224, 266

loose equality • 075

lvalue • 056

M

Map 클래스 • 237, 238

mapped type • 444

matchAll 메서드 • 206

Math 클래스 • 167

Math.round • 168

Math.trunc • 168

missing element • 219

mixed—type • 076

module • 310

N

named function • 100

never 형식 • 402

new 연산자 • 137

next 메서드 • 370

normalize 메서드 • 268

null • 041

Number 클래스 • 166

O

Object 함수와 메서드 • 334

Object.assign • 342

Object.create 함수 • 341

Object.fromEntries 함수 • 341

Object.getPrototypeOf(obj) • 342

Object.setPrototypeOf(obj, proto) • 342

offending token • 066

optional property • 413

overload • 426

override • 148

ownKeys 트랩 • 358

P

polymorphism • 148

predicate • 104

primitive type • 401

promise • 278

Promise 생성자 • 282

Promise.all(iterable) • 292

Promise.allSettled 메서드 • 292

Promise.any 메서드 • 293

Promise.race(iterable) • 293

Promise.reject(error) • 285

Promise.resolve(value) • 285

property • 046

proto.isPrototypeOf(obj) • 343

prototype • 134

prototype 객체 • 347

Proxy.revocable • 353

R

range proxy • 358

reduce • 233

reduceRight 메서드 • 235

reexport • 319

Reflect 클래스 • 353

Reflect.apply(f, thisArg, args) • 357

Reflect.defineProperty • 356

Reflect.deleteProperty • 356

RegExp • 201

RegExp의 기능 • 205

reject 핸들러 • 282

repeat 메서드 • 186

replace 메서드 • 207

REPL(read-eval-print loop) • 065

resolve 핸들러 • 282

rethrow • 124

return 문 • 097

reverse() • 222

찾아보기

S

search 메서드 • 207

select 메서드 • 269

set • 241

setter • 142, 336

shallow copy • 343

shift operator • 080

slice 메서드 • 184

some 함수 • 228

sparse array • 231

splice 메서드 • 221

split 메서드 • 185

spread operator • 116

stack trace • 124

static • 143

strict mode • 109

String.raw • 191

strong 함수 • 190

structural type • 421

subclass • 146

substitution rule • 411

substring • 183

subtype • 410

superclass • 145

supertype • 410

switch 문 • 081

symbol • 328

Symbol.for 메서드 • 329

Symbol.iterator 메서드 • 369

Symbol.species • 334

Symbol.toPrimitive • 332

T

tagged template literal • 046

target • 352

TDZ(temporal dead zone) • 120

then 메서드 • 286

this • 151

throw an exception • 091

toLocaleString 메서드 • 258

toLocalString 메서드 • 259

toLowerCase • 187

toUpperCase • 187

trailing comma • 232

truthy • 073

try 절 • 123

try/catch 문 • 091

tsc 명령어 • 400

type bound • 438

typed array • 243

typeof 연산자 • 032

TypeScript • 396

U

undefined • 041

Unicode code point • 085

union type • 397

unknown 형식 • 402

UTC • 170

UTF-16 코드 유닛 시퀀스 • 183

[V]

var 키워드 • 035

void 형식 • 402

[W]

WeakMap • 243

WeakSet • 243

while 루프 • 082

[Y]

yield • 375

yield* • 378

[ㄱ]

가비지 컬렉터 • 243

객체 리터럴 문법 • 048

객체 보호 • 340

객체 비구조화 • 056, 057

거부 처리 핸들러 • 290

거짓으로 평가되는 값 • 073

게터 • 141, 336

고유성 • 329

고차 함수 • 099

공변 • 414, 442

교집합 형식 • 405

구조적 형식 • 421

국가 코드 • 256

국제화 • 254

글로브 패턴 • 360

기본값 • 059

기본 기능 임포트 • 312

기본 로케일 • 258

기본 인수 • 114

기본형 • 031, 401, 402

깊은 복사 • 328, 343

[ㄴ]

나머지 매개변수 • 115, 427

나머지 선언 • 058

나머지 요소 • 058

난수 • 382

날짜 포매팅 • 176

내부 슬롯 • 135

논리곱 • 078

논리 연산자 • 078

논리합 • 078

ㄷ

다시 던짐 • 124

다시 익스포트 • 319

다형성 • 148

닫을 수 있는 반복자 • 373

대략 같음 • 075

더 많은 인수 • 113

데이터 형식 • 028

동시 • 278

동적 임포트 • 315

뒤돌아보기 연산자 • 211

ㄹ

로케일 • 254

로케일 지정 • 255

로케일 태그 확장 • 259

리듀스 • 233

리틀 엔디언 • 248

ㅁ

마지막 쉼표 • 051

매핑된 형식 • 444

메서드 • 132

명명된 익스포트 • 316

명명된 임포트 • 313

명명된 함수 • 100

모듈 • 310

모듈 패키징 • 321

문자열 리터럴 • 042

문자열 정렬 • 266

문자 클래스 • 193

미리보기 연산자 • 211

ㅂ

바인딩 • 328

반변 • 430, 442

반복 연산자 • 210

반복자 • 278

반복자 구현 방법 • 368

배열 • 050

배열 생성 • 216

백틱 • 045

범위 프록시 • 358

변수 선언 • 033, 064

변수의 범위 • 119

복제 • 343

부분 문자열 • 183

부정 • 078

부족한 인수 • 114

불리언 형식 • 041

불리언화 • 073

불변 • 415, 442

블록문 • 070

비공개 메서드 • 142

비교 연산자 • 074

비구조화 • 054, 428

비동기 • 279

비동기 모듈 정의 • 311

비동기 반복자 • 385

비동기 제너레이터 • 278, 384

비동기 프로그래밍 • 381

비주얼 스튜디오 코드 • 399

비트 연산자 • 080

빅 엔디언 • 248

빈 값 • 041

빠진 요소 • 219

ㅅ

삭제 • 440

산술 연산자 • 038

상대적 시간 • 263

상속 • 145

생성자 • 137

서브클래스 • 146, 149

서브형식 • 410, 446

선택형 매개변수 • 427

선택형 프로퍼티 • 413

세터 • 142, 336

세트 • 241

순환 참조 • 344

숫자 • 036

숫자 리터럴 • 162

숫자 파싱 • 164

숫자 포매팅 • 258

슈퍼클래스 • 145

슈퍼형식 • 410

스택 트레이스 • 124

스프레드 연산자 • 116

시퀀스 • 182

시프트 연산자 • 080

식별자 • 035

실행자 함수 • 282

심벌 • 328

ㅇ

얕은 복사 • 343

언더스코어 • 163

언어 코드 • 256

엄격 모드 • 109

엄격 모드의 핵심 기능 • 110

엄격하게 같음 • 075

에폭 • 170

역전된 미리보기 연산자 • 211

예외를 던짐 • 091

예외 잡기 • 123

오버라이드 • 148

오버로드 • 426, 432

요소 검색 • 227

요소 방문 • 228

위반 토큰 • 066

위크맵 • 243

위크셋 • 243

유니언 형식 • 397, 405

유니코드 • 044

유니코드 코드 포인트 • 044, 085

유사 배열 객체 • 217

이터러블 • 368

익명 클래스 • 150

익명 함수 • 100

익스포트 • 316

인덱스 시그니처 • 425

인덱스 프로퍼티 • 218, 425

인수 • 096

인터페이스 • 422

ㅈ

잘 알려진 심벌 • 329

정규 표현식 • 193

정규 표현식 플래그 • 198

정적 메서드 • 144

정적 필드 • 144

제너레이터 • 368

제너레이터 함수 • 374

제네릭 • 435

제네릭 클래스 • 436

제네릭 함수 • 437

제네릭 형식 • 436

제네릭 형식 변형 • 442

조건부 연산자 • 073

조건부 형식 • 443

중첩된 yield • 376

즉시 호출 함수 표현식 • 122

지역화 • 261

ㅊ

참으로 평가되는 값 • 073

초과 프로퍼티 검사 • 412

치환 규칙 • 411

ㅋ

캐멀 케이스 • 035

캡슐화 • 109

캡처 • 105

코드 유닛 • 044

콜백 지옥 • 281

큰 정수 • 037, 169

클래스 • 416

클래스 문법 • 139, 416

클래스 선언 • 416

클래스의 인스턴스 형식 • 418

클래스의 정적 형식 • 420

클로저 • 105

ㅌ

타입스크립트 • 396

타입스크립트의 엄격 모드 • 399

타입스크립트의 열거형 • 403

타입스크립트 플레이그라운드 • 399

태그된 템플릿 리터럴 • 046

템플릿 리터럴 • 045

통합 개발 환경 • 030

튜플 형식 • 404

트랩 함수 • 351

ㅍ

평탄화 • 225

포매터 객체 • 260

표현식 구문 • 064

프라미스 • 278

프라미스 생성 • 282

프라미스 체이닝 • 287

프레디케이트 • 104

프로토타입 • 134

프로토타입 체인 • 136

프로퍼티 • 046

프로퍼티 디스크립터 • 336

프로퍼티 열거 • 337

프록시 • 350

프록시 불변 법칙 • 357

플래그 • 197

ㅎ

하드 객체 • 109

함수를 선언하는 예제 • 096

함수 리터럴 • 100

함수 선언 • 096

함수 프로퍼티 • 346

함수 형식 • 405

함수 형식 변형 • 430

합성 형식 • 401, 404

협정 세계시 • 170

형식 바운드 • 438

형식 어서션 • 408

형식 지정 • 397

형식 추론 • 406

형식화 배열 • 243

호이스팅 • 120

혼합된 형식 비교 • 076

화살표 함수 • 100

후행 쉼표 • 232

희소 배열 • 231